〈鏡〉としてのパレスチナ

——ナクバから同時代を問う

ミーダーン〈パレスチナ・対話のための広場〉編

臼杵陽
阿部浩己
早尾貴紀
酒井啓子
奈良本英佑
太田昌国
峯陽一
鵜飼哲
錦田愛子
板垣雄三

現代企画室

目次

◆総会決議181号（1947年11月29日）に基づく国連の分割案

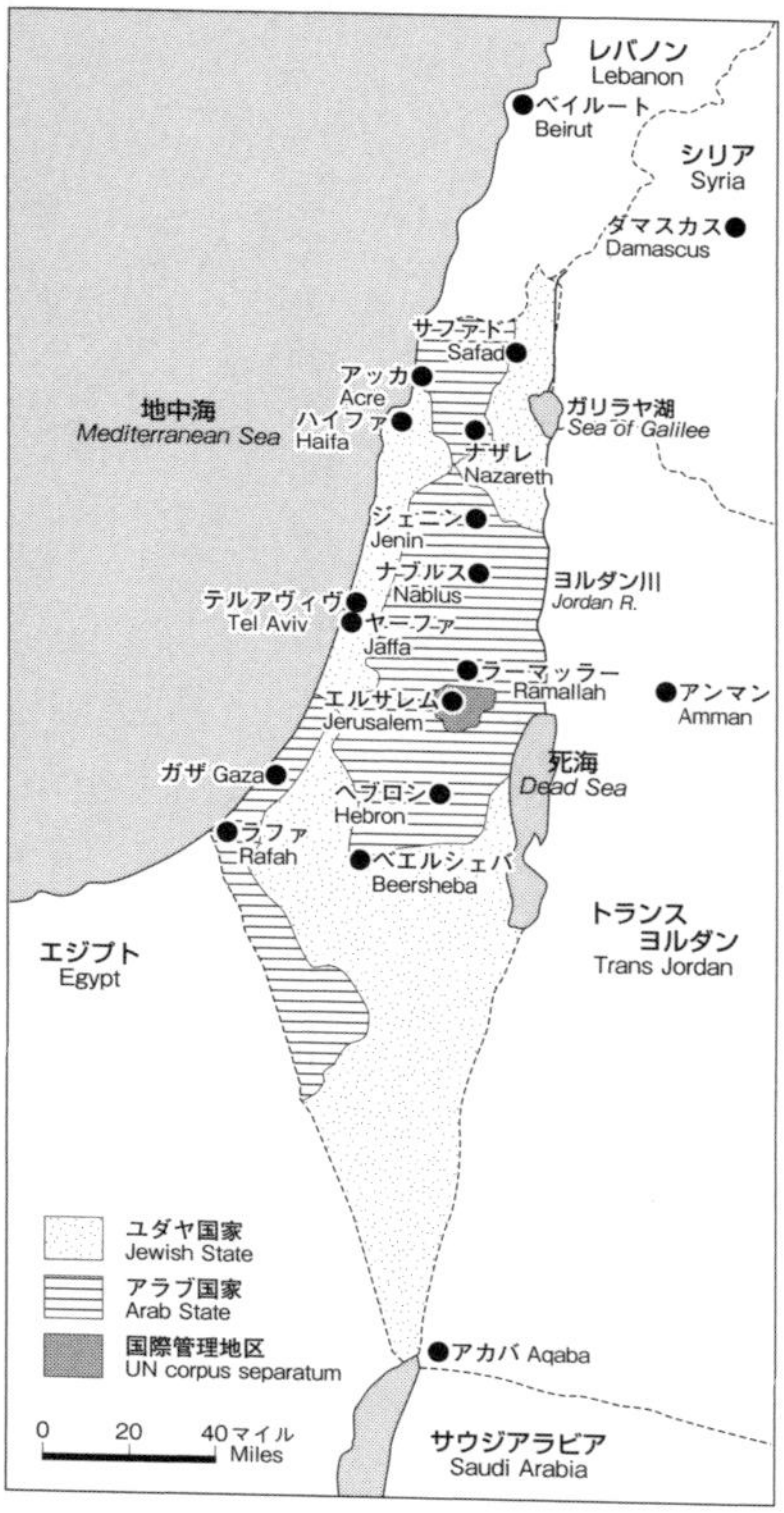

◆1949年休戦合意

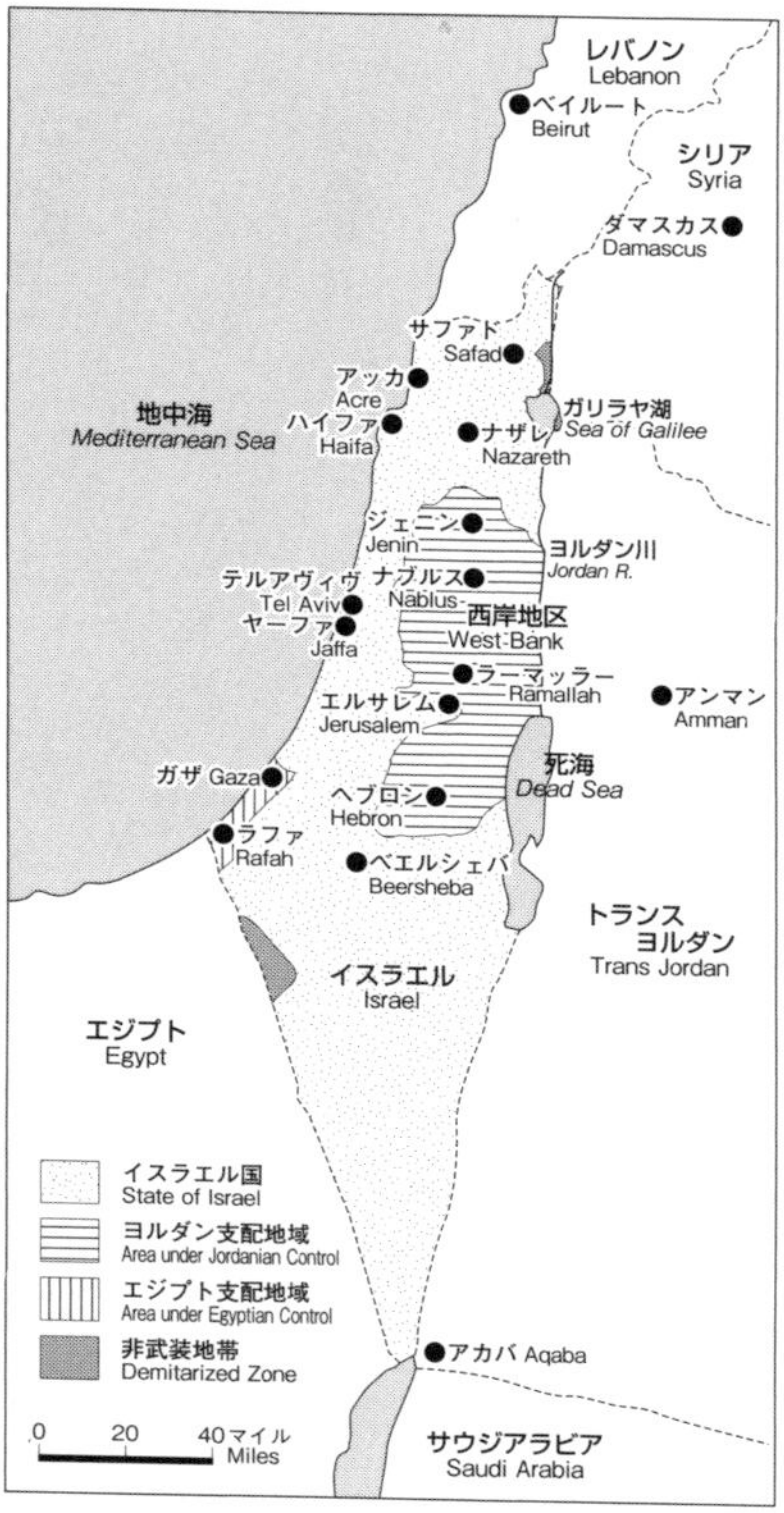

【はじめに】「ナクバから同時代を問う」ために

田浪亜央江（ミーダーン〈パレスチナ・対話のための広場〉）

数字の区切りそれ自体に本来何の意味もないとはいえ、ナクバから六〇年が過ぎた、あるいはすでに六〇年以上が過ぎたと言われるとき、「六〇」という数字のもつ響きは重い。預言者ムハンマドは六三歳で亡くなったと伝えられるが、現在でも中東の文化圏で六〇年と言えば、それは人の平均的な寿命をイメージさせる。パレスチナを取り巻く状況がここまでの混迷と閉塞状況に陥ってしまったときに「ナクバ六〇年」を迎えたということは、ナクバ前後の年に生まれたパレスチナの老人たちが、パレスチナに関しては何の展望も見出せぬまま亡くなりつつあるということを意味するだろう。そして同時に、ナクバを直接体験した人びとの記憶が、日々その死とともに失われつつあることを意味する。

二〇〇〇年代に入り、ウェブサイト「パレスタイン・リメンバード」（www.palestineremembered.com）がナクバに関する証言を積極的に収集し、音声情報のかたちでそのまま保存するなどの活動を開始したのをはじめとして、パレスチナの古い写真や地図、地名や住んでいた人びとの名前の記録など、パレスチナの記憶に関わるあらゆる資料の収集がそこここで急がれるようになったのは、多かれ少なかれ、証言者たちの死期という問題が意識されたからに他ならない。日本で広河隆一さんが映画

『パレスチナ1948・NAKBA』をこの時期に制作したのも、同様の思いがあったからであろう。

本書のもとになった「連続セミナー・〈ナクバ六〇年〉を問う」もまた、ナクバ六〇年目の年である二〇〇八年に企画された。むろん私たちの会「ミーダーン〈パレスチナ・対話のための広場〉」にできることは、ナクバの記憶の収集やアーカイブの作成ではない。またナクバという言葉自体を一般に知らしめ、さらにできるだけ多くの人の関心をナクバに向けようとする啓蒙活動も、おそらくマスコミ、あるいはもっと大きな組織や影響力のある人たちの仕事であろう。私たちがまず考えたのは、大規模な構えをはじめから志向せず、問題意識をもつ人たちが自発的に参加し持続的な討論を共有し合える、小さな場を作ることであった。そしてできるだけ多様な視点からの問題提起を受けることで、ナクバに関する問題意識を共有しうる領域を、潜在的にあるいは可能性として広げてみたいと考えたのである。

二〇〇六年九月にミーダーンを発足させたとき私たちは、「パレスチナにおける問題が、幾多の歴史的経緯を経てここまで複雑化してしまった以上、これまでの出会いや世代を異にする人々が開かれた対話を重ねつつ、長期的な視野を持って関わっていく必要がある」という呼びかけを行なった。この思いは今も変わらない。そして「ナクバ六〇年」を、これまで以上にさまざまな立場の人びとの活動や研究領域における成果や知識、異なる領域での経験を分有し、パレスチナ／イスラエルにおける問題に切り込んでいくための多様な方法を提示・蓄積してゆくための機会としてとらえたのである。

こうして、パレスチナ問題の専門家とされる人と一緒に、まったく別の専門性をもつ人に講師となっていただく、あるいはアプローチや視点の枠取りが一見異質だと思われる方二人に並んでいただきながら、連続セミナーを開くというイメージを作った。そこには、聞き手が講師から一方的に「教えていただく」のではなく、参加者全員が討論の当事者であるという意識をもってもらうことへの期待もあった。

昨今、ナクバが注目されるようになったのは、本書で臼杵陽さんが述べているように、一九六七年の占領を起点として和平交渉を行なうことの欺瞞性が、この閉塞状況のなかで逆にはっきりしはじめたからであろう。ナクバで起きた出来事がきっちりととらえ返され、それが何らかの形で清算されない限り、いつまでたっても問題の「解決」などありえない。しかし同時にナクバに注目するということが、たんに一九四八年、または四七年から四八年という時間の幅のなかで起きた出来事への注目にのみとどまっていてはならない。四七年の国連によるパレスチナ分割決議から進行したパレスチナ人の追放は、日本も含めた「文明国」が「後進民族」を統治するという理念に支えられた委任統治システムを背後にもつ。そして板垣雄三さんが壮大な視点から述べているように、問われるべきは複合的なアイデンティティの束である人間を国家の枠組みのなかに切り縮めている中東諸国体制であり、それを外に押し付けることによって維持されるヨーロッパ的な国家のあり方、それをまねてきた日本という国家である。過去の出来事に対する批判のみに終始してしまうのではまったく不十分であり、今後の世界を私たちがどのように志向するのかということにまで関わってくる。峯陽一さんがいみじくも使われている言葉を借りるならば、カウンター・ファクチュアルな、事実に反する・事実に抵抗する〈別の現実〉の可能性を見出しながら、私たちがそれを作り出そうとすることである。

今ある現実とは異なる〈別の現実〉の可能性を見出すことは、本書を貫く重要な視点である。むろんそれは、パレスチナ／イスラエルにおける事態そのものが必然的に要請していることでもある。数百万人の人間が狭いエリアのなかで壁に囲まれ、数キロ先を移動するにもたいへんな干渉を受けながら生きることが必然的な「現実」なのだと、そうやって生きることしかありえないなどと、誰が本気で言えるだろう。地理的にはそこから遠い場所に暮らす私たちがパレスチナの出来事に注目せざるをえないのは、〈別の現実〉を作り出そうとせずには生きていけないという確信、〈別の現実〉への志向そのものに対するやむにやまれない願望においてなのである。

パレスチナ／イスラエルの出来事に注目し、日々の情勢を追う、あるいは研究調査するというとき、私たちはその社会を「見る」立場として一方的に自己を固定化することはできない。私たちもまた、相手から映し出され、〈鏡〉のなかの自らの姿に対面することになる。そして多くの場合この日本社会においては、〈別の現実〉への志向さえ独善的な、あるいは仮想された「日本人」共同体にとって都合のいい、排外的な物語として提示されてしまっていることに気づかされるかもしれない。今あるものとは違う、ということをさらに越え、では、いかなる〈現実〉を志向するのか、パレスチナ／イスラエルに関わることのなかで、逆に私たち自身が問われることになるだろう。

〈別の現実〉を作り出そうとすることは、一見ラディカルでありながら無責任な居酒屋談義に終始することでも、この社会から背を向けて何か革命的な実践を志向することでもない。だからといって政治的な力学からすれば現実困難に見える課題を脇に置き、今ある現実を受け入れたまま、何かを前に動かしてみせようとすることでもないはずだ。早尾貴紀さんの言葉を借りるなら「捏造された二者択一」は、パレスチナ／イスラエルに関わる人たちの思考を縛り、さまざまな局面において分断してきた。

この二者択一の思考は、別の側面では例えば自分は「研究者として」、あるいは「活動家として」、「NGOスタッフとして」パレスチナ／イスラエルに関わるのだ、と明示的に自己規定したいという欲望につながるものでもあるだろう。ここでおこがましいことを承知で、二〇〇七年に来日したイラン・パペさんの言葉を想起しておきたい。学術書を書くときと政治的スピーチをするときとでは必要条件は異なるが、人間としての動機は同じものであるべきだ、かたや研究者の世界があり、かたや活動家の世界があるのではない。いつでも両方の世界にいるべきなのである、という言葉である（『イラン・パペ、パレスチナを語る――「民族浄化」から「橋渡しのナラティヴ」へ』）。

今回のセミナーに講師として参加くださった方々は、専門家として多くの実績をもつ一流の方々だが、同時に大学の外で開かれ、経験や知識の幅もさまざまな人たちが集まるミーダーンのセミナーへの参加について、決して「シロウト向け」だからと軽視するようなことはなく、真剣に向き合ってくださった。

現在のパレスチナ／イスラエルに関わる問題ほど研究者と市民、活動家、ジャーナリストなどさまざまな立場の人びとの経験と知識の共有が求められている場はないし、同じ人が肩書きや作法を変えながらも、じっとひとつの問題意識を突きつめ続けているということも少なくない。本書のなかにそうした努力の痕跡を見出していただくことも、あるいはできるかもしれない。

【第1章】パレスチナの民族浄化と国際法

臼杵陽（中東現代史／日本女子大学文学部教授）
阿部浩己（国際人権法／神奈川大学法科大学院教授）

「民族浄化」とシオニズム――排他的ナショナリズムをめぐるポリティクス

臼杵　陽

一　「ナクバ」という認識

私のほうからは、歴史家のイラン・パペさん[*1]――以前にこのミーダーンでも集会にお呼びしたポストシオニズム期の「新しい歴史家」の一人です――による民族浄化論の提起を受けたかたちで、どのように考えるべきなのかということを、具体的な事例とともにお話ししたいと思います。

今日ここでお話をするのは、基本的には一九四八年の戦争の前の段階で起こったことです。ミシェル・クレイフィとエイアル・シヴァンの両監督の『ルート181』という有名なドキュメンタリー映画がありますが、その第二部の中部編で、リッダという町の床屋さんが証言をする場面があります。リッダには、ユダヤ人が移民として入ってくるのですが、ところが、もともと住んでいたパレスチナ人のほうがユダヤ人にフェンスで囲まれてしまって、「ゲットー」と呼ばれるようになってしまった話から始まります。その当時、フェンスで囲まれていた「ゲットー」の門のあたりが今もまだ残っているのだという話があって、カメラはある床屋さんに入っていきます。すると、そこの床屋のおじさんがナクバのときに目撃した衝撃的な内容を淡々と証言します。モスクに逃げ込んだ三〇〇人が虐殺されたことや、その死体が真夏に二週間も放置されたこと、そしてその遺体を自分たちで運んで火葬にしたこと、など。さらには、女性がレイプされたこと、自宅や所持品なども容赦なくイスラエル軍に没収されたこと、など。

実は、リッダにおけるイスラエル側の作戦は、ダニー作戦と言われておりまして、イガル・アロン*2が司令官で、その副司令官が、オスロ合意の締結によって「平和の象徴」となってしまっている、かの有名なイツハク・ラビン元首相であるわけです。映像のなかで語られている証言内容から、ラビンという人物が副司令官として参加した作戦がどういうものであったのか、つまりイラン・パペが唱えている民族浄化という、凄まじい暴力をともなう作戦がどういうものであったのかが問題として提起されることになります。

そこで最初に、なぜイスラエル建国から六〇年が過ぎた今、「ナクバ」、つまりイスラエル建国によってパレスチナが破壊され大量の難民が発生した「大災厄」を語るのかという問題を考える必要が、やはりあるわけです。そう申しますのも、一〇年という区切りにどんな意味があるのかという問題はさておき、一〇年ごとの単位からすると、たとえば五〇周年の一九九八年を考えると、ほとんどそうした問題提起はなかったからです。それがなぜなのかということは、やはり私たちは考える必要があるのではないかと思います。二〇年前の八八年、それから三〇周年にあたる三〇年前の七八年……というようにそれぞれの年を見ていきますと、時代によるナクバ認識の変化が見て取れます。そもそも、われわれ日本人にナクバという言葉が比較的知られるようになったのは、もちろん広河隆一さんが制作した映画『パレスチナ１９４８・ＮＡＫＢＡ』の影響がもっとも大きいと思います。ちょうど「ショアー（ホロコースト）」という言葉がクロード・ランズマン監督の作品によって知られるようになったのと同じ現象です。アラビア語である「ナクバ」という言葉が、日本でもそのままカタカナ語として語られはじめたということ自体、日本でナクバ認識が広まっていることを示しているのではないかと思います。また世界中で、今年はたくさんのナクバ・シンポジウムが開かれています。日本だけではなく、国際的な流れのなかでナクバ認識が位置づけられているということがあるわけです。

しかしそれだけではなく、やはり現時点でナクバが問題にされている現実があることに注目する必要があります。つまり、パレスチナを取り巻く状況がかつてないほど酷い、悲惨な、閉塞状態にあるからです。そのような状態が現在も続いているという厳しい現実から、あらためてその原点を問い直す必要が出てきたからこそ、今ナクバについて考える必要があるのではないかと、私は考えております。

「中東和平」という言葉で象徴される事態、つまりそれはしばしば一九九三年に締結されたオスロ合意に始まるとされるわけですが、この合意についての議論がいつも出発点として参照するのは一九六七年の第三次中東戦争でのイスラエルの占領地の返還をめぐる問題であって、これまでナクバが起こった四八年が問題にされることはほとんどありませんでした。つまりここにきてナクバが注目されることによって、一九六七年を原点に和平交渉を行なう「欺瞞性」が提起されはじめていると言えます。いったいパレスチナ人にとって何が正義なのか、つまりパレスチナ問題の公正なる解決とは何なのかという問題点が現れたのです。アラブ諸国とイスラエルの二国間交渉において一九六七年の戦争後に採択された安保理決議二四二号に基づく「領土と和平の交換」という原則を適用するのは仕方がないとしても、当時交渉主体として国際的に認められていなかったパレスチナ人にそのまま六七年後の政治状況下でのやり方を受け入れさせるというのは問題があります。実際、アメリカ主導によるオスロ合意がダメになってしまって、カルテット（米、露、EU、国連）によるロードマップ（和平の行程表）とか、また和平交渉の新方式が提起されているわけですが、ほとんどが実を結んでいない。これは、イスラエル側の「テロ」を口実とした強硬姿勢によって合意そのものが機能しなくなり、破綻したからです。それはあまりにもイスラエル側に都合のいいやり方だということで、パレスチナ側に反発が起こるのも当然なわけです。イスラエルにとっては現状維持がいちばん好ましい状態です。おまけにパレスチナ側もそうした閉塞状況のなかでファタハとハマースの対立で分断されてしまう事態が引き起こされた。だからこそ、やはりあらためてパレスチナ人にとって公正なる解決の原点としてのナクバを捉え返してみようということになるわけです。

ちなみにイラン・パペさんは、一九四八年の出来事が国際社会に放置されたこと、黙認されたこと、その責任が問われなかったことが、その後の一九六七年の占領や、そして現在にいたる事態について、国際社会が再び黙認し、容認していく状況を作ってしまった、つまり，その原点としてあったのがまさに一九四八年のナクバであった、ということを繰り返し言っているのです。

二　民族浄化論

ナクバに関わる二番目の点として、民族浄化、エスニック・クレンジングと呼ばれる事態があります。民族浄化というのは、シオニズム固有の問題なのか、それとももっと広くナショナリズムがもっている特性、つまりナショナリズムに内在化されている他者排除に起因する問題なのか、という問いにつながってくると思います。民族浄化というのは――イラン・パペさんが一般に百科事典で使われている定義をもち出してきて、ここから議論を出発させていますので、その定義をそのまま引用しますと――、特定の地域・領域においてエスニック・民族的に混成している人口を均質化させるために遂行されること、つまり、異質な人口の一部を強制的に追放すること、というふうに定義しているわけです。追放の目的というのは、人口構成を均質にして国民国家として成立させていくということです。つまり民族浄化は、ひじょうに広い意味で使われている。民族浄化は、その手段が暴力的か非暴力的かを問わずに、広く定義されています。そしてそれが、人道に反するものとなって、当然のことながら国際法によって批判の対象となる、そういう問題として考えていくべきだと思うわけです。

私の立場も、民族浄化の思想はナショナリズム一般に内在するものであるというところにあります。ですから、それではナショナリズムとしてのシオニズムを、私なりにどういうふうに捉えていけばいいのかという問題になっていきます。そこでやはり、シオニズムのはらむ問題は、イズラエル・ザングウィルというイギリスのシオニストが言ったとされる、「民なき土地に、土地なき民を」というスローガンに典型的に表されているということになります。じつは、最初にこのスローガンを言ったのは、パレスチナにおけるユダヤ人復興を唱えた、「キリスト教シオニズム Christian Zionism」の元祖のようなアンソニー・アシュレー・クーパー（シャフツベリー伯爵）であり、ザングウィルがそれを批判的に引用したことで有名になりました。ともあれ、このスローガンに表れているのは、パレスチナには人がいなかった、だれも住んでいなかった、というシオニズムに特徴的な、先住民族としてのパレスチナ・アラブ人の不在という認識です。たとえアラブ人がパレスチナに住んでいたとしても、それは山の上のほう、丘陵地帯、ヨルダン川西岸を含めた地域であり、海岸部にはほとんど住んでいなかった、と。そして、パレスチナのアラブ人はひじょうに未開で、また住んでいたのはベドウィンくらいだ、われわれはその未開のパレスチナを「文明化」するのだ、そういう議論がシオニストのあいだでは一般的だったわけです。

ですから、実際にはパペさんのエスニック・クレンジング論も、イスラエル側には容易に受け入れ難い。それどころか強い反発を招いている状況です。パペさんがあれだけ実証主義的にさまざまな証拠を集めて民族浄化を立証しても、そこにいろいろなかたちでの批判が出てくる。たとえば、パレスチナ人を民族として絶滅する意図があったとまでは言い切れないのではないか、とか、ユダヤ人がパレスチナの地で生活し、自立していくための手段として、パレスチナ人の移送なり追放は計画されたかもしれないが、それはパレスチナ人の民族浄化だとまでは言い切れないのではないか、といったシオニストからの批判です。

じつは、もう一人の「新しい歴史家」であるベニー・モリス*3という人とパペさんとの対立点はそこにあります。つまりベニー・モリスは、開示されている公文書の史料においてはイスラエル側の意図ははっきりとわからないという議論をして、それに対してパペさんは厳しい反論を加えるということで、それはイスラエルのいわゆるハト派的な人たちのあいだでも必ずしも立場は一致していないわけです。

またパレスチナ人たちとも見解は一致しない。シオニストたちは、パレスチナ人追放は少なくとも四八年という混乱状況のなかで、機会主義的にとられた政策であるから、かならずしもはじめからその意図はあるはずがない、と主張する。しかしながらパレスチナ人にしてみれば、いやトランスファー理論（パレスチナ人の追放を「移送」という言葉で隠蔽した政策）というものはそもそもシオニズムのなかに組み込まれたものであるとして、虐殺や追放をシオニズムそのものから類推していく議論を立てていく。このあたりはやはりすれ違いになるしかないのかと思います。

三　社会主義シオニズムの特徴

もうひとつ象徴的な問題として、シオニズム全般の問題というよりは、労働シオニズムあるいは社会主義シオニズムが主流になってくる、第二次アリヤー以降、つまり第二波以降のユダヤ人移民というのが、大きくクローズアップされます。一八八〇年代にシオニストによるパレスチナへの移民というものが始まるわけですが（第一次アリヤー）、第二波というのは一九〇五年のロシア第一革命の影響を受け、それ以降に急増したユダヤ人たちのパレスチナへの移民、入植です。その多くの人びとは社会主義者でした。そのときの社会主義者たちによって作られていくのが、キブツやモシャヴといった集団農場であるということになります。

イラン・パペなどと同じようにポスト・シオニズムの研究者として扱われている、ゲルション・シャフィールというアメリカに住んでいるイスラエル出身の研究者（カリフォルニア大学サンディエゴ校）がおりますが、彼が『Land, Labor and the Origins of the Israel-Palestinian Conflict, 1882-1914』という本で緻密に議論を行なっています。つまりシオニストのスローガン「労働の征服」と言われるものがオスマン末期のパレスチナ社会でどういう意味をもったのかというような観点からの議論であるわけです。キブツというとそれ自体はコミューン運動としてひじょうに理想化されて語られることが多いわけですが、その起源を探っていくとじつはアラブ人の労働者に対抗・排除するための措置だったというのが、シャフィールの議論の基本としてあります。

それはどういうことかと申しますと、ロシア帝国から移民してきたユダヤ人のシオニスト知識人たちは、労働をするにしても高等教育が邪魔をしてしまって、安い賃金で労働をしないわけです。そこで実際、第一波のユダヤ人移民として果樹園などの入植地を経営していったユダヤ人シオニストたちは、労働集約的なかんきつ類の収穫期などには安い労働力であるアラブ人を優先的に雇っていたのです。それに対して社会主義シオニストたちは何を考えたかというと、このままだと自分たちの働く場所がなくなってしまう、と危機感をもった。なぜならば自分たちは高い賃金を要求するから、当然のことながらユダヤ人資本家からは雇われないからで、そうであるならば、われわれ自身がアラブ人労働力を排除したかたちで、新しいコミューンとして自立的なユダヤ人入植地を作っていくべきだという議論が出てきます。じつはこれがキブツの出発点だという、それまでにはなかった、まったく新しい議論をシャフィールは立てたわけです。社会主義シオニストたちが、キブツはアラブ人労働力を搾取した植民地主義的な性格をもつものではなく、アラブ社会とはまったく別の世界である、と考えたのも、アラブ人労働者を搾取していないという前提があったわけです。もちろん、キブツがあった場所はアラブ人の土地を奪った（合法的な購入を通してであれ）ものであったのですけれども。

ゲルション・シャフィールという、イスラエル建国期に生まれ、大学闘争期に大学生活を送って研究者になった人物は、あきらかに一九六七年以降のイスラエルの植民地主義的な状況を念頭においてものを言っています。すなわち六七年の第三次中東戦争以降、イスラエルの占領下におかれたヨルダン川西岸地区・ガザ地区のパレスチナ人労働者がイスラエルの市場へどっと入ってきて、安い労働力としてイスラエル企業がパレスチナ人を雇用しはじめるという状況が生じました。これと同時に、右派のイスラエル人たちがイスラエルからのアラブ人の追放を言いはじめます。そうした現実の問題として、アラブ人を雇用している状態と、アラブ人を排除すべきだという右派の議論の併存する状況が出てくる。それを労働市場におけるアラブ人排除の問題として、第一波と第二波の移民の時期に重ね合わせるという議論の仕方であるわけです。

じつはこの問題が今、イスラエルないしシオニズムの歴史を扱うときに一番大きなテーマとなっている、「トランスファー（移送）」という名で正当化しようとしているアラブ人の追放という議論にもつながっていくわけです。

もちろんイスラエル国家が想定しているのは、キブツのような自己完結的な、それもユダヤ人のみで成り立つような「小宇宙」としての理想的なコミューンです。その理念に基づいて作られているユダヤ人国家が、シオニスト、とりわけ社会主義シオニストと呼ばれるような人たちが、イスラエルとして思い描いたものだったのです。たとえばダヴィッド・ベングリオン（初代のイスラエル首相となった人物）といった政治家に代表される考え方です。ところが現実のイスラエルというのは、ひじょうに多様なユダヤ人移民から構成され、さらには一九四八年以降、人口の二〇パーセント近い非ユダヤ人——つまりアラブ人、現在ではパレスチナ人とも呼ばれるような人びと——が住み続けていた。

要するに少なくともそうした人たちが現実にいて、多文化的な状況があるわけです。さらに今度はロシア系の人たちが一九九〇年代以降にどっと入ってきたということで、イスラエルはますます多文化的になっていきました。それにもかかわらず、否、そのような多文化的状況であるがゆえに、シオニズムはどうしてもイスラエル国家におけるユダヤ的なものを強調せざるをえないという立場におかれている。

四　憲法の不可能性と独立宣言の矛盾

そうした多様な考え方をもつユダヤ人から構成される政治的状況のために、じつはイスラエルは結局のところ憲法が作れなかったのです。イスラエルでは現在でも基本的には独立宣言を含めた基本法というのが憲法に相当します。帰還法などいくつかの重要な法律と合わせて基本法として、憲法に代用しているのです。その独立宣言のなかにじつは、ジレンマと言ってもよい、ある矛盾した表現があるわけです。つまり、一方でイスラエルはユダヤ人国家であるという規定をしつつ、同時にすべての人にとって平等な、人種とか宗教にかかわらずに平等な、すなわち民主国家としての性格を規定しているのです。この後者の規定にもとづいてイスラエルのなかに残っていたアラブ人に対しても、イスラエル国籍、市民権を与えていくわけです。

しかしながら、ユダヤ人国家ということも自己規定している以上、この民族国家と民主国家の二つの理念を両立させるということは、アクロバットに近いジレンマとして残ってしまうわけです。そのどちらを強調するのかという問題——それは国民国家、ネーション・ステートのステート、すなわち制度的な側面を強調するのか、あるいはネーション、すなわち国民としての民族的側面を強調するのかという争いとして表れてきます。つまり、イスラエル国民であることと、ユダヤ人であることがかならずしも一致しないという事態が、すでに現実として起きているのです。このジレンマをどうやって克服していくのかということが、イスラエルにとって深刻な問題になってくるわけです。

同時にイスラエルがユダヤ人に対して排他的かつ特権的に「ユダヤ人国家」であるということで、世界中に離散するすべてのユダヤ人に対して、帰還法によってイスラエルへの「帰国」を認めるという構造になっています。しかし非ユダヤ人であるところのアラブ人、あるいはパレスチナ人の難民に対しては帰国の権利は認められないという、ひじょうに対照的な扱いのなかで帰還法の差別的性格が問題になってくる。つまりユダヤ人に対してはつねに、何はさておき帰還の権利を認め、そうではない非ユダヤ人には認めないというところで、すでにそこに民主国家という規範、枠組みについて矛盾が露呈してしまうことになります。

そういう矛盾を前提としたときに、イスラエルをユダヤ人国家として自己規定した以上、イスラエルはより一層、ユダヤ人国家としての純化を求めていくのは必然的で、ユダヤ人が占める人口の割合に対してイスラエルがものすごく神経質になるというのには、そういう背景があるわけです。国内に住んでいるアラブ人、パレスチナ人の子だくさんに対して、ユダヤ人の子どもの出生率はひじょうに低いということで、外側からとにかくなりふり構わずユダヤ人と言われる人たちを呼び寄せ、人工的にユダヤ人とアラブ人の比率をつねに一定にしたい。あるいは可能であれば限りなくアラブ人の数を極小化したい。これはもうすでにこの時点で、エスニック・クレンジングという議論の、ひじょうに広い意味での規定がそのまま適用されていくような状況になっているのだ、ということだと思います。

五　建国直前のダーレット計画

ここで、建国以前の問題をお話ししたいと思います。ご存じの方も多いと思いますが、ダーレット計画——ダーレットというのはヘブライ語のアルファベットで四番目の文字にあたるわけですが——、イスラエルが建国される直前の軍事計画です。

ワーリド・ハーリディー[*4]という人が、Institute of Palestine Studiesから『From Haven To Conquest』という論文集を出版しており、そのなかに「プラン・ダーレット」という論文があり、その論文に地図が含まれています。この地図は、まず一九四七年一一月二八日に国連総会において採択されたパレスチナ分割決議、つまり総会決議一八一号と言われるものですが、そこで定められた分割線です。ところがユダヤ人は、この線の西側に位置するユダヤ人国家に指定された地域で、シオニスト軍による実効的な支配を行なうために、すでに第一次中東戦争が始まる約半年前から、軍事作戦を展開しており、そのときにはダーレット計画が立案されていたのです。

つまりわれわれがナクバに言及するとき、イスラエルが建国を宣言して戦争が始まった四八年五月一五日からというふうについつい考えてしまいますが、事実はそうではありません。この歴史認識は現在ではもはや常識になりつつあります。パレスチナ分割決議案が採択された建国前年の四七年一一月二八日以降、すでにユダヤ人国家の予定地を軍事的に制圧する形で、事実上の内戦と言ってもよいかもしれませんが、戦闘状態になっていたということになります。

さらに問題になってくるのは、イスラエルにとってひじょうに重要な意味をもったエルサレムが、分割決議案では国際管理下におかれた、ということがあります。しかし、イスラエルはエルサレムを自国領として確保するために、シオニズムの軍隊は四八年五月以前から軍事作戦を展開していたのです。その作戦のなかで一番有名なのがナフション作戦と言われるもので、その一環として起こってしまったのがデイル・ヤースィーン村の虐殺事件です。これは広河さんの映画『ＮＡＫＢＡ』をご覧になった方は記憶に新しいのではないかと思います。エルサレムを確保するために、テルアヴィヴからエルサレムへと続く街道を、ユダヤ人国家の支配下におくための軍事作戦が展開された、ということです。

この点は、冒頭でも触れました『ルート１８１』に描かれているリッダの話にも関係します。リッダでの作戦はもっと後のことになります。リッダという町は、地図上で見ますと、分割決議案ではユダヤ国家側に入っている地域です。リッダと隣にラムレ、二つの町がありますが、ここは明らかにアラブ国家に予定されていた地域に入っていましたので、そのあいだに分割案の線がありました。しかし現実問題として、四八年から四九年の第一次中東戦争が終わった段階では、そのいずれもが、建国されたイスラエル国家の支配下に入ってしまいます。つまりグリーンラインと呼ばれる休戦ラインが引かれたときには、この町はイスラエルの領土に組み入れられてしまっていたのです。したがってこれは、国連総会決議に従えば、イスラエルはリッダのあたりの場所を非合法に占領したということになりますが、これが国際社会で問題にされることはほとんどなかった。しかし、この事実を問題視しないことこそが問題だということになるわけです。

まさにユダヤ人国家に予定された地域におけるアラブ人の数を徹底的に少なくするという政策が意図的に行なわれていたこと、そしてその分割線をも踏み越えて、現在のイスラエル領の範囲にも結局のところ占領があったのだということ、これらの事実は、ずっと議論の対象ではあったわけです。ところが最近では、それはかなり明らかな事実として認められ、さらにそうした認識が徐々に優勢になりつつあるという状況もあります。

六　イギリス委任統治の問題

もう一点、なぜ一九四八年のイスラエルの占領が問われないのかと考えたときに、一九二二年に国際連盟で承認されてから公式に始まるイギリスによる委任統治がパレスチナ問題をつくる前段としてあったことが指摘できます。そのイギリスが、責任を放置したかたちで、つまり手に負えなくなってしまってパレスチナから撤退したわけですから、委任統治そのものがはらんでいた問題でもあります。そして委任統治が何だったのかと考えると、委任統治は国際連盟の規約第二十二条の規定として「今次の戦争（＝第一次世界大戦）の結果従前支配したる国（＝ドイツおよびオスマン帝国）の統治を離れたる殖民地及領土にして近代世界の激甚なる生存競争状態の下に未だ自立し得ざる人民の居住するものに対しては該人民の福祉及発達を計るは文明の神聖なる使命なること及其使命遂行の保障は本規約中に之を包含することの主義を適用す」とあります。つまり、いまだ遅れているアラブなどの諸民族に対して統治をするのは英仏や日本などの文明国としての使命であるという文言なのです。そこで遅れた民族に対して文明国が支配するということについて、それが文明国の使命であると堂々と国際連盟規約に書いてあるわけです。日本も英仏と同じようにドイツ領であった南洋群島を委任統治領として獲得しています。

しかもその国際連盟で承認されたパレスチナ委任統治は、それまでただの紙切れにすぎなかったバルフォア宣言、つまりなんら法的拘束性をもたない個人的な書簡にすぎなかったものに、国際法的な実効性を与えてしまったという問題があります。イギリスがパレスチナ委任統治の前文にバルフォア宣言の文言をそのまま原文どおりに入れたために、それが法的な拘束力をもちはじめた。つまり強者の論理の典型です。国際連盟の文書にバルフォア宣言が公式に取り入れられることによってはじめて実効性をもってくるという構造になっているのです。

もうひとつ、イギリス委任統治との関係ですが、四五年から四八年の急激な変化は何なのかということについて、私の考えですが、これはアメリカがパレスチナ問題に介入しはじめたことが影響していると思います。それというのもトルーマン米大統領が、ホロコーストで生き延びた人たちを「難民refugees: displaced persons」と称するわけですが、彼らをパレスチナに移民させるようにイギリスに対して要求するわけです。それに対してイギリスは、とてもじゃないがもうこれ以上多く受け入れることができない、パレスチナにユダヤ人がさらに移民してくると、ふたたび内戦状態になってしまう——実際すでに内戦状態であったわけですが——と言うわけですが、それに対してトルーマンは強引にユダヤ人移民を認めさせます。

そしてイギリスは結果的に、苦肉の策として英米調査委員会をつくるのですが、委員会はアメリカの肝入りでできたわけですから、結論は最初から決まっているわけです。すなわち委員会は一〇万人のユダヤ難民の受け入れは可能であるという結論を出した。そのときにイギリスには口実ができてしまった。すなわちイギリスは国際連盟からの継承としての国際連合に対して、パレスチナ委任統治は国際連盟から受任されたので、委任統治を国連に返上して解決の丸投げをしてしまうということになってしまい、これが国連総会決議につながっていくというプロセスです。

したがって、少なくともアメリカの介入がなければイギリスのパレスチナ委任統治の放棄はおそらくなかった。もちろん違ったかたちでパレスチナ問題も展開したかもしれませんが――もちろん、歴史に「もしｉｆ」はありませんが――私はそういうふうに思っています。

また実際問題、ハガナーというイスラエル国防軍につながる軍事組織や修正主義シオニスト[*5]のイルグン（後に首相となるメナヘム・ベギンが指導者の地下軍事組織）ですとか、それぞれ党派が独自に民兵組織を持っていたわけです。つまりイスラエル建国以前から、イギリスの委任統治当局が黙認しているシオニストの軍事組織があったわけですから、イスラエルが軍事的に勝利したというのは別に偶然ではないというのが現在一般的な議論の仕方です。もちろん第一次停戦後にチェコスロバキアから武器がシオニスト側に入ったことがありますが、やはりハガナーとかイルグンといったそれぞれのユダヤ人の民兵組織は、建国以前にかなり強力だったということで、アラブ諸国の軍隊がバラバラで、とりわけエジプトなど軍隊の体をなしていないところに比べたら、シオニスト側の軍隊はかなり組織的だったということです。イスラエルは民兵の数は全体としてアラブ諸国よりも少なかったとしても、効果的な戦闘を行なって勝利すべくして勝利したということだろうと思います。

七　乗っ取られ名前を変えられた村

じつは私は一九八四年から八七年まで、ヨルダン・ハーシム王国の首都アンマンというところに住んでおりました。そのときにアラビア語の先生をやってくれたパレスチナ人がおりまして、そのアブー・ムハンマドさんからずっと聞かされていた話があります。彼の出身地はパレスチナのアッバースィーヤという村です。アッバースィーヤはどこかと言いますと、先ほど触れたリッダよりもちょっと北にある村です。つまり国連の分割決議案ではアラブ人国家側に指定されたところに位置した村であるわけです。

現在、アッバースィーヤは名前を変えられています。「イェフード」に変更されています。このイェフードという都市は、現在はベングリオン空港と隣接しています。ベングリオン空港はかつてロッド空港と呼ばれていまして、ヘブライ語でロッドと呼ばれている町は、つまりアラビア語ではリッダになります。アッバースィーヤ村はリッダと隣接しているわけです。

この村がイェフードという名前になったのは、それ以前の名前がヤフーディーヤというアラビア語の名前だったためです。というのも、ヤフーディーヤは、アラビア語で「ユダヤ教」という意味で、一九三六年にアラブ大反乱が起こったときに、さすがにこの名前のままではマズイということで、アッバースィーヤという名前に変えられたわけです。

ここがヤフーディーヤという名前となった理由には諸説があるわけですが、たとえばその私のアラビア語の先生、アブー・ムハンマドさんは、これはフダーという人の聖者廟があって、そこから由来したのだというふうにユダヤ教とは関係ないと主張していました。フダーというのは頭にヤをつけたらヤフーディーヤとなる、だからそうなのだというわけです。かなり強引な議論ですが、アッバースィーヤという名前も聖者廟から来ている名前です。

ここではもうそれ以上詳しい話をするつもりはありませんが、少なくともかつてパレスチナ人のあいだでは、聖者信仰*6が盛んでした。そして、パレスチナ住民の難民化とともに聖者も一緒に「難民」になってしまったために、聖者信仰はほとんど難民キャンプからは消えてしまっております。しかしながらアッバースィーヤには現在でも廟が残っている。そういう村や町はナクバ以前にいくつもあったわけですが、アッバースィーヤはまさにその典型の村のひとつなのです。

ところで、アッバースィーヤの住民たちが村を離れたのは、一九四八年五月よりも以前のことでした。イスラエル側が当時——まだ建国前ですから「イスラエル」という言葉は使えませんが——シオニストが軍隊をどんどんとユダヤ人国家側の予定地として指定されたところを自己支配するために展開していくわけです。その過程でシオニストの軍隊が隣の村までやってきたときに、やっぱり大変なことだというので住民たちは逃げていくことになってしまいます。しかしあまりにも話として急だったということで、皆ほとんど家財道具を持っていくことができませんでした。そういう当時の状況が、難民たちの証言によって明らかにされています。

八　ヨルダンの関与

以上の話の補足でもう一点。やや文脈が違うのですが、シオニストとトランスヨルダン王国とのあいだに密約があったことが指摘されています。すでにこれはパレスチナ人たちのあいだではヨルダン軍のエルサレム地区司令官が暴露したために有名な話になっていたことですが、のちにオックスフォード大学のアヴィ・シュライム[*7]というユダヤ人の研究者が、このトランスヨルダンとシオニストとのあいだの密約を、公文書から明らかにしました。シュライムという人は、パペさんと同様に、ポスト・シオニズムを代表する「新しい歴史家」の一人です。その研究によると、トランスヨルダンの当時の国王は現国王のひいおじいさんにあたるアブドゥッラーという人ですが、このアブドゥッラー国王がシオニストと密約を結んで、四七年の国連の分割決議案においてユダヤ人地区に指定されたところにはヨルダンの軍隊を進軍させないという約束をしました。代わりにそれ以外の地域をトランスヨルダンの領土とすることを黙認しろというわけです。

ですから、形だけはヨルダン軍はユダヤ人国家予定地域に進軍するのですが、すぐにアラブ国家予定地域に戻ってくるということが繰り返されるさまを、パレスチナ人たちは難民として目撃することになります。自分たちのために戦ってくれているはずのヨルダンが、実際には早々にイスラエルとは戦火をまじえずに退却するという光景を。

ところが、イスラエルのほうはというと、より多くの領土を実力行使で確保するために、分割案の境界線よりも外側に踏み越えて戦闘を展開するようになる。それはヨルダン側にとっては思ってもみなかった、密約違反なわけです。そうした状況下で、ヨルダン軍はイスラエル軍に対して戦うというかたちになる。

またここで、ヨルダン川西岸地区の法的地位の問題について触れておきたいと思います。ヨルダンが一九四八年の戦争のあと、事実上併合していくプロセスというのは、西岸に住んでいるパレスチナの住民に会議を開かせてそれに併合を承認させていくというプロセスを取ったわけですが、この併合を認めたのはパキスタンぐらいでほとんど国際的には認められていません。そういうことで、ヨルダン川西岸地区をトランスヨルダンが併合したことを国際社会はほとんど承認しなかったということを、イスラエル側は逆手に取っていることがあるのではないかということです。つまりヨルダン側はかなり強引に西岸を併合してしまったわけです。エジプトの場合は、ガザを完全に占領地として位置づけていますので、ガザの法的地位は西岸とは全然違っていたのです。

ヨルダンは、ヨルダン川西岸地区のパレスチナ人をふくめてすべてのパレスチナ人にヨルダン国籍、市民権を与えたために、西岸を国内法の適用される場所にした歴史的事実があるわけです。しかし、その後、この西岸の帰属問題がパレスチナ問題の解決を、ずっと長引かせていくことになる。第一次インティファーダが開始された翌年の一九八八年にヨルダンがヨルダン川西岸地区を、正式に、法的に、行政的に切り離すというフセイン国王の宣言があってはじめて、ヨルダン川西岸におけるパレスチナ人の主権が本格的に議論されるようになり、ミニ・パレスチナ国家案が現実的問題として浮上してきたわけです。

そういう歴史的な事情があるので、ヨルダンのパレスチナ問題に関する歴史的責任はかなり大きいということが言えると思います。

九　パレスチナ人と国際法

パレスチナ人の難民化についてのほとんどの問題が一九四八年五月一五日をもって始まった、というような議論には意味がない、といったことがパレスチナ側では一般的に言われるようになっています。四七年一一月二九日以降建国までの半年間のあいだに、事実上シオニストの軍事作戦が有効に実行されたために、実際問題としてアラブ諸国の軍隊がパレスチナに進軍してきたところで、パレスチナ人の難民化という問題に対してはどうにもこうにもならない状況がすでにできあがっていた、というのが現在のパレスチナ人の知識人たちの多くの認識としてあります。つまりナクバについて一九四八年五月一五日の時点をもって考えるのは、ほとんど意味がないということになってきます。実際問題、宣戦布告もないままに事実上の戦闘が起こっていたということが、ダーレット計画についての地図によって明確に示されています。

そういうことで、イスラエル側はまさに一九四七年一一月二九日の国連分割決議案をもってイスラエルの正当性を主張するわけですが、そのときに領土的にそれよりも広い部分が今のイスラエル国家の領域を事実上確定するグリーンラインにされた。そのような事実に対してイスラエルは以後、一切口を閉ざすという態度をとっていまして、そこにある矛盾こそ、現在ナクバというものを通して考えなければならない問題であるわけです。

同時に、どうしてイスラエルが国連決議による分割線と、それを越えた実効的支配を行った「領土」と、六七年以降の占領地とを、うやむやにしておくことができるのかという問題を考えたときに、一つには、やはりアラブ諸国がイスラエル国家を承認してこなかったということの問題が大きいのではないかと考えています。つまり、アラブ諸国が承認しないから、イスラエル側としては国境がない、とも歴史の皮肉として言えるわけです。それゆえにイスラエルの「国境」は軍事境界線であるにすぎず、つねに変化するもの、つまり拡大するものであるという立場から、一方でイスラエルの存在が国際的に承認されながら、他方でアラブ諸国が承認しないという紛争状況のなかで、軍事力によるイスラエルの領土拡大が既成事実化されていくという現実のほうが、国際政治的には大きな意味をもったのではなかったのでしょうか。だからこそ、建国当初から占領という認識が国際的に共有されないということに関しては、そもそもアラブ諸国がイスラエルという国家は存在しないと言ってしまった時点で、イスラエルの違法状態が事実上黙認されてしまったと感じてしまうわけです。もちろん、これは私見ですが。

やはり国際法そのものがヨーロッパ諸国の植民地主義的な秩序のなかで形成されていき、第二次世界大戦後の一九六〇年代に新たに独立した新興国家がどんどん国際政治のアクターとして登場してきて、そしてそのような新興国家はアラブ諸国もふくめて国際法の枠組みで問題の解決をしていこうということになったわけで、それまではかならずしも国際法の規範に照らして合法的な統治をしていないような国にも、国際法の枠組みのなかで国際的な関係を作っていくことになります。その意味では、そのアラブ諸国と国際法の問題は、これからもっといろいろな角度から研究されていかなければいけないテーマです。

パレスチナ人のあいだでもようやく国際法について議論が始まっているようです。もちろん以前からやっていた研究者も一部にはいたわけで、ヘンリー・カッタンなどという人は国際法とパレスチナ問題ということでやってきていました。『Palestine and International Law』という彼の本は一九七三年に初版が刊行されています。しかし、どちらかというと国際法的なアプローチに関しては、パレスチナ人にとっては国際法が強者の論理、つまり国際法は既存の国際秩序の是認の上になりたっており、国家をもたないパレスチナ人にとっては、自分たちが国際法を武器に自分たちの諸権利を守っていくというところがこれまではあまり見られなかった。

実際、武装闘争をやっている時代は、国際法なんてものは自分たちを護ってくれたわけではないので必要ないというような認識があったことも否定できないでしょうが、今後はもう少し国際法についてパレスチナ人のなかで議論していくような動きがおそらくでてくるのではないでしょうか。パレスチナ難民の現状、難民の帰還権、エルサレムの帰属、分離壁、二〇〇八年末のガザ攻撃などといった問題はほんの一部にすぎませんが国際法的にきちんと議論しなければならないと思います。今の自治政府の分裂の問題とか、惨憺たる現状ですので、やはり人権という問題の観点からも、国際法について議論していく必要がある。そこがおそらくパレスチナ人のなかでも一番弱い部分だったと思います。

パレスチナの民族浄化と国際法

阿部浩己

一　国際人権法とホロコースト、そしてパレスチナ

私は国際法という法領域の研究をしています。国際法というのは近年、多様化と言いますか、ひじょうに多面的なものになってきているのですが、そのなかで人権保障の問題を中心にすえて、ここ数年いろいろなところで発言してきました。しかし、パレスチナの問題に関しては深く研究してきたわけではなく、そもそも、国際法学そのものにパレスチナ問題へのまなざしであるとか視点といったようなものが欠落していたようにも思います。

杓子定規な物言いをすれば、国際法というのは、今では三六〇年ほどの歴史をもつ、国際社会全域に適用されている法なのですが、そのなかにあって人間の尊厳、権利を守ろうという動きが始まったのは、六〇年前、一九四八年と言ってよいでしょう。もう少し正確に言いますと一九四八年の三年前、一九四五年に第二次世界大戦が終わるさいに国連がつくられることになり、国連憲章が採択されました。国連憲章とは国連の設立文書のことですが、そのなかに国際社会の基本的な価値として人権を尊重していくことが謳われたので、一九四五年から国際的な人権保障、つまり国際人権法の歩みが始まることになりました。しかしその歩みが本格化したのは一九四八年以降のことです。

では一九四八年に何があったのかと言うと、世界人権宣言が採択されたのです。一九四八年一二月一〇日のことです。その世界人権宣言で、国際社会で守られるべき人権の内容が具体的に明記されました。

世界人権宣言を生み出した力とは何なのか？　世界人権宣言が採択されたその一日前の一九四八年一二月九日に、ジェノサイド条約という条約が作られています。この条約は、集団殺害行為を鎮圧するために編み出されたものです。このジェノサイド条約と世界人権宣言につながる流れとして、国連憲章以外にニュールンベルク国際軍事法廷もあります。

こうした一連の流れを強く推進していたのは、ホロコースト、つまりユダヤ人の大虐殺でした。六〇〇〇万人ものユダヤ人が殺害されたということが人類の良心を激しく揺さぶって、人権を擁護しないことには平和な国際社会は成り立たない、という認識が生まれ、ついに国際法の世界に人権保障の要請が刻み込まれることになった――こういうふうに国際人権保障の出自は説明されます。つまり国際人権法というのは、ホロコーストの記憶というものを後背にかかえ、それを基盤において作り上げられたということなのです。

しかし、何かを想起するということは、何かを忘却するということにも連なります。実際にこの一連の流れのなかで忘却されていたものを改めて見つめ直すと、国際人権法の偏頗性というか、その暴力性というものを感じ取ることができるかもしれません。では何を忘却したのかということですが、国連憲章あるいはニュールンベルクのところから掘り起こしていくと、たとえば日本軍の犯したアジア地域における大規模な人権蹂躙は、国際人権法の物語を構成することはまったくありませんでした。

もっと言えば、一九四五年の前に世界各地で大規模に植民地支配が行なわれ、無数の先住民族が抹殺されていた――そういうものも国際人権法を生み出す力にはならなかった、忘れられてきたのです。そしていうまでもなく、一九四八年に世界人権宣言が採択されたその年にいたるパレスチナでの出来事もまったく国際人権の物語のなかでは語られてきませんでした。

つまりホロコーストというひじょうに大きな出来事を強烈な記憶として刻み込むことによって、別の記憶が忘却の対象になった。こういうかたちで国際人権法はその歩みを始めていくことになりました。パレスチナ問題は、こうして、一九四五年、あるいは一九四八年から歩みを始めた国際人権法のなかには登場しないまま時間が流れていくことになったのです。

四八年のイスラエル建国だけでなく、四九年にかけての第一次中東戦争によって国連決議の定めた境界線を越えてイスラエルが事実上、領土とした範囲――パレスチナ全土の約五七％がユダヤ国家に割り当てられていたが、実際に停戦段階でイスラエルが約七七％を占領していた――についても、国際法学上、まっとうに扱われることはありませんでした。境界線を越えた部分は「占領」地帯と言わないのかということについては、まともに議論されてきていない。もとより、イスラエルがそういう状態を作り出したということに対して「国際社会」が沈黙したということも問題となります。イスラエルの領域の一部をなすことについての承認を意味することにもなりかねませんから。

理論的には、あくまでイスラエルの独立は分割決議の範囲でしかできなかったということで、境界線を越えている部分は占領地帯とすることも不可能ではないでしょう。しかし、現に日本も含めて多くの国がイスラエルを承認し、分割決議のラインを越えて領土化したことについて特段に異議を申し立てていないわけですから、四九年までに作り出された事実を問題視しない状況を国際社会が作ってしまっています。

では国際法の世界では、あるいは国際人権保障にからめて、いったいパレスチナの問題がいつから語られるようになったのかというと、一九六七年の第三次中東戦争からになります。

二 一九六七年という転換点

第三次中東戦争が勃発したときに、真っ先に反応したのは国連総会でした。国連総会ではさっそく「被占領地域の住民に影響を与えるイスラエルの実行を調査する特別委員会」という委員会が設置されました。

なぜこのような委員会が設けられたのかというと、一九六〇年代に国連のなかで勢力分布が変化していたという事情があります。つまり一九四五年から六〇年にかけて、国連ではアメリカを中心とする西側諸国が力を発揮していたわけです。ところが一九六〇年、「アフリカの年」と言われるように一七のアフリカの国が独立を果たして国連に参加し、そして数の上で優位にたつ第三世界あるいは非同盟グループを形成するようになっていきます。このグループと、ソ連を中心とする社会主義諸国が連帯し、六〇年代に国連の勢力図が大きく変わっていくことになりました。そうした政治情勢の変化を背景にして、六七年の中東戦争が起きたときに、アラブ諸国その他の発展途上国が中心となって国連総会にはたらきかけた結果、このような特別委員会が設置されることになったわけです。

国連のなかには人権問題を中心的に扱う国連人権委員会という組織があったのですが、同じ時期にここでも動きがありました。「中東における敵対行為の結果占領された領域における人権侵害の問題」という議題が設定され、この議題の下、公開でイスラエルの問題を審議することが始まったのです。

国連人権委員会は一九四七年に設置されていましたが、人権についての調査はまったく行なっていませんでした。「行動を起こす」ということをずっと控えていたのです。人権委員会をつくったのはいいが、各国にとってみれば、人権問題を本気で取り上げると自分の首が絞まりかねないことから、現実の人権問題を調査することは避けていたわけです。ところが一九六七年、南部アフリカのアパルトヘイトの問題を取り上げようという動きが大きくなってきました。これもアフリカ諸国が大量に国連に加盟したことが背景にあってのことです。そしてその南部アフリカと並んで、次にイスラエルの問題が取り上げられることになっていきます。こうしたかたちで国連の人権委員会は、世界各地の人権問題の調査に乗りだしていくことになっていきました。

このように一九六七年の第三次中東戦争をきっかけとして、国連人権活動の表舞台、そして国際人権法の世界にパレスチナ問題が登場してくることになったわけです。しかしそれは一九六七年以降の出来事に限って、という条件つきではありませんでした。

国際法、あるいは国際人権保障の枠組みのなかでパレスチナ問題が取り上げられるときには、占領という概念がひとつのキーワードになってくるわけですが、この概念は国際法上どのように定義されているのかを見てみましょう。ある研究者の言葉を借りると「実効的支配」というのが中心的な概念になります。もっと言えば、本来自分の国の主権の下にないところを実効的に支配している状態、それを占領というわけです。

ガザ地区の問題に関連して触れることになりますが、実効的支配というのは軍隊が駐留していなくてもおおいにありうる事態です。たとえば特定の地域――ガザ地区などはそうですが――の出口・入口を塞いでしまうということです。あるいは物の流通をコントロールするとか、上空を支配するとか、軍隊を常時駐留させていなくても、実効的に支配されている状態がそこに現れていれば、それは占領ということになるわけです。

三　占領中に守られなくてはならない国際法規

占領については、国際法上、明確なルールがあります。国際法は戦争と長年向きあってきたわけですが、時期によって戦争の仕方はだいぶ違っているものの、現時点において占領についてどのようなルールが妥当しているのかというと、次のようなものがあります。

まず一八九九・一九〇七年の「陸戦の法規慣例に関する規則」です。占領状態に入ったときに占領した側が守らなければならないルールをひじょうに詳細に定めています。そしてそれを引き継ぐかたちで第二次世界大戦後の一九四九年に四つの条約がジュネーブで作成されました。ジュネーブ四条約と呼ばれているのですが、すべて武力紛争にかかわる条約です。四つの条約それぞれの第二条に同じ内容の規定が置かれており、そこで占領について規定しています。また、第四条約あるいは文民条約と呼ばれるもののなかには、陸戦規則をもっと細かくした、占領についての詳しい規則がまとめられています。その後、植民地解放闘争を経てまた国際法が発展していくわけですが、それを刻み込んだ一九七七年のジュネーブ条約第一追加議定書の第一条四項に、占領に関する規則が出てきます。

こうした一連の条約が、現時点において占領に関する国際法のルールを定めていることになります。そしてこうしたルールがイスラエルの占領している地域に果たして適用されうるのかということなのですが、この点についてイスラエル政府は一貫して、「ジュネーブ条約はイスラエルの占領地域には適用されない」と言っています。

ジュネーブ条約は戦争にかかわる国際法規の中核を占めているのですが、一九四九年に作られたこれら四条約のすべてに共通第二条があります。すべて同じ条文ですが、そこに占領に関する規定があります。その規定は、占領を「他の締約国の領域を支配していること」としています。ところがイスラエルは、ヨルダン川西岸地区もガザ地区もどの国の領土でもなかったのだから、共通第二条のいう「他の締約国の領域を支配していること」にはあたらない、と言うのです。

ちなみにイスラエルは、占領地に対する軍事攻撃についても、ジュネーブ条約の適用外とし、自衛権の行使という理屈で正当化しています。自国を防衛することに関しては、国際法が自衛権という権利を国家に保障しているので、自国を防衛するためにイスラエルが採っている措置はこの権利により正当化される、というのがイスラエルの主張なのです。つまりイスラエル自身は、国際法を逸脱しているとは言わない。

こうした主張に対しては、まず、国連総会、安全保障理事会そして国際司法裁判所が、さらにパレスチナ問題に関わる国際法研究者もほぼ一致して、占領法規はイスラエルの占領地域に適用される、という見解をとっています。

また自衛の論理についても、自衛は国際法上はきわめて限定された範囲でしか認められないものです。武力の行使は原則として禁止されています。自衛は例外的だし、一時的なものでなくてはならない。均衡性の原則を守らなければいけないし緊急性の要件も課せられている。それらを守っていないということで、自衛権についてもイスラエルの行為は正当化できないというのが支配的な法解釈です。そもそも占領地域に対する武力行使を自衛権で説明することは困難です。

ご存知の方も少なくないでしょうが、国際司法裁判所は、イスラエルが建設を続けてきた「壁（分離壁）」が国際法に照らしてどう評価できるのかということについて、国連総会から諮問を受けました。その結果、あとで紹介するような勧告的意見を出したのですが、そのなかでも、あたりまえですがイスラエルの占領しているところは国際法のいう占領状態にあるということを、はっきりと認めています。

この壁事件に際して国際司法裁判所は、被占領地域にヨルダン川西岸と東エルサレムを含めています。ここではガザ地区には触れていませんが、それはそもそも壁事件に際してはガザ地区が射程外であったというだけのことです。ガザ地区についても国連総会や人権委員会で、占領状態にあるとされていることは言うまでもありません。二〇〇五年以降、そして現時点においても、イスラエルの実効的支配下にある、つまり占領状態が続いている、ということです。

占領に関する規則に違反したらどうなるのかということについても、国際法は定めを置いています。先ほど触れた文民条約の第一四七条と第一追加議定書の第八五条に、重大な違反の場合の規定があります。ここを少し端折って読みます。「殺人、拷問……被保護者を不法に追放し……もしくは拘禁すること……公式な正式の裁判を受ける権利を奪うこと、軍事的必要によって正当化されない不法且つ恣意的な財産の広範な破壊若しくは徴発を行なうこと」。このようなことが重大な違反にあたる、ということです。そして違反をするとどうなるかと言いますと、「普遍的管轄権の対象」、つまりジュネーブ条約のすべての締約国に、重大な違反を行なった者に対する捜査あるいは訴追を行なう義務が発生してくる、ということです。

現在、ジュネーブ条約に加盟している国は一九四ありますす。日本もイスラエルもアメリカももちろん入っております。世界中ほとんどすべての国が入っているわけですが、そのすべての締約国が、重大な違反が生じた場合には、捜査をし、訴追をする。もし、自分の国で捜査できないのに、当人がそこにいるのであれば、捜査し、訴追をする国に引き渡す義務がある、ということになっています。つまり重大な違反の容疑が出てきた場合には、その容疑者を世界のどの国に逃げていっても訴追する。そのようなことをジュネーブ条約は求めていることになります。

文民条約は四九条六項で、「占領国は、その占領している地域へ自国の文民の一部を追放し、又は移送してはならない」という一項を置いています。どうしてこういう規定が置かれているのかということについてはあとで説明しますが、要するに占領している国はその占領している先に自国民を連れていってはいけないのだということを言っているのです。これはイスラエルの現在の政策に照らせば、明白に文民条約の違反であると言ってよいということです。

イスラエルは、占領地への自国民の入植をする際に、パレスチナの土地を大規模に収用してきました。収用するかたわらで入植を進めてきたということになるわけです。しかしこの大規模な土地の収用は、先ほど述べた重大な違反、つまり「軍事的必要によって正当化されない不法且つ恣意的な財産の広範な破壊若しくは徴発」にあたる、と認識されます。ですからそのような入植政策を進めているイスラエル政府の責任者、そしてそれを実行している人は、国際法上重大な違反を犯しているものとして処罰の対象になる、本来処罰をしなければならない、ということです。

四 国際司法裁判所の見解

ここで、先に触れた壁事件についての国際司法裁判所の意見を紹介したいと思います。国際司法裁判所は占領についていったいどんなことを言ったのか簡単に要約します。

第一に、壁を建設するということは、パレスチナ人の自決権の侵害だと言っています。国際法はすべての人民に、自決権、つまり自分たちの政治的、経済的、社会的、文化的地位は自分たちで自由に決定できるという権利を保障していますが、その自決権を侵害していると言っています。それから入植政策については、文民条約への違反にあたると言っています。

壁の建設については、パレスチナ人に保障されている、移動の自由の保障に違反していると言っています。ほかにも同じようにパレスチナ人に保障されている労働権や健康権、教育を受ける権利等々の違反にあたる、と言っています。そして財産の破壊、つまり壁の建設によって財産を収用したりしているわけですが、それが文民条約第五三条の違反にあたるとも言っています。要するに多重的に違反が積み重ねられていると国際司法裁判所は認定しているわけです。

そしてイスラエルは壁を建設する際に、これは自衛のためにやっているのだと言っていましたが、自衛権によって壁の建設は正当化できないとも言っています。自衛権を行使できるのは外部から敵がやってくる場合なのに、イスラエルの内部から生ずる脅威に対して壁を作るとなれば、それは自衛権行使の対象にはならないと国際司法裁判所は言っているわけです。

壁の建設、そして東エルサレムの併合は違法であると言い、こうした違法な状態を生じさせたことについてイスラエルは法的責任を負っているとして、第一に壁の建設をすぐに停止しなさいと言っています。そして壁を解体して元に戻し、生じた被害を賠償する義務をイスラエルは負っている、と言っています。

さらにイスラエル以外のすべての国に対して、壁の建設によって生じた違法な事態を承認してはならず、イスラエルにちゃんと条約を守らせなさい、とも命じています。

国連の諸機関に対しては、国際司法裁判所の意見を実現させるよう行動を起こしなさいと言っています。その要請を受けて国連総会は、二〇〇四年七月に総会決議を採択し、勧告的意見に従うように要請しました。人権理事会も勧告的意見を再確認するという決議を、二〇〇六年一一月に採択しております。しかし安全保障理事会は、この勧告的意見に関してはいっさい行動を起こしていない、という現実があります。

そういうことで、占領状態にあるということ、占領状態において守られなければならない国際法が幾重にもあるということ、それらが多重的に侵害されているということ、そしてその侵害によって生じた被害については賠償しなければならないし原状を回復しなければならない、そしてその責任者は処罰されなくてはならないというふうに、国際法のルールはイスラエルの占領については、きわめて明瞭な要請を出している状況にあります。これがなぜ実現されないのかということについては、最後に触れたいと思います。

五　国際法による占領自体の評価

先に、占領状態において守られるべきルールというのが幾重にも存在していると言いましたが、では占領そのものはいったいどうなのか。そもそも占領してはいけないのではないか、という疑問があるでしょう。私が話してきたのは、占領状態に入ったあとに守られるべきルールについてであって、そもそも入口の段階で占領が許されないのなら、今の議論は意味がないのではないかという疑問があると思います。そこで占領それ自体が国際法上どう評価されるのかについて、簡単に説明したいと思います。

これは皆さんの予想を裏切るかもしれませんが、占領それ自体について国際法ははっきりとした態度をとってきませんでした。つまり占領状態に入ったあと守るべきルールは幾重にも存在しているわけですが、そもそも占領状態に入るということについて、国際法はかならずしもきちんと向きあってこなかったと思います。占領というのは、法が適用される以前の非法的な、中立的な事実であると言う人もいます。あるいはこれとまったく対極に位置するものとして、占領はそもそも絶対に許されないという人もいます。このように、占領それ自体は評価の対象にならないという人から、そもそも占領は絶対に許されないという人までいるのですが、総体としてみますと占領それ自体の評価については曖昧であったと言えます。

ただし、次のことは明瞭に確認できます。

なにより、占領は「征服」であってはいけない。これははっきりしています。武力を行使して他国を占領し、自国に編入してしまうことを征服といいますが、こういったやり方での領域取得は、国際法上かつては許されていました。

それが二〇世紀に入り、武力行使それ自体が許されないことになってきましたので、征服は国際法上もはや許される余地がなくなっています。武力による領域の取得は許されないということは、大原則として確立しています。今ではそもそも人民の自決権という観点からして征服は許されないわけですが、そういう征服状態に占領がなってしまっているということであれば、それはぜったいに許されないということになるわけです。

なにより占領は一時的なものでなくてはならず、占領状態に入るときには、占領地域の人口分布や社会制度などを変更させてはならない、ということになっています。陸戦規則は第四三条で「(占領者は)占領地の現行法律を尊重して、なるべく公共の秩序及び生活を回復確保するため施し得べき一切の手段を尽くすべし」と定めているわけですが、要するに占領された後、何も変更してはいけないということなのです。だから占領地に自国の住民を連れてくる(入植)などということは許されないということになってきます。

占領は一時的なものであり、一時的な状態を脱したあとはかならず解消されなくてはならない。そして解消されたあと占領前の状態と変わっていてはいけない、ということになっているわけです。この観点からイスラエルの占領の状態を見てみますとどうなのかということですが、これは単なる違反どころか、植民地支配にも等しい状況になっていると多くの研究者は指摘するようになっています。

アパルトヘイトと断言してもよいのではないかという研究者も少なくありません。アパルトヘイトというのはご存知のとおり、南部アフリカで展開されていたものですが、人種差別を背景にして、「……他の人種集団を組織的に抑圧し、および支配する」（国際刑事裁判所規程第七条二項h）という制度です。パレスチナ人に対して、イスラエルが人種的に抑圧していることが現実だとなれば、アパルトヘイトに等しいと指摘することもできるかと思います。

そして、現時点まで占領が延々と続いていること、入植が制度的に推し進められてきたことなど、占領の現実を総合的に勘案すると、イスラエルによる占領は今では「偽装された征服」と言ってもいい状況ではないでしょうか。壁の建設などはそれを象徴しています。ですから、占領それ自体が入口の段階でどう評価できるかという議論がありうるにしても、少なくとも現時点においては、イスラエルによるパレスチナの占領は、被占領地域を事実上併合した「偽装された征服」として、国際法的に違法と断じてもよいように思えます。

この点については、二〇〇八年一月二一日に国連人権理事会に「一九六七年以来占領されているパレスチナ領域における人権状況に関する特別報告者」が提出した報告書も述べているところです。イスラエルの占領については、これまでは占領状態の下で守られるべきルールが幾重にも侵害されている、とされてきただけでしたが、今は占領自体が違法となっているという見解が強まっています。

違法と判断されるとどうなるのかということですが、国際法は違法状態が生じた場合には違法状態を終了させる義務がある、そして原状回復と賠償義務のセットをその違法行為を行なった国に対して課すことになっています。イスラエルは、占領中に生じた国際法違反を償うだけでなく、違法と評価される占領それ自体をただちに終了しなくてはならない、ということです。

六　国際法から見たナクバ

このように一九六七年以降の状況については、国際法の示している評価はかなりはっきりしているわけですが、六七年の状態につながる、一九四七、八年から六七年までの状態については、これまでも、そして現時点においても国際法は十分に対応できていないと思います。そこで一九四七、八年に戻ってその空白を埋めるとすると、国際法はどのような評価をナクバに対して与えうるのかについて述べます。

まず、民族浄化、エスニック・クレンジングとして強制追放が行なわれたという事実。これが国際法上どのように評価できるのかということについてですが、法は遡及的に適用できないという原則があります。現在の法を一九四八年に遡って適用することはできません。ですから一九四八年の時点で適用されていた法に基づいて当時の民族浄化政策を判断しなくてはいけない、ということになります。

一九四八年の時点でどのような国際法が適用されていたのかを見ていくと、すでにこの時点で民族浄化に対抗できるような法が存在していたことがわかります。ひとつはジェノサイド、集団殺害の禁止です。これは一九四八年一二月九日に条約になりましたが、条約になる前から国際慣習法としてすでに禁止されていたということが確認できています。

ですから、ジェノサイドにあたるのかどうか、あたるならばジェノサイドを禁ずる国際法の適用可能性が出てくることになります。ただし、このジェノサイドの定義は、一般に思われているほど広いものではありません。「国民的、民族的、人種的又は宗教的な集団の全部又は一部に対し、その集団を破壊する意図をもって行う次のいずれかの行為」、ということになります。

そしてその「いずれかの行為」のなかで、「当該集団の構成員を殺害すること。当該集団の構成員の身体又は精神に重大な害を与えること。当該集団の全部又は一部に対し、身体的破壊をもたらすことを意図した生活条件を故意に課すこと」――こういうことを証明できると、ジェノサイドになるわけです。

重要なのは「集団」と「意図」です。たとえばパレスチナ人という「集団」を、「破壊する意図」をもって強制的追放を行なったということを証明するのは国際法的にはけっしてやさしいことではありません。つまり、ある村を襲って、非常に残虐な行為を行なった、ということまでは言えるとしても、それがその人びとが所属している集団自体あるいはその一部を破壊する意図のもとに行なわれたのかということがどのように言えるのかというところで、難しい立証責任の壁が立ちはだかってくるわけです。そして、その意図が証明できたとしても、次にその意図にもとづいて、今述べたような行為があったのかを証明しなければいけない、ということになります。

もっとも、この点については、集団を破壊するという政策の下に村を破壊する、あるいは残虐な行為が行なわれたということが、はっきりと文書に残っていなくても、そういう政策があったとしか言いようのないほどの状況証拠が積み重なっているということになれば、それは集団を破壊する意図があったということが言えると思います。ただし、ジェノサイドが認定されるケースというのは、けっして多くはありません。国際法も無罪推定の原則に立っており、簡単にはジェノサイドの認定はできない。厳密に認定がなされています。とはいえ、適用の可能性はあると思います。

そしてもうひとつ、イラン・パペの著作*8のなかでも言及されていますが、民族浄化政策が人道に対する罪に該当するのではないか、という議論も可能です。人道に対する罪も、すでに慣習法として国際法上確立しておりました。「一般住民に対する広範なまたは組織的な攻撃と認識しつつ行う住民の追放又は強制移送/人種・宗教又は民族に基づく迫害」が人道に対する罪にあたります。ですから広範な攻撃を行なっていると認識しつつ、パレスチナ住民を移送したり強制追放したということを立証できれば、そのことを命じた、あるいは行なった人は、人道に対する罪を問われることになります。責任を問われるのは実行した人と、それを命じた上官です。

七　どこで実際に裁くのか

それではどこで処罰されるのかということなのですが、理論的にはすべての国に処罰をする権限があります――もちろん日本にもあるわけです。ただ、権限はあっても、実際に処罰するのかどうかについては、加えて政治的な意思が関わってくるということです。

それぞれの国に任せる代わりに、国際的な裁判所はできないのでしょうか。国際的な裁判所としては実際に、ニュールンベルクや極東国際軍事法廷もそうでしたし、一九九〇年代には旧ユーゴスラビア、ルワンダについて特別の国際刑事法廷が設置されています。そのような国際刑事法廷が設置される可能性は理論的にはあるわけですが、設置されるには国連安全保障理事会の下での判断が必要になってくるでしょうから、安全保障理事会で拒否権を行使するアメリカがいるかぎり、設置の現実的可能性というのはひじょうに薄いということです。

それ以外に混合裁判所というものもあります。東ティモールとかシエラレオネなどの例がありますが、それぞれの国のなかに裁判所を作り、そこに国連が関わっていくというものです。これもまた、安全保障理事会の関与が必要となってきますので、理論的な可能性はあっても、現実的な可能性としては難しいかもしれません。

では、国際刑事裁判所[*9]（ＩＣＣ）はどうか。国際刑事裁判所は、裁判所が発足した二〇〇二年七月一日以降の事態しか扱えません。ですから、それ以降もジェノサイドや人道に対する罪が続いているということであれば、管轄の範囲内となりますが、ただ、イスラエルがこの裁判所に入っていませんから、裁判を始めさせるには、安全保障理事会が「事態」を付託しなくてはならない、ということになります。そうすると、ここでもまた拒否権の壁が立ちはだかり、現実的な可能性が薄くなってしまうでしょう。イスラエルが事件を限定してＩＣＣの管轄権を受け入れる道もないではありませんが、可能性はゼロに等しいでしょう。つまり国際刑事裁判所も理論的可能性は有しているわけですが、それを現実的なものとする意思を醸成できないというところがネックとなっているわけです。国際法が悪いというよりは、国際法を利用する政治的意思が弱いということが現実にあると思います。欧米諸国の政治的意思、といってしまってよいでしょうが。

ここまで裁判所の話をしてまいりましたが、もちろん裁判以外の手段もありえます。たとえば、調査・勧告を目的とした活動がそうです。国連人権理事会における特別手続がその代表的なものです。

これについては、じつは一九六九年に始まった国連人権委員会の審議がずっと現時点まで続いてきています。そして特別報告者が任命され、毎年報告書を提出しています。そのようなパレスチナ問題を扱う特別報告者に、一九四八年のパレスチナでの事態の調査を依頼するということ、それによって真相究明を国連の枠内ではかっていくということは、比較的可能性が高いかもしれません。人権理事会では拒否権は発動できませんから。あるいは、人権理事会の下で別途、調査委員会を設置するということもありえます。

強制追放によって生じたパレスチナ難民というのは、世界に存在する難民集団のなかで最大規模となる難民集団ですが、おそらく最も語られることの少ない難民集団でもあります。そもそもなぜパレスチナ難民が発生したのか、そもそもなぜかくも多くのユダヤ人がパレスチナにやってきたのかというところに遡らないといけませんが、なにより、ユダヤ人はヨーロッパから排除された人々でもあったという事情があります。二〇世紀、とくに一九二〇〜三〇年代、ヨーロッパのなかで民族浄化が進んでいました。国民国家、ネーション・ステートづくりが進められていたのです。そしてネーション・ステートづくりのなかで、大規模な人口の移動が行なわれました。そしてその移動の際、行き先の国がある人たちはまだしも良かったのかもしれませんが、ユダヤ人には行き場がなかった。そこでパレスチナに行くようにシオニズム運動が誘導していき、多くのユダヤ人がヨーロッパやロシアからパレスチナにやってくることになりました。つまりヨーロッパにおける民族浄化政策が結果としてパレスチナにおけるユダヤ人の増加につながり、それがパレスチナでの新しい民族浄化につながっていったというサイクルが見て取れます。

ヨーロッパ諸国はユダヤ人に対してこうした原罪を抱え込んでしまったため、そしてなによりホロコーストの舞台を提供してしまったため、現在にいたるまでイスラエルに対する行動を自ら制約しているところが少なからずあります。それが、「裁き」をはじめとする国際法の実現にも大きな影を落としていると思います。

八　国際法のヨーロッパ的限界と可能性

遡れば国際法そのものが、ヨーロッパで発祥したものであり、世界に植民地支配や不平等条約を押しつけていった過程で、ヨーロッパはそれらを「文明化の使命」として正当化してきたわけです。国際法というのはいつの時代も暴力的な契機をはらんで、欧米的なものを世界に拡散させるという使命の下に広がってきた政治的背景があります。

二〇世紀に入って、植民地の独立が可能になる状況が訪れたことによって、そういった暴力性が少し薄められたところがあります。国連憲章などはまさにそういう流れのなかにあります。国際法のもつ暴力性と、その暴力性を克服していこうとする流れの両方が国連憲章のなかには混在しているわけです。国際法の暴力的な側面を維持しようとするものとして、安全保障理事会には拒否権といったものがきっちりと埋め込まれている。それをなんとか薄めようとするものとして、国連総会の一国一票制度であったり、国連難民高等弁務官の現業型オペレーションであったり、その他さまざまな形で強者の論理を薄めて、人間生活と国際法とを繋げていこうとする仕組みも、国連のなかにはあるのです。

しかし、いかんせん強者の論理を支える仕組みは頑強で、しぶとい。軍縮に関していえば核拡散防止条約（NPT）がそうですが、核を持っている国はそれをなくさないでいいが、核を持たない国は核を持ってはいけない。こういう状況が生み出されてきているわけです。これはまさに強者の論理だと思います。こういったものが現時点まで国際法の重要な部分を占めてきているわけです。パレスチの事態をめぐっても国際法のこうした側面がはっきりと現れ出ているのではないでしょうか。

しかしながら、ヨーロッパは逆にそうした原罪を背負っているからこそ、国際法の整備を推進した側面もあったのかもしれません。そのヨーロッパが中心となって一九四七年の国連総会決議一九四が一二月一一日に採択されました。

この国連総会決議では、パレスチナ難民に関しては戻ってくることができるということを確認しているのですね。議論があるところと思いますが、少なくとも国連総会は、帰還する権利がある、認められるべきである、ということを確認しています。

パレスチナ難民は、この決議によって国連調停員会（UNCC）という委員会の保護を受けることも想定されていました。UNCCが帰還事業や再定住を推進し、賠償金の支払いを促進することになっていたのですが、この委員会は数年で活動を停止してしまいます。UNCCと並んで、ほぼ同時期にできていたのがUNRWA、国連パレスチナ救済事業機関です。UNRWAは、法的な保護を行なうUNCCが担わない、それ以外の救済事業を行なうものでした。したがってUNRWAは法的な保護は行なわないわけです。再定住なども行なわない。先ほども言ったように、UNCCはすでに活動を停止しておりますから、UNRWAに登録されているパレスチナ難民に関しては法的保護を行なう国際機関が存在していない、ということになります。

ＵＮＨＣＲ、国連難民高等弁務官事務所はなぜ関わらないのかというと、ＵＮＨＣＲは他の国連機関が関わっている難民に関しては行動を起こせないことになっているからです。したがってＵＮＲＷＡに登録されているパレスチナ難民四〇〇万人ほどはＵＮＨＣＲの活動対象になりません。難民条約の適用も排除されています。そういう状態が何年にもわたって続いてきています。ただ法的には、帰還そして賠償を求めうる状態にあるということは間違いありません。

最後にリチャード・フォークの言葉を紹介して終わりたいと思います。リチャード・フォークは二〇〇八年に国連人権理事会のパレスチナ問題を担当する新しい特別報告者に任命された、アメリカの良心を担っている国際法学者のひとりです。彼は、パレスチナ難民問題についてこう言っています。「国際法と国際道徳の明瞭さはまったく疑いがない。その実施を妨げている障害はもっぱら政治的なものであることを理解する必要がある。イスラエルが抵抗していること、そして、国際社会とりわけ西欧の自由民主主義諸国がパレスチナ難民の権利のために有意な圧力をかける意思を有していないこと、これが問題なのだ」。同感です。

先に述べたとおり、一九六七年以降の事態に関して国際法は極めて明瞭な評価を下しうるものですが、四八年の事態についてもおそらく相応の評価を出しうるでしょう。問題は、国際法を実現するための政治的意思をどう醸成できるのかというところに帰着するかもしれません。国際法は、それに違反した行動から国際的正統性をはく奪する政治的機能をもっていますが、それを現実の政治で生かしていくには、また別の知恵を使わなければなりません。

私は、国際法それ自体のなかに国際法の暴力性を緩和できる契機を見出せるかぎり、それを最大限に利用する道を探っていくのがとりわけ非欧米圏に生きる国際法学者の重要な使命ではないかと思っています。そのうえで、あるいはそれと同時に、国際法の構造を脱暴力的に変容させる作業を進めていかなくてはならないと思っています。

本日のテーマであるパレスチナをめぐる事態についても、まずは国際法を生かす道を徹底的にさぐることが重要だろうと思います。現に、現在の国際法をそのまま解釈したとしてもイスラエルの占領状態は違法となっているし、占領下において重層的に国際法の違反が生じているということがはっきりと言えます。法的責任の取り方についても、国際法は道筋をはっきりと示しています。そのうえで、国際法の実現を阻む、国際法そのものに内蔵された強者の論理・暴力性を乗り越えていく道を考えなくてはならないと思います。それは、国際法学者だけの問題でなく、国際法のステークホルダーである市民にとってもとても大切な課題なのではないでしょうか。

【第 2 章】占領のノーマライゼーションと中東の分断

早尾貴紀（社会思想史／東京経済大学非常勤講師）
酒井啓子（イラク政治研究／東京外国語大学大学院
地域文化研究科教授）

シオニズムにとっての土地と占領

早尾貴紀

一　シオニズムの歴史的起源

「占領」ということがテーマとなっていますが、私からは、直接的にいまの被占領地（ヨルダン川西岸地区とガザ地区）がどうなっているのかという現場の話ではなく、近代世界の国民国家誕生以来の約二世紀の歴史を見ていくことで、イスラエルの根幹を支えるシオニズムにとって「占領」というものがどのような意味をもつのかということを、広く大きく考える材料を提供したいと思います。

一般にパレスチナにおける占領問題というのは、一九六七年の第三次中東戦争で西岸地区とガザ地区がイスラエルによって軍事的に占領された、その一九六七年の占領から数えて四〇余年が過ぎてなお占領状態が継続している、という話になっています。しかし、国民国家の二〇〇年ほどの歴史的スパンで考えていくことで、かえって現在のイスラエルのかかえている問題というものがよく見えてくると思います。

「シオニズム」という言葉についてはある程度知られていますが、ユダヤ人がひとつの領土・国家をもち、その国家はユダヤ人のためだけの国家でなくてはならないとする考え方であると、おおよそ理解されています。ですからイスラエルを建国しようとした人たち、いまそれを支持している人たちがシオニストということになります。そのシオニズムの歴史、シオニズムが明確な思想運動として生まれてくるまでの前史を、どこまでさかのぼって考えればいいのか。その始まりについてはいくつかの考え方があるかと思います。

その大きな思想的転換点のひとつとして考えられるのは、フランス革命以降に出てきた国民国家という思考法のなかで、ヨーロッパ諸国におけるユダヤ人の地位をめぐって出された「ユダヤ人解放令」と、それに対する反動です。つまり居住・移動・職業選択の自由のないゲットーのなかに囲い込まれていたユダヤ人に対し、新しい国民国家が国民としての平等な市民権をユダヤ人に与えるのか、あるいはたんに信仰が違うユダヤ教徒であるというだけで、キリスト教徒と平等な「国民」というふうに扱うのか、という議論になったときに、平等にすべきということで「解放令」が出されました。

とはいえ、それがすんなりと受け入れられたわけではなく、また解放令にともなう法整備や制度改正が進んだわけではありませんでした。すぐさま保守的な人びとからは反発が巻き起こり、解放令を無効化していくような言論、政治運動が展開されました。たとえばドイツで激しい論争が一八二〇年代、三〇年代をとおして行なわれたなかで、ひとつ知られた論争として、いわゆるヘーゲル左派と言われる思想家やジャーナリストによる言論活動があります。そのなかで若きカール・マルクスとともにモーゼス・ヘス[*10]というユダヤ人がいました。市民社会論、つまり国家はすべての住民を平等な市民として扱うべきだという論陣を張って、新聞などに論説を出していくといった活動をしていました。

しかし、実はこのモーゼス・ヘスは、その三〇年くらい後にシオニスト的な主張を展開する画期的な論考――画期的というのは、別に褒めているわけではなく、まさに「時代を画する」という意味においてですが――、『ローマとエルサレム』を書きます。つまり、ユダヤ人はひとつの国家をつくらなければならない、われわれはヨーロッパのなかではまったく異なる民族、異なる人種なのであるから――というかたちで、人種主義的なニュアンスをも帯びたユダヤ人論を展開するに至り、以前とは一八〇度違う議論を展開してしまうわけです。

当時はまだ「シオニズム」という言葉はなく、彼自身が「シオニズム」という言葉を使ったわけではないのですが、しかしテオドール・ヘルツルという、シオニズムの父と言われ、世界シオニズム会議を引っ張った人物などからも、のちに「時代の先駆者」としてヘスは高い評価を受け、また、のちのシオニズム思想家たちからも、ヘスはシオニズム的な主張をした最初の人物として評価を受ける、ということになります。

そのシオニズムという発想は、このようにヨーロッパのなかの、国民国家という発想が出てきたなかでの民族主義――ヨーロッパにとっても民族主義というのは新しい考え方であったわけですが――の影響を受けました。その思潮に対して保守的な立場の人びとから「非国民」として排除されるユダヤ人はどのように対処すればよいのか。ひとつには差別を受けないために、徹底した同化主義、つまり同化することで迫害を免れようという動きもありました。しかし、いくら文化的に同化しても「こいつは血筋がユダヤ人である」というふうに、外から差別のレッテル張りをしてくることからは逃れようがなく、同化に限界を感じるユダヤ人も増えてきます。そこで反転して出てくるのが、「ユダヤ人にとってのナショナリズム」、民族主義・民族運動としての「シオニズム」という考え方です。ヨーロッパの国民国家の思想のなかで、ユダヤ人／ユダヤ教徒が自己を再定義するなかで、ナショナリズムのひとつとしてシオニズムが出てきました。

二　一九四八年建国以前の「入植」と「占領」

そしてここからさらに、国家を持たなければならない、その国家をいったいどこにつくるのか、どういう国家をつくるのかという議論にまでは、もう一段階があります。シオニズムには民族主義、ナショナリズムとしてのアイデンティティに関わる側面と、そこから新しく領土国家を持って具体的に独立していくという国家主義の側面があります。そこには、段階的な差異があるわけです。

そのあいだには、独自の国家を持たないが、ある国家の内部に一定の自決権をもち文化的に自立したコミュニティがあるという、非領土的な文化自治論というものが生まれたり、あるいは先ほども言ったように、同化主義という考え方にはいかないまでも、公然と欧米やロシアのなかでシオニズムを唱えることで、「じゃあ、どこかに国を作って出て行けよ」というかたちで排斥運動が起こることを避けるために、あえてシオニズムについて言わないでおこうという立場もありました。

しかしやはり、シオニズムはひとつの運動として、身をもって移住を実践し、土地を獲得していくという段階に入っていきます。一八八〇年代から一九三〇年代にかけての移民の波――「第一次アリヤー」から「第五次アリヤー」として知られる段階に入っていきます。これは「実践シオニズム」などとも呼ばれていますが、実際に実力行使として移民を行ない、そこにコミュニティをつくるという思想運動です。

これは言ってみれば「入植」活動ですし、それでできたコミュニティは一定の土地を占めるわけで、その意味では「入植地」建設であり、「占領」とも言えます。しかし、狭い意味でわれわれが現在の文脈で入植地と言った場合には、六七年占領地のなかに作られている入植地のみを指します。でも、やっていたことは変わらない。入植活動をしているという意味では入植地ですし、またそれがもっと段階を進んでいって、将来的にもっと大きくまとまった領土を獲得していくための一里塚としての位置づけにあったとすれば、「アウトポスト」つまり前哨入植地という意味合いもあったはずです。

これはのちに触れていきますが、そのポツポツと点在したコミュニティを結んでいけばちょうど線となるというように、入植というのは計画的に展開していきましたし、その線は効率よく土地を確保する最前線を形成しました。すなわち、点から線へ、線から面へというかたちで最終的には線を結んだこちら側をガバッと領土化していくということがなされていきます。四七年に国連による線引きがなされ、四八年に建国が宣言されますが、四九年の第一次中東戦争の停戦時にはそのラインをはるかに越えて、領土化するわけです。停戦ラインが確定するのは四九年ですが、そのラインいわゆる「グリーンライン」によって獲られた線の内側を、パレスチナ人のなかには立場によって、四八年に占領されたという意味で「四八年占領地」と言う人もいます。この呼称は一般的とまでは言えませんが、政治的に意識のある人などが、四八年占領地という言い方をするのは珍しくはありません。

三 「ユダヤ人国家」に一石を投じたバイナショナリスト

四八年の話はあとで詳述するとして、建国前の話に戻します。一九二〇年代から四〇年代には、主流の政治シオニストとは路線対立する運動もありました。「文化シオニズム」と呼ばれる流れの人びとです。彼らももちろん、ユダヤ人がパレスチナの地に移住して国家をつくる権利は認めていますので、シオニストであることは確かです。

しかし彼らは、「そこには先住のアラブ人が居るのだから、彼らとの関係を考えなくてはならない。彼らを排除するようなことがあれば、自分たちがヨーロッパなどで非国民として排除されたことを、今度は自分たちが抑圧者・支配者の側になって繰り返してしまうことになる」ということで、「迫害されてきたわれわれだからこそ、新たな排他主義はやってはいけないのではないか」という主張を展開しました。ゲルショム・ショーレムやマルティン・ブーバー、ユダ・マグネスといった、エルサレムのヘブライ大学のリベラル左派の文化人たちがこの運動の中心でした。彼らは、ユダヤ人とアラブ人が一つの土地で対等に共存できる国家をつくろうという、バイナショナリズム、二民族共存の運動を展開しました。

もちろんそんなことは、パレスチナ人の立場からすれば、「虫がいい話だ」となるでしょう。シオニズムの側から言われる、「共存の方法を考えなくては、自分たちがここにいる正当性を失ってしまう」、という主張は、入っていく側が自分の居場所を確保するために言う共存なのですから、非難され拒絶されても仕方がありません。政治シオニストのリーダーでのちに初代のイスラエル首相となるベングリオンでさえも、初期においては、戦略的に「アラブとの共存」を唱えていたことも指摘できます。

結局このバイナショナリズムは、主流派の熱烈な排他的ナショナリズムの動きには抗することができず、他方でパレスチナ人に多くのパートナーを見つけることもできず、四八年のイスラエル建国および中心人物であるマグネスの死去によって、運動としては終焉を迎えました。

四　建国とエスニック・クレンジング

それで、現実の建国運動のほうは、「ユダヤ人だけの国家をつくらなければならない」という主流の政治シオニストらによって担われ、いまのイスラエル国家が建国されてしまいます。つまり、この国の「国民」はいったい誰なのかと問えば、「ユダヤ人だけ」ということになり、たとえばムスリムだったりキリスト教徒だったりするパレスチナ人については、率直に言えば国民になる資格はない、国民になってほしくない、と政治シオニストらは思っている。だけれどもイスラエルには、建国前から建国後もパレスチナ人のコミュニティがあって実際に住んでいる人たちがいるわけですから、それをどうしたらいいのか。これは建国前から現在に至るまで、シオニストらにとって深刻な問題でありつづけています。

建国直前までは、移民としてそこに住むようになったユダヤ人の数からして、ユダヤ人がマジョリティになる国家というのは、そのままではありえません。ユダヤ人の数が住民の三割程度しかいないのに「ユダヤ人国家」だというのは、絵に描いた餅で、現実が伴っていないのにユダヤ人国家を謳っても仕方がないわけです。そこでどうすればいいのかということで、「実力行使」としては、パレスチナ人を虐殺するか、追放するか。とにかくパレスチナ人が限りなくゼロに近づいてほしい、そこまでいかなくとも圧倒的マイノリティになってほしい、ユダヤ人が圧倒的マジョリティになるために、というわけですね。

これが一九四七年から四九年にかけて行なわれたパレスチナ人に対するエスニック・クレンジング、つまり民族浄化です。四七年というのは国連によるパレスチナの分割決議がなされた年で、領土を分割したうえでユダヤ人国家とアラブ人国家を二つつくるという方針を国連が示しました。人口比や居住区域などの実態を無視した無謀な分割案で、シオニスト側はこれを根拠にさらなる実力行使によって土地の占拠を継続させ、対する地元パレスチナ人や周辺アラブ諸国はこの分割を不当としてユダヤ人の入植・占拠に抵抗します。つまり、建国宣言の前からすでに戦闘状態に入っていき、建国時からは第一次中東戦争と呼ばれ、そして停戦合意のなされる四九年にかけて戦闘が続きました。そこで行なわれたことについて、ミーダーンでも講演をしていただいた歴史家のイラン・パペは明確に「民族浄化／エスニック・クレンジング」と言っています。

パペが強調していたのは、この時点でベングリオンなど主流のシオニストのリーダーたちは、組織的にパレスチナ人を追放してマイノリティに追い込まなければ、ユダヤ人国家を実現できないということを明確に考えていたし、追放をどう実行すればいいのかということを非常に綿密に計画し、それを実行に移していたということです。そういう意味で、それは民族浄化なのだという議論を、パペはしています。

五　イスラエル国内のパレスチナ人マイノリティ

シオニズムという民族主義、民族的自覚を持つという運動は、四八年に現実に国家を持ったという時点で、そして国家を持つことによって「国民」になったという時点で、またひとつ大きく段階を昇った、あるいは変質をしたことになります。「国民化」しただけでなく、四九年の停戦の時点で得た領土は「国土」となります。しかもそこには、分割決議の線を大幅に越えた軍事占領地も含まれるわけです。そしてイスラエル国家が成立し、それをまずはアメリカやロシアなどの大国が承認し、一定範囲の国際社会のなかでも承認されていくことで、そこはもはや「入植地」や「占領地」とは呼ばれなくなるのです。占領状態が常態化しかつ当然視されるわけですから、これも「占領のノーマライゼーション」のひとつと言えます。

ただしここで注意が必要なのは、スパッとその時点で、きれいさっぱりパレスチナ人がその「国土」からいなくなったわけではなく、イスラエル史を通じてつねに人口の二割ぐらいのアラブ人がいるということです。その存在はシオニストたちにとっては邪魔な、正直に言えば居てほしくない人たちになります。それは建国以降もずっと変わりません。ですから、なんとかしてパレスチナ人を出ていかせようという政策は、現在も続いていることです。イスラエルの領土のなかで、イスラエルの国籍を持っている人たちであるにもかかわらず、「非ユダヤ人」ということだけで差別的な政策が実行されています。とくにアラブ人の多い北部ガリラヤ地方については、「ガリラヤのユダヤ化」ということが公然と叫ばれ、積極的にユダヤ人の町の建設――それをもはや入植地とは言わないわけですが――が進められ、他方でアラブ人の町の発展が阻害されています。

とはいえ、その差別や管理の仕方はかなり巧妙で、ガリラヤ地方のムスリムのアラブ人のなかでも、マイノリティ中のマイノリティであるドゥルーズ（シーア派にルーツをもつ異端）については、むしろ徴兵を義務化することでイスラエルの社会制度の内部に取り込み、さらにイスラエル軍兵士として占領地の最前線に送り込むことで、パレスチナ人全体を分断するために利用されています。すなわち、徴兵制国家では義務である徴兵に応じることが奨学金や公務員・企業就職などの社会生活上の資格に関わることが多く、兵役から除外されているアラブ人市民は同時に義務を果たしていないとして「合法的」な不利益待遇を受けるわけです。逆にマイノリティのドゥルーズに対しては、経済的メリットを動機づけつつ徴兵を課し、他のムスリムとの分断をはかる一方、兵士としてドゥルーズが対峙させられる占領下のパレスチナ人からは「裏切り者」呼ばわりされるよう仕向ける。こうして、ドゥルーズに対する特権的「半ユダヤ人」扱いが、全土のパレスチナ人に対する階層化や反目をもたらし、巧妙な分断統治術になっているというわけです。

私がエルサレム在住だったとき、フラットメイトがガリラヤ出身のドゥルーズで、しかも父親が筋金入りの抵抗詩人の政治活動家[*11]だったため、息子であるその友人も影響を受け徴兵を拒否し、そのために投獄されるという体験をしていました。友人にガリラヤにある実家に連れていってもらい、詩人の父親にもよく会っていたので、彼らのおかれている厳しい状況を聞かされました。

六 アラブ圏からのユダヤ人移民の、分裂するアイデンティティ

アラブ人を、絶対数においても増やしたくないけれども、自然増加を抑えることが難しいとすると、シオニストがこだわるのは人口比率です。放っておくとアラブ人の出生率のほうが高いので、パレスチナ難民の帰還や新たなアラブ人移民を禁止しても、アラブ人比率は高まってしまう。実際長いスパンで見るとアラブ人比率はずっと微増傾向にあります。これに対抗するために、イスラエルは世界中

からユダヤ人を政策的に入れています。この政策も、建国直後からずっと現在にいたるまで実行しているということも付け加えなくてはなりません。とくに五〇年代から六〇年代にかけては、イラクからモロッコにいたるまでのアラブ文化圏ないし中東地域から、ユダヤ教徒をほとんど根こそぎにするような勢いでイスラエルに移住させました。これによって、現在のイスラエルのユダヤ人人口について言えば、ヨーロッパにルーツを持つユダヤ人と、中東地域にルーツを持つユダヤ人の比率がほぼ同じぐらいになっています。

そして全員がそうだというわけではないのですが、多くがアラブ文化圏に属するアラブ人と言ってさしつかえないユダヤ教徒――「アラブ系ユダヤ人」と言うのか、「ユダヤ教徒のアラブ人」と言うべきか、いくつかの呼び方がありますが――であり、彼らのアイデンティティはたいへんに複雑なものになっています。イスラエルに住む以上は、ユダヤ人としてその国民の資格を手に入れて住んでいるわけなので、そうすると「アラブ人ではない」ということを、強い価値観・自己意識として身につけざるをえない。これは外からも擦り込まれますし、自分自身のアイデンティティを分裂させたままにしてもおけないためでもあります。アラブ人だと認めれば、シオニズム体制内では自己否定になってしまいます。学校でも社会でもいじめや差別を受けますし、そうすると自己防衛のために、アラブにルーツを持ちながら、だからこそむしろ強い徹底した反アラブ・反パレスチナということを、価値観としては身につけていきます。投票行動としても、強い反アラブ・反パレスチナ政策を掲げる政党に投票するということが見られます。

以上のように、イスラエルがユダヤ人国家として、排他的に領土をもち、ユダヤ人を「国民化」することで、人口構成やナショナル・アイデンティティに決定的な変化をもたらしたと言えます。

もちろんなかには、イラクからのユダヤ人移民を主題にしたドキュメンタリー映画『忘却のバグダッド（Forget Baghdad）』にも登場する作家サミー・ミハエルのように、イスラエルに連れてこられたアラブ系のユダヤ教徒で、国民化されてユダヤ人にされた人たちが、故郷のイラクやアラブ文化を懐かしむ、そしてアラブ性とユダヤ性の両者のアイデンティティを、分裂させたまま保持するということもありえます。また、同じ映画に出てくるエラ・ショハットなどは、イラクからイスラエルに移民した一家に生まれた人で、このアラブ系ユダヤ人の分裂した自らのアイデンティティに対し、ポストコロニアル研究の課題として取り組んだ先駆的な研究者でもあります。

やはり同じくイラク出身のユダヤ人の家に生まれた研究者でイェフダ・シェンハーヴという人がいまして、私のエルサレム在住時の二〇〇三年に、そのものズバリ『アラブ系ユダヤ人』という本を刊行し、内容はかなり硬派な学術書であるにもかかわらず、テレビや新聞が大きく著者インタヴューで取り上げるほどの反響を呼んだことがありました。自分自身のアイデンティティの問題でありながら、それを学術的な分析の対象として反省的に論じるという仕事なわけですが、それをスファラディームやミズラヒームといった用語でごまかすのではなく、ある種タブー化されてきた「アラブ」という自己認識を明確に言い切ってタイトルにしたことが、話題となった一因です。自分がアラブ系ユダヤ人なのだ、アラブというアイデンティティとユダヤというアイデンティティの両方を持っているのだというわけです。しかもそれを、自己省察とともにかなり綿密な研究水準でやってしまった。そのことでものすごい反発をする人もいますし、実は薄々は自分も感じていたのだけれど言えなかったことを書いてくれた、と歓迎する向きもあります。

ただもう一点付け加えますと、そういうアラブ系ユダヤ人たちがシオニズム自体にどこまで批判的になるかというのは、また別の話です。まずは段階的な問題としては、こうしたテーマが、ようやくアカデミズムのレベルで公然と議論ができるようになったところで、それが今度は政治運動に結びつくにはもう一段階要るだろうと思います。ただし他方で、シオニズム批判に結びついていきにくい状況があって、シオニズム自体がポスト・シオニズム論争をふまえ、ある種の懐の広さというか、「多様性というのをわれわれは実はもっているのだ」というところに開き直って再自己定義をする、という論調も出ています。もちろん、そうしないとユダヤ人移民を広い地域からたくさん入れ続けて人口競争で勝つことができないという現実があってのことですが。

それゆえ、「純粋なユダヤ人国家」ということを言いつづけつつ、多様性、受け入れる寛容性というのも言わなければならなくなっている。そうすると、これまでは差別や否定の対象であったミズラヒームあるいはアラブ系ユダヤ人が、社会的ポジションを得てくると同時に、それはシオニズムのなかで承認されポジションを得ていくということでもあり、そのことで逆に潜在的にもっていたかもしれない政治的なラディカルさというのは刈り取られていくという面もあるように思います。

七　一九六七年の「全面占領」という転換点

次に私たちが使っている「占領」という言葉の指すところの占領地ができる、一九六七年の第三次中東戦争の問題に移ります。第三次中東戦争によって、ヨルダン川西岸地区とガザ地区が全面的な軍事占領下に置かれたということが、ユダヤ人にとってどのような意味をもつのか。

大イスラエル主義という言葉は、その範囲もナイル川からチグリス・ユーフラテス川までという人もいて、それは非現実的だとしても、少なくともヨルダン川西岸地区とガザ地区も含めた「歴史的パレスチナ」は少なくとも大イスラエルには含まれるという理解が一般的です。聖書にさかのぼって、神がユダヤ人に「約束」したパレスチナ全土に対して、ユダヤ人は権利を持つというわけです。第三次中東戦争の勝利による占領は、この大イスラエル主義の実現を意味しました。

それ以降、イスラエル社会はどんどん宗教化・右傾化していっています。日本にある進歩史観的イメージでは、世界は時代を経るごとに宗教を脱して世俗化していくのが当たり前と思われています。しかし一九六七年以前と以後を比べて見たときに、イスラエル社会ではそうではなくて、むしろ六七年以後、全体的に宗教化していくという傾向が見られます。先に述べたように、ヨーロッパのナショナリズムの延長上でシオニズムがあるため、イスラエルは実は世俗主義者たちが建国したものなのです。それがむしろ、占領地を手にしたことで宗教化していき、また国家の正統性や占領の正当性を内外に訴えるためにも宗教的言説が用いられるようになってきたわけです。

また、その占領下に収めたヨルダン川西岸地区とガザ地区には、ユダヤ人の入植地がどんどん建設されていくということになります。それは六七年以降、現在にいたるまでずっとそうです。ガザ地区についてはのちに触れますように、二〇〇五年に「一方的撤退」があり入植地は撤去されましたが、西岸地区では現在もどんどん入植地が拡張されています。それが政府主導というかたちで大規模に作られていく場合と、強硬的な右派で、宗教的な大イスラエル主義者が実力行使で入植活動を行ない

――もちろんいずれにせよパレスチナ人から土地を収奪するわけですが――、イスラエルがそこを公的に入植地として承認していく場合とがあります。

前者のほうの大規模な政府主導で開発された入植地には、経済的にあまり裕福でない新移民が入植させられます。七〇年代以降現在まで、ロシア出身やエチオピア出身などのユダヤ人移民が、その局面に応じて政策的に大規模に入れられているのですが、財産をもたず就職も不利な新移民たちの多くは、住宅事情や経済的事情によって入植地に住まざるをえないのです。

それら政府主導の入植地は、とりあえずの暫定的な停戦ラインとされるグリーンラインの近くに、それを浸食するように西岸地区の側につくられていき、イスラエルの「領土」を事実上拡張するという政策になっています。とりわけ東エルサレムの周辺に大規模につくられています。それから西岸地区のなかの主要な部分、農地や交通の要衝など、パレスチナ人にとっての重要な地域を分断するようなポイントに入植地を作っていって、西岸地区を縮小化・弱体化させていくということがあります。大イスラエル主義者というのは、最終的には西岸地区のパレスチナ人たちにはひとり残らずいなくなってほしいというのが夢ですから、そういう方向性から必然的に、占領地をイスラエル化していこうということが叫ばれます。

イスラエルの主要政党について左派＝労働党、右派＝リクードなどという分類のなかで、左派は和平推進で、右派は反和平で強硬派だなどという言い方があります。しかし実際のところ、初めて右派が政権を獲った一九七八年以降、政権交代が何度もあったわけですが、何度政権交代をしようがそのあいだに入植政策というものは根本的に変わっていない。リクード政権が強硬で占領を推進してきたという話ではない。一九七八年より前の労働党政権下で占領が始まり、占領地への入植が始まった、そういうことにも注意が必要です。

ところで、この強引な移民・入植政策に関して付け加えておくべきこととして、一九九〇年代から加速度的に移民の増えていった、ロシア人とエチオピア人の事情があります。九一年のソ連邦崩壊直前から急増したユダヤ系とされるロシア人移民の半数近くが、また飢饉と政権崩壊時の集団移送による移民をきっかけに始まったユダヤ系とされるエチオピア人移民のほとんどが、実はキリスト教徒です。そのためイスラエル内部でも、国会や宗教者や研究者らのあいだで、移民政策の正当性をめぐって議論が絶えることがありません。ロシアからはすでに一〇〇万人を越えており、エチオピアからは一〇万人を越えた程度ですが、エチオピアではさらに移民希望者が後を絶たず数十万人規模での移民申請が出ています。他方受け入れるイスラエルでは、総人口が七五〇万人程度でアラブ人市民約一五〇万人を除くと「ユダヤ人」が約六〇〇万人。大規模に「キリスト教徒」移民を入れることが、自らシオニズムの理念に反し、「ユダヤ人国家」を掘り崩しかねない危機であることは明白です。

にもかかわらず、どうしてロシアやエチオピアから移民を受け入れるのか。そこには国家の導入したレイシズムがあって、入れるべきだという人は、対パレスチナ人との人口比率のうえで、とにかく出自がいかがわしかろうと、「ユダヤ人」を入れなくてはならないと考えています。ロシア人に関しては、遠縁にユダヤ教の人がいるというぐらいで本人がキリスト教でも移民を認め、移住後にユダヤ教への改宗を求めています。でも大半が改宗せず、堂々と十字架を首にぶら下げ、豚肉料理を食べ、ロシア語を常用している人も少なくありません。エチオピア人については、三千年前の初代エチオピア国王がソロモン王――ダビデの子にして第三代の古代イスラエル国王――の血を引いているという「神話」を持ち出し、潜在的にはみな改宗した元ユダヤ教徒だということが言われます。もう欧米・中東圏からの移民数は少ないので、パレスチナ人との人口増加競争に対抗するには背に腹は変えられないというわけです。その意味でこれは、反アラブという強いレイシズムに基づいています。

他方、こういう移民を入れるなというほうは、それはそれで、これまたレイシズム的に、「やはりこいつらはユダヤ人ではない」として、「確たるユダヤ人」以外は移民を拒絶すべきだと言います。とりわけ、肌の色の黒いエチオピア人に対しては門戸を固く閉ざそうとする。その意味ではこちらは、強固なユダヤ人至上主義と黒人差別に基づいたレイシズムであるわけです。つまり入れろと言うほうも、入れるなと言うほうも、ともにレイシストであるというような状況で、国会からシナゴーグまでが論争を展開している状況です。

八　オスロ和平プロセスにおける占領とイスラエルのノーマライゼーション

そして現在に入ります。ここでのポイントは一九九三年のオスロ和平合意です。そのオスロ合意から一六年が経って、その間にオスロの原則に基づいて、タバだとかアナポリスだとかロードマップだとか、いろいろな和平交渉や和平提案がなされてきました。そうしたずっと続いてきている交渉全体をいわゆる「和平プロセス」とした場合に、和平プロセスのもとで行なわれてきたことには「和平」の内実などありません。占領を終わらせるという具体的な内容もなく、一番大きいのは占領地における入植地建設がまったく止まっていないということです。入植地をもう増やさないとか、完全に撤去するなどということが、和平の条件として認められたことなどない、ということが大問題です。入植や占領は絶対的に許容しえないものという前提が崩され、入植や占領は既存のものでかつ交渉可能なもの、交渉と国際情勢次第では存続しうるものとなったかのようです。これもまた「占領のノーマライゼーション」の一面でしょう。

そして、和平交渉を進めているあいだにも入植地の建造物は次々と増やされていき、既成事実が積み重ねられていく。この和平プロセス期間とされる九三年から二〇〇〇年までに入植者の数は、およそ二倍へと急増しました。一方この和平プロセスでイスラエルは、パレスチナ側および国際社会から交渉相手として承認された。それまでアラブ・ボイコットを恐れて、多くの国々は露骨にイスラエルと経済関係や政治関係を強化するということはできなかったわけですが、オスロ和平以降は堂々と、大手を振ってイスラエルと何かを一緒にするということが可能になったという意味で、これは「イスラエルのノーマライゼーション」であるとも言えます。

しかしこれは、イスラエル国家を四八年の建国あるいは四九年の停戦によるグリーンラインにおいて承認したということではありません。占領地への入植の問題は棚上げにされ、さらなる入植地がつくられている状況で和平交渉が進められているという意味においては、占領が事実上黙認されるなかで、和平のさまざまな話し合いが進められているのです。そのなかには「平和と繁栄の回廊」構想[*12]などという、日本政府が主導しているものもあるわけですが、それも含めて、世界銀行などが絡み、イスラエル政府とともに西岸地区のなかに工業団地を造ったりするということが行なわれていく。「イスラエルとともに占領地を開発する」ことが、いわゆる「パレスチナ支援」という名目で、国際社会によって進められているのです。これほどイスラエルにとってありがたい話はないでしょう。国際社会がスポンサーとなって占領とイスラエルのノーマライゼーションを推し進めてくれるわけですから。

これに対して、回廊構想を評価する人からは、こういう反論も聞かれます。「占領地でユダヤ人入植地やイスラエル企業が関わるような共同事業であっても、投資することによって、下請け・孫請け的に日雇いなどで働かされているパレスチナ人労働者に賃金収入が入るのだから、いいではないか。占領反対、入植地反対では食えない。そうではなくて、入植地経済・占領地経済というのは厳然としてあるのだから、それを前提として投資するしか活路がない」、と。

こうしたありがちな主張に対して、私としては、それは捏造された二者択一であり、占領経済を嫌々ながら追認する必要はないし、占領に反対することイコール何もしないで屈辱を耐え忍ぶことでもないと言いたい。そもそも占領問題は、イスラエルとパレスチナの二者間だけの問題ではありません。国際社会は、その問題の発生から関わり責任を負っているわけですから、問題の解決もまた国際的な枠組みのなかでしかありえません。今日は対案を出す場ではないので、深くは立ち入りませんが、イスラエルの内部からさえも、積極的にシオニズムに反対し、占領に反対して活動している人たちがいて、彼らも、やはり問題はインターナショナルなレベルで解決していかなければならないということで、海外の団体や個人に連携を呼びかけて活動しているわけです。そこに私たちも、責任を負っている国際社会の一員として関わっていくかたちを模索すべきだと思っています。

九　分離壁とガザ撤退以降の占領形態およびファタハとハマースの役割

そして次に、二〇〇三年以降の「分離壁」と〇五年のガザ「撤退」[*13]について簡単に話しますと、いずれも括弧つきですが、「分離壁」を作るであるとか、ガザから「撤退」するということの意味を考えてみます。分離壁というのは、イスラエルとパレスチナを分離するのではなく、西岸地区の内部に食い込み、主要なユダヤ人入植地をイスラエル側に取り込むように建設されているのです。それは占領地の一部を事実上恒久的な領土と化していこうという意味合いをもちます。これは先ほども触れた右派の大イスラエル主義者からすると、「それを国境とするつもりか?」ということになり、占領地の一部しかイスラエルに併合せず残りを切り捨てるということに反対する。和平派の左派はむしろ、「それが現実的なのだ」ということで、分離壁を認め、それによって取り込んでイスラエルにせざるをえないような大規模な入植地については、もう撤去は現実的ではないとして、分離壁に賛同するということが起こるわけです。

ガザ撤退にしてもそうです。右派は「ガザを手放すのか?　あそこにだって聖書由来の土地はあるのだぞ」ということで反対する。左派は「ガザのように全体が難民キャンプとなっている地域で少数のユダヤ人入植者を保護するのはコストがかかりすぎる」として、ガザ撤退を主張するシャロン首相(当時)を支持する、ということがありました。

つまり分離壁とガザ撤退によって何がなされたのかを考えるときに、右派であろうと左派であろうと、最大限の土地は確保するけれども、そのなかにも最少限しかパレスチナ人にいてほしくない。理想では、全部がイスラエル領だと言いたいし、パレスチナ人は一人もいてほしくない。しかしそれがさすがに難しいという地域、たとえばガザ地区であるとか、パレスチナの西岸地区のなかの主要都市に関しては、それを内部に取り込んでしまうということは、治安上のリスクであり、ユダヤ人国家としては、「不純で不用なもの」であるパレスチナ人を抱え込まないようにしなければならない。そういう妥協ラインを、括弧つきの「穏健」な主流派のシオニストは考えている、ということになります。

そうすると今まさに、ハマースが〇六年に政権を獲って以降、一層混乱を深めているパレスチナの状況について、どう「落ち」をつけるのかということをイスラエルと国際社会が考えたときに、やはりハマースは、イスラエル国家を承認したとしても占領は一切認めず、つまりイスラエルが東エルサレムも含めた六七年の占領地のすべてを返還し、西岸地区の入植地はひとつ残らず撤去することを求めてくるわけで、そうしたハマース政権とはイスラエルは交渉の余地がない。そうするとやはりオスロ合意からの旧政権であるファタハを一生懸命ヨイショして、お金を与え、武器を与えるということで、なんとか和平プロセスの路線に戻そうということが、イスラエルと、アメリカやEUや日本を含む国際社会によって進められている、ということになります。というのも、ファタハは、オスロ以降長く「飼い慣らされ」てきたためにイスラエルに対して従順であり、アメリカに対しても従順であり、国際社会からしてもコントロールのしやすい政権として利用しやすいからです。ですから選挙でハマースが政権を獲ったにもかかわらず、国際社会は、ハマース政権をボイコットして混乱を持ち込んだ挙げ句に、その混乱を立て直し秩序を回復させるときには、ファタハを使おうというわけです。利用されるファタハの側はと言えば、ハマースとの関係再建やパレスチナ民衆全体の利害よりも自らの復権に血眼になり、この事態においてイスラエルやアメリカとの協調を優先させるのは、「現実路線」をはるかに逸脱しているように思われます。

一〇　ユダヤ人内部からの占領批判、シオニズム批判

そうしたなかでは、たとえば占領地の内部で行なわれている、恒常的なひどい人権侵害については、ピースナウ[*14]をはじめとするイスラエルの左派の団体から「ユダヤ人がこんなことをやっていていいのか」という内部批判的なことが言われたりもしますが、穿って言えば、それはイスラエル国家の正当性が疑問視される事態を回避することや、シオニズムの理念が否定される事態を回避することなのだとも言えるでしょう。しかしすべての入植地を撤去しようとか、東エルサレムの併合をやめようといったことは、左派であれシオニストの側から言われたことは、一切ありません。

ただ、ユダヤ人、ユダヤ教について言えば、国家を持つべし、そして占領すべしとなるかというと、実はそうではないのです。宗教的だからこそ、人為的な国家創設、領土支配、政治覇権といったこと自体を批判しようという思想が、ユダヤ教のなかにはあります。ディアスポラ（離散）の地で発展してきたラビ・ユダヤ教は、異邦の地で異教徒（ユダヤ人以外）に囲まれながら生活をしていくことの教えでもありました。民族アイデンティティをもつことと、政治的な覇権を握って領土国家をもつこととは、イコールではありません。逆に政治覇権を否定することで、民族アイデンティティも抹消されるということでもないはずです。そういう主張をしているユダヤ人思想家の仕事が、友人と私とで翻訳紹介したボヤーリン兄弟の『ディアスポラの力』（平凡社、二〇〇八年）という本です。彼らの主張というのはべつにイスラエル・パレスチナ問題に限定されないもので、民族と国家にかかわるすべて

の地域に関わるものです。政治覇権を求めないという弱さ・無力さこそが逆説的にも「力」であるという、「ディアスポラの力」というものの敷衍化可能性をさぐっています。民族的アイデンティティというものと政治覇権を結びつけない思想というものを探求していかないと、それこそ、同化なのか分離独立なのか、という二項対立を突きつけられ、終わらない泥沼の紛争になってしまいます。

しばしばユダヤ教の「選民性」が、自民族の優越意識と他民族の排除をもたらすと言われますが、しかしユダヤ教における選民性という概念は、排除する、支配するではなくて、異教徒の統治のもとにいても、他者に改宗を迫らず逆に他者から改宗を求められもせず、そこでアイデンティティを保つということです。これがディアスポラ主義のラビ・ユダヤ教の伝統です。

もちろんこれは運動としてはたいへんに小さく、そうした思想が主流派になっていく見通しもありません。ただ、こうした思想を紹介した意図としては、「占領」を根本的に問題にしようとしたときには、つまり「土地を占有する」ということですから、領土に対する政治覇権まで問い直すことが必要となるいうことがあります。突き詰めれば占領の問題というのは、一九六七年にさかのぼるのではなく、四八年の建国、一九世紀末のシオニズム運動の始まりにまでさかのぼるのですから。非領土主義的な文化アイデンティティ論というのは、一〇〇年前から、建国期、そして現在までつねに、占領に対する対抗思想としてありつづけていると思います。

イラクでの「戦争と占領」、パレスチナの「戦争と占領」

酒井啓子

一　相似形で語れないパレスチナとイラク

今回のテーマは「占領のノーマライゼーションと中東の分断」ということですが、中東諸国は、占領状態であるとか、国家システムの導入ということを契機として、さまざまな問題を抱えてきています。ある意味ではその典型的な例がパレスチナであり、現在のイラクなのではないかと言えると思います。占領に限らないのですが、近代・現代において中東地域が被ってきた歴史的な経緯が現在の問題につながるという意味で、イラクの事例を取り上げてみます。

とくにイラク戦争以降、つまり二〇〇三年のアメリカを中心とした多国籍軍のイラク攻撃以降、頻繁にパレスチナとイラクの類似性というものが指摘されていることが思い起こされます。外国による中東地域の支配・占領として、イスラエルに占領されるパレスチナ、アメリカに占領されるイラクという相似形がしばしば語られているわけです。

最初から水を差すような言い方になりますが、はたしてそのような形で「中東の二大被占領地域」として、パレスチナとイラクが何らかの共通した、同じような国際政治のなかでの支配構造をもち、共通の被害意識を分かちあっているのか。じつはそうではないというところを、きちんと押さえないといけないと思うのです。そうではないという言い方も、やや断定的に過ぎるのですが、現実的な問題として、イラクの社会、イラクの政治をこと細かく見ていくと、じつはパレスチナ問題に関してここまで無神経な政権はなかったのではないかとすら見えます。

たとえばエジプトがイスラエルと単独和平した一九七八年のキャンプ・デーヴィッドのあと、アラブ連盟のなかでイラクとシリアが、エジプトをアラブ連盟からボイコットして以降は、シリアとイラクとで全面的にイスラエルに対峙していこうという話になりました。しかしその数年後にはすぐに、イラクの当時のバース党政権が手のひらを返したように、自分たちの正面はイラン革命を抱えるイランであると言って、対イスラエル戦線をとるか、対イラン戦線をとるかというところで、後者をとってイラン・イラク戦争を開始し、そのせいでシリアとの仲が決裂しました。ことほどかようにパレスチナ問題にかんして、イラクが歴史的にどこまで実態としての共感意識・連帯意識というものを、草の根レベルでも持っていたのかは、きわめて疑わしいと思います。

一九八〇年代に、まさにイラン・イラク戦争を戦っていたイラク・バース党政権の外務大臣であったタリク・アジーズという人が、彼はキリスト教徒ですが、このような発言をしました。「イラクはイランとの闘いを抱えている、その状況でパレスチナ問題に対して何か熱心にするということはありえないし、実際にできない」、と。この発言の背景にどんな含意があるかというと、一九八四年にイラクはアメリカと国交を回復し、イランとの戦争に勝つためにアメリカの支援をいっそう要請するというようなことがありましたが、そうしたなかで、これは噂ですが、タリク・アジーズというこのクリスチャンの外務大臣はレバノンでイスラエル政府の高官と会って話をした、みたいな噂がささやかれていました。

　また、これも私にとって印象深い話なのですが、国外に亡命せざるをえなかったイラク人のあいだから、九〇年代に繰り返しこういうことを聞かされました。「パレスチナ人はうらやましい。なぜなら明確に外国からの支配を受けていて、それに対する抵抗にしても、批判にしても、ハッキリと言う権利をもっている。自分たちもサダム・フセイン政権の独裁の被害を受けているが、それに対していくら声を大にして国際社会に訴えても、『同じ国民だろう』と返される。同じ国民によって受けている被害・弾圧に対しては、外国支配ほどは耳を傾けてくれない」、というように、外国支配のほうがまだましだという言い方をする人たちがいました。たいへん皮肉なことに、まさにいまそのイラクが外国支配を受けているわけなのですけれども、だからこそ当時のこうした話が思い起こされます。

　すなわち、同じ国民から支配され弾圧を受けているときには一顧だにされないにもかかわらず、いったん外国、とくにアメリカというものが出てきたとたんに、一瞬にして国際社会の、とくにアラブ社会の共感と連帯をイラクが受ける、というのは、いったいどういうことなのだろうということを、今のイラク人たちはひじょうに強く感じているわけです。どちらが良いという問題ではありませんが、フセイン政権にいくら弾圧されようがまったく共感の手をさしのべてもらえなかったイラク人が、アメリカに支配されたとたんに、いっせいに「やあ、可哀想だね！」と、被害者意識を共感してもらえるという、その落差。とくにイラクを取り巻くアラブ社会の姿勢の落差に、今のイラク人がどれだけ皮肉な思いを感じているのかということは、強くあります。しかも、「アメリカに占領されていて、大変だね」、「外国支配を受けて可哀想なイラク人」と言っている周辺諸国であるヨルダンやその他が、いかに今のイラク人に対して入国を拒否し続けて、難民に対して非常に劣悪な対応を取っているかということも、これもまた皮肉な問題としてあるだろうと思います。

ここで申し上げたかったのは、イラクを取り巻く戦争と占領という問題と、パレスチナが受けてきた戦争と占領という問題とは、けっして美しい話としてアラブ社会のなかで連帯や共感を呼ぶ共通の議論として成り立っているわけではない、ということです。この前提は重要です。しかしそうは言いながら、では、「パレスチナがよっぽどうらやましいよ」というような個別的な議論で切り離していい問題なのかというと、そうではない、ということもまた重要な点です。そういうなかで、イラクの状況と、パレスチナおよびイスラエルの状況との間に、何をいったい共通点、あるいは問題の根源の類似性として見ることができるのでしょうか。

二 「国民」とイラクのユダヤ人

結論を先取りして言ってしまえば、占領ということに典型的にあらわれる外部からの国家形成、国家システムの導入ということが、つまり国民国家、領土国家——領土と国民を一致させて、それに一定の主権を与えるという、ヨーロッパ起源の国民国家システム——の導入が鍵になります。パレスチナでもイラクでも、結局は国民とはなんぞや、ということが問われている。国民とはなんぞや、というのはイコール、国家において正当な権利を主張できる、ある意味特権的な存在である国民とは何ぞやという議論ですが、そもそもイラクやパレスチナで、誰が「国民」なのか、という、「国民」というものをめぐって起きている争いというふうに、二つの問題をとらえることができるのではないでしょうか。それがまさに占領というより直接的な外部による支配によって非常にはっきりと見えてきているのが、今のイラクであり、パレスチナであるというふうに見ることができるのではないのかと思うわけです。

国民国家、領域国家というのは、限られた、制約のある社会制度です。国民というのはけっして、国籍を見ればわかるように、無制限・無期限ではなく、何かの基準で誰かを選んで国民にしなくてはならないわけです。その選ぶ過程においてそれまでの共存システムというか、社会システムにおいて共存していた人が切り離されていく過程というのが、今の問題の根源にあるのだと思います。

そこでイラクとパレスチナの接点ということで、あえてわかりやすいところから指摘すれば、もっとも典型的な例としてあげられるのが「ミズラヒーム」と呼ばれる、イスラエルにおけるアラブ系ユダヤ人です。かつて、ナクバまでの、あるいはイスラエルという国の建国理念が出てくるまでのあいだにアラブ社会あるいはイスラーム社会の中で生活していたユダヤ人たちが、イスラエルの建国ということに並行して、ユダヤ人であるということを重視して強制的にアラブ社会から切り離されて、イスラエルの「国民」になっていく。そういうミズラヒームという存在自体が、かつて共存していたものを切り離して国民化していくという、典型的な例だと思います。

このミズラヒームのなかで大きなシェアを占めているのが、イラク出身のミズラヒームということになるわけですが、典型的なイラク・ユダヤ人の問題を扱った映画に『忘却のバグダッド（Forget Baghdad）』という映画があります。日本でもアラブ映画祭で二年続けて上映された映画です。もともとイラクの地に住んでいたユダヤ教徒のアラブ人たちが、イスラエルの建国に並行して、追い出されるか連れて行かれるようなかたちでイスラエルに移住し、そのなかで自分たちのアラブ人アイデンティティと、イスラエルに移住したユダヤ人としてのアイデンティティとの間で、つねに揺れ動いていく。そこでイスラエル社会に対して批判的なスタンスをとりつつも、彼らがどういうふうに生きてきたかということを、インタビューを重ねたドキュメンタリーとして描いたのがこの映画です。

ここで見られる登場人物の多くが、イラクに生活していたときの記憶を語っています。まさにバグダッドあるいはイラクが自分たちの故郷で、そこでアラブ人として暮らし、アラブ社会をなして生活していた。それが、一九四一年から起きた「ファルフード」[*15]といわれるイラク国内でのユダヤ人に対する一種のポグロムが発生したことによって、イラクにいられないと思う、あるいはその雰囲気を絡め取るようなかたちで、その後に建国されるイスラエルへ移住する計画が進んでいく。そういう過程でいかに故郷を失っていったかという話が、この映画のなかにはちりばめられているわけです。

三　アッシリア人とユダヤ人の国民からの排除

ある意味では、このように誰がイラク国民であるのか、国民でありうるのかということを模索しつづけてきたのがイラクの現代史そのものであると言えます。イラクは一九二一年に、イギリスの委任統治のもとで王国として建国されたわけですが、ごく簡単に言えば、イラクという国自体のもつ伝統的な一体性というものが存在しない形で国が作られた。周知のように、第一次世界大戦中にイギリスがオスマン帝国を切り離していく過程で、当時のオスマン帝国のもとにあったバグダッド、モスル、バスラという三つの州をとりまとめて、一つの国にしたという、ひじょうに人工的な作られ方をした国でした。

それでイラク人アイデンティティというものは、歴史的に遡ると存在しないわけです。アラブ人という意識であったり、あるいは何とか部族のメンバーであるという意識はあっても、イラクの民である、国民であるという意識が形成されていくのは、まさに建国以降の人工的な過程のなかでなのです。そういうなかでイギリスが、イラクを国家として成り立たせていく過程で最も重視したのが、軍隊でした。

これはどこでもそうですが、富国強兵というかたちで軍を強くしていくために、軍をひとつの統一的な国民意識を持つものとして築きあげていく。そのことで国を成り立たせていく。それがイラクでもおこなわれていくわけですが、そのなかでやはり生まれてくるのがマイノリティに対する差別意識です。そのマイノリティがいつか離反するのではないかということを、予防的に危惧するような排除意識が生まれてくる。

そのなかで一九三六年の例をあげますが、アッシリア人という北部に居住しているキリスト教徒に対して、過剰ともいわれる暴動鎮圧が軍によっておこなわれました。このアッシリア人の暴動鎮圧のときに、イギリス軍がアッシリア人から選抜をして独自部隊を構成し、イギリスのイラク支配のいわば尖兵としてきたというような歴史的な背景がありました。

それがのちになって、外国の手先は誰かと洗いだされて、その裏返しとして、イラク人とは誰か、というナショナリズムが構築されていく。つまり、アッシリア人はイギリスとつるんでいる、だから独立イラクを担うべき純粋なるイラク人ではないのだ、というような言い方で排除していく。それと並行的に起こってきたのが、ユダヤ人に対するファルフードです。パレスチナ問題の深化とともに、のちにイスラエルとされるパレスチナへのユダヤ人の移住が進んでいく。ユダヤ人国家の建国というものが徐々に見えてくる過程で、あいつらはどうせ外に出ていくべきよそ者なのだという意識が、ユダヤ人に対しても向けられるようになっていき、ユダヤ人の排除が生まれてくるわけです。まさにイラクという国民国家を、だれが、どういうふうに作っていくのかという過程で、排除されてきたのがユダヤ人であり、アッシリア人であるということになります。

四　シーア派問題の本質と「正当な国民」という分断

そうした排除は、マイノリティに対しておこなわれるだけではありません。人口的にはマジョリティであるシーア派住民に対しても、同じようなかたちでおこなわれます。シーア派の問題というのは、誰がイラク人であるかということを規定するという議論をするうえで、もっとも論争的なかたちでつねに出てくる問題なのです。

シーア派住民に対して、その国民としての要件を欠く、と主張する例として、たとえばもともとオスマン帝国のころに帝国の義務を回避するためにペルシア人と申告したために、帝国臣民として登録されていなかったという、かつての歴史的な経緯をもって、シーア派の人たちは「正しいイラク人」ではないというような考え方があります。これは、早い時期には一九三〇年代くらいからそういう発想が出てくるわけなのですが、つねに国民、あるいは国家において正当な権利をもつ人びとが限られた存在であるということを前提にして考えれば、その限られた存在は少なければ少ない方がいいという考え方になりますね。つまり配分される権利、特権というものの一人あたりのシェアが高ければ高いほどいいということで考えれば、多くを排除して、少ないごくわずかの正しい国民によって国の資源を分配していくという考え方に立てば、シーア派の非アラブ性、国民としての「正しくなさ」というものを強調することによって、自分たちの正しさをというものを浮き彫りにしていこうという、一種の排外的なアラブ・ナショナリズムというものが生まれてきます。

このシーア派が正しくないアラブなのだという主張の背景には、同じシーア派として隣にあるペルシア民族というものの存在があります。たとえばイラクの南部のシーア派住民だけでなく、バハレーンも人口の八割がシーア派であるのですが、そのバハレーンの八割のシーア派の人たちは、どこまで行っても確実な起源というものは辿れないにもかかわらず、じつは大昔にイランから移住してきた人たちなのだといった議論になる。昔をたどればじつはもともとアラブの地に住んでいた人たちではないのだというような歴史の掘り起こしによって、シーア派のアラブ性に疑問を投げかけていく。

こうしたことは一九七九年のイラン革命以降になると、シーア派というのは国内に住んではいるけれど、実際にはイランと通じている異民族なのだというような中傷が言われました。アラブではない人たちでイスラーム教徒ということを昔は「シュウービー」と呼んでいたわけですが、シュウービーヤとよく言われるわけです。このように非アラブのイスラーム教徒においてはイスラーム的にも正しくないというような差別意識が昔からありましたが、イラン革命以降、バース党政権のなかで強調され、国内のシーア派に対する弾圧・批判が強まっていくという過程があります。

このように見ていけば、現在のイラクでしばしば指摘されている宗派対立であるとか、民族対立であるとか、国内の内戦状況といったような問題は、かつてイラク建国期に誰が正しい国民であるのかというようなことを、つねに排外的なかたちで規定してきたことが、全面的に表出してきたものだと言えます。結局シーア派やユダヤ人やアッシリア人などを、劣等市民や二級国民、あるいは外国の手先というかたちで切り離してきた。そうして作られてきた宗派主義が、現在よりハッキリと新たなイラクの政権の樹立のなかで、それぞれの宗派、あるいはそれぞれの地域社会の政治的・経済的・社会的な要求として表出しているということなのだと思います。

そうすると、生き延びるためにどういうアイデンティティを選べば得なのかという問題が出てきます。これについては、エチエンヌ・バリバールという人が書いた本〔『人種・国民・階級』（大村書店、一九九五年）〕のなかで、人種という意識は、これはもともと肌の色が違うとか、血統が違うとか、もともとある生物学的な要素が人種としてあるのではなく、まさに国家の成立とともに生まれてくるものであろう、とあります。つまり先ほどから繰り返していますように、国民というのが限定されなければいけない、つまり限りあるものとして国民を規定しなければいけない以上、なんとかして「あなた」と「わたし」というものを区別していかなければいけない。そのなかで一番わかりやすい区別というのが人種である。そういうかたちで国家があって、国家が排外的な施策をとらなければいけないということによって、人種概念というものがむしろ強化されていくのだ、という議論がされています。それとまったく同じことが、おそらく宗派とか民族にも言えるのだと思います。

イラク人に起こっていることは、まさにアメリカの占領後のイラクが、いったい誰の手によって担われていくのかということの争いです。すなわち限られた資源をめぐって、いろいろな集団がわれこそは正しい国民である、お前たちは排除されるけれどもわれこそが最も正しい国民であるのだということを、それぞれのロジックで強調して対立が続いているわけなのです。そういうふうに考えると、結局そうしたさまざまな宗派対立であるとか民族対立の根源にあるところの国家が、限りある国民に限りある権利を与える存在であるという、そういった思想こそが分断を作り上げているというふうに言えるのではないでしょうか。そしてその分断の思想を、直接的に外から中東社会に持ち込むこと自体が、「占領」というふうに言えるのだと思います。

五　バース党の統治

ここでシーア派問題に絡んで、バース党政権の統治システムについてお話しします。しばしばイメージとして、フセイン政権下では多民族が共存していたというようなことが語られます。実際にはマイノリティやシーア派が「内なる敵」としてあぶり出されていたような体制だったにしても、表面的には多民族が共生していた体制であったかのような演出があった、と。これについてはひじょうにさまざまな議論があって、そういう側面と、しかしこれまで指摘してきたような、そうではないひじょうに巧妙なかたちで、宗派あるいは民族を二級市民扱いするようなメカニズムが、それ以前のバース党政権から内包されていたのだという、そういう側面を強調する議論と、その両方があります。これはどちらが正しくどちらが間違っているという話ではなくて、それを両方とも兼ね備えていたのが、おそらくバース党政権の特徴なのではないかというように、私は見ています。

つまり一言で言ってしまうと、バース党政権というのはイデオロギー政党による支配ですので、かつてのソ連や社会主義国と同じように、いわゆる一党独裁体制が貫かれていた政権です。ですからその一党独裁の制度のなかに乗れば、その意味では宗派も民族も関係なしに、平等にというところまでは言えませんが、一定の実力主義が成り立っていました。党の昇格試験に受かってさえいれば――某宗派は昇進に受かりやすいが某宗派は人より苦労するぐらいの違いは多少あるにしても――、門戸が開かれていたということは確かなのです。

しかしながら、では党システムに乗らない人たちがどうだったかというと、そこでやはり宗派的な違い、あるいは民族的な違いというものが出てきます。シーア派を「内なる敵」として見いだしていくというときにターゲットになったのは、イスラーム主義であるとか、ようするにバース党の思想を信じない、その代わりにイラン革命を支持する、イスラーム主義を支持する、そういう思想を持っている人々だけではない。そういう思想を「持ちがちだ」というふうに政府側が見なした人々に対してですら、「あいつらはイランに近い、ペルシア系の人間なんだ」と、「何代かさかのぼって考えれば、ペルシア人ではないか」というような議論を展開します。主義主張の違い、つまりバース主義対イスラーム主義といった主義主張の違いではなくて、「あいつは元をたどればペルシア人なんだから、ペルシア人はまっとうなイラク国民としてわれわれと価値観を共有しない」といった、そういった排除の仕方をとっていたのだろうと思います。

だから、シーア派であるということでそういう意味での出自を疑われるといった体験は、当然あったわけだけれども、それをまたカバーするようなバース主義さえ信奉していれば、そうした違い、「内なる敵」視されるような見方を乗り越えることができたことも、また事実です。いまフセイン政権時代がある程度美化されて考えられているというのは、少なくともそういうルーツがここにあったということです。あるいは少なくとも公務員試験を受けさえすれば、それにサダム・フセイン万歳と表面的にだけでも言っておけば、何とか生き延びていける道があったという、そういう意味でのポジティブな捉え方だろうというふうに思います。

六　クルドの位置づけの難しさ

ここでもう一つ補足的にクルドの話もしておきます。クルド人について触れるのが難しいのは、ここで挙げてきたユダヤ人やアッシリア人やシーア派とは位置づけが異なるからです。ユダヤ人などは、ある時には内なる国民として受け入れられ、ある時には排除されといった、ひじょうにアンビバレントな存在として位置づけられてきたわけですが、クルドの場合はある意味ではひじょうにハッキリと、建国の時期から自分たちは違う民族であるというクルド民族主義をちゃんと確立していて、にもかかわらずイラクという国のなかに位置づけられてしまい、そこをどういうふうに共存していくかということで問題になってきた存在だと思います。

ですからよくクルドとシーア派を、宗派対立と民族対立を一緒に、同列に扱ってする議論が一般的になってしまっていますが、クルドの場合はシーア派の宗派の議論とはまったく別です。クルド民族の場合はむしろ最初から異民族である、違う民族であるという自覚を持った人たちを、どうひとつの領域国家のなかに組み込んでいくのかという議論になってきています。

さすがにバース党政権、あるいはフセイン政権に限定しても、クルド民族までもアラブ性が足りないとか、アラブではないという理由で排除するといったやり方はできない。つまり元からアラブではないと言っている人たちに、「お前らアラブではない」と言って非難するというのはあまり意味がない話ですから。そうなってくるとフセイン政権が採ってきた、あるいはバース政権が採ってきた、クルドに対する政策というのは、イラクというのはアラブとクルドの二民族で成り立っている、これはまぎれもない事実である、というものです。それを踏まえたうえで、いかにイラク人として正しくあるべきかという、そういう議論です。そこが複雑に絡んでくるわけですが、シーア派に対してはいかに正しいアラブであるかということが問題になる。ところがクルドに対しては、いかにイラク人として正しいイラク人であるかということをいう。

では、正しいイラクとはなんだという話になるわけです。その正しいイラクというときにフセインが出してくるのは、ではイラン・イラク戦争の時に外敵に対して正しく戦いましたかという議論ですね。そこでイラク軍に加わって、イラク軍のなかで戦ったクルド人は正しいイラク人であり、そこでイランとの戦争を抱えているにもかかわらず自治だのなんだのと言って、足もとを掬うようなことを言ったクルド人は、正しくないイラク人であるという見なし方をしていく。そのようにアラブというアイデンティティと、イラクというアイデンティティを微妙に使い分けながら、クルド政策を、シーア派政策とは違うようにハンドリングしてきたというのが、バース党政権のやり方だったと思っています。

もう一点だけ補足すると、クルド民族はアラブとは違う民族なのだという意識で、最初から確立されたというふうに言いましたが、ここのところも遡っていくと、じつは微妙なところがあって、二〇世紀初頭の萌芽期のアラブ・ナショナリズムの運動家たちをみると、じつはクルド人たちも入っているのです。民族とはなんぞや、国民とはなんぞやという話を先ほどしましたが、民族とはなんぞやという話もじつはそんなに自明なことではない。遡って考えればクルド人／クルド民族なのだけれど、自分は思想としてアラブ・ナショナリズムを信じるという人たちが、アラブ・ナショナリスト政党の幹部としてやっていたりするのです。

実際に、今イラク国内でバグダッドに住んでいる、民族的にはクルド民族かもしれないけれども、でも長らくバグダッドに住んで、周りのアラブ人たちとアラビア語でコミュニケーションをとってきて、クルド語は知ってはいるが自分の日常的な言語ではないというような人たちがいます。彼らは、「イラクは、クルド民族とアラブ民族の二つに分かれる」というような議論が当たり前のようになってきている今の流れのなかでは、「ではあなたはどっちなのか」と問われると、「自分は出自としてはクルド民族であるが、生活空間としてはアラブ民族と共存し、アラブ的な生活をしてきた」となる。しかし、ではクルド自治政府ができたときに、自分はバグダッドのアラブ人に囲まれた生活から離れて、クルド自治政府に行くのだろうかというジレンマに立つことになります。それはある意味では、イラクに住むユダヤ人たちがイスラエルができたときに、「お前らはユダヤ人なんだから、イスラエルに行ってしまえ」と放り出されたわけですが、しかし彼らもアラブ人のなかで、バグダッドに住んでいたかったわけで、それと同じ構図でもあります。そういう意味では、この議論というのは繰り返し再生産されている気がします。

七　地方分権、民主主義という名の分断政策

ともあれ、このように、誰が国民かということを国家が規定し、そして規定された国民は国家に従わなければならず、国家はその規定された国民を代表しなければいけない、という構図があります。代表しなければいけないというのは、すなわち国民がやることなすことに対して責任をもつことです。つまりたとえばパレスチナのいわゆる「テロリスト」と呼ばれる人々とか、イラク国内の「自爆テロ」に対して、そこを支配する外国が直接管理するのではなく、同じ国民から成り立つ国家が責任をもってそれを管理する。パレスチナ自治政府とか、イラクの暫定政権とか、そういう管理の分担としての国家という位置づけ自体が問題をはらんでいるのではないかと私は考えています。

その枠組みのなかで、イラク国内での新たな国家樹立というのが現在模索されているわけですが、そこではいかに国家が統治しやすい制度なのか、いかに国民を管理しやすい状態で国家を作るのかということに、主眼が置かれるわけです。

そうなると一番簡単なやりかたというのは、それぞれの宗派、それぞれの部族、それぞれの民族において、誰かを責任者として立てておくことです。その責任者にその一定の地域、一定の領土、コミュニティというものを管理させることによって安定を築くというのが今の考え方です。スンナ派とか、シーア派とか、クルドというようなとりあえずの代表区分というものをそれぞれ設定しておこう、と。クルドは誰が管轄する、シーア派は誰が管轄する、スンナ派は誰が管轄するというような形にするということにしておいて、それぞれに資源を分配する。それぞれが地方分権化という名目によって、それぞれの資源をコントロールすることによって、それぞれに自立的な地方の政府を築くことによっ

て、統治を楽にしていく、管理をしやすいようなかたちの統治にしていく。そういう流れのなかに、今のイラクの地方分権化政策というものがあるわけです。

その地方分権化の考えの中には、石油資源をクルドとか、南部のシーア派とか、さまざまな地方社会によってコントロールしていく要素が含まれています。地方ごとにとりあえず代表者を設置していき、最終的には代表者の間での交渉、調整によって国家を運営させておく。そうして外国の支配者は、とりあえずわかりやすいかたちで国民を代表させた国家を相手にすることによって、安定を得るという思想。この考え方は基本的には、それぞれの地域は基本的には切り離して安定を築けばいいのだという、パレスチナにおける壁の問題などにも繋がってくるものです。

もう一つ付け加えるべき側面は、議会制民主主義との絡みです。イスラエルが強引な移民政策によって対パレスチナ人の人口比でユダヤ人の数を増やそうとしたことにも通じています。イラクではいま、制度的な民主化をどんどん進めています。そのなかで管理しやすいかたちとして、それぞれの民族、それぞれの宗派が、それぞれの利益代表となるような政党をつくって議会に出て、そこで合意を得て国家を運営していくというシステムを、民主主義と称している。しかし結局それは、それぞれの宗派、民族に、どれぐらいの人数がいるかで決められていくわけですよね。

もちろん議会制民主主義が、それぞれの政治課題によって誰それの意見が正しいと思ったら自由に政党を選ぶというようなかたちで、理想的な政党政治というものがおこなわれ、運営されていけば別なのでしょう。しかし残念ながら中東だけではなく、多くの途上国、あるいはアジア・アフリカ地域においては、結局は自分たちの社会集団、出自に基づいた集団が、自分たちの利益を守るものとして政党を抱え、その政党に対して、シーア派ならシーア派、スンナ派ならスンナ派、クルドならクルドと、否定できないような出自に基づいて投票行動をしていくかたちになってしまっている。

そうなってくると、あるライバル政党をやっつけるためには主義主張でやっつけるのではなく、ライバル政党が支持基盤とする社会集団、シーア派とか、スンナ派とか、クルドの、人数を減らせばいいのだという、そういう議論にどんどんなっていっているわけです。そしてそれが結局、エスニック・クレンジングとかいうかたちに繋がってくる。宗派対立は、違う宗派が嫌いだからやっつけてやろうという話ではなく、実際に目の前にせまった選挙によって自分の政党を伸ばすためには、ライバル政党の支持母体であるところの人数を減らせばいいとなる。

たとえばこれはキルクークという民族的にも宗派的にも混住している油田地域がありますが、その油田を得るためにはライバル政党がそれぞれ支持母体になっているエスニック集団を、物理的に追い出す、ということが繰り返されています。選挙結果を左右するために、少数民族や少数宗派を、選挙区から追い出すか、殺すしかないのだということになる。

民主化を進めれば進めるほど宗派対立が鮮明になってくるというのは、結局は人数の多寡によって民主主義が成り立っているのだという――これはある意味で民主主義に対する大きな誤解なのですが――そういう方向で進められてしまっていることの問題に繋がっています。人数の問題というのは、今の政治思想としての民主主義のもつ問題性をクリアに表しているのではないでしょうか。

これはひじょうに皮肉な話ですが、二〇〇六年から七年あたりにイラク人の間で内戦状況ともささやかれたように、民間人の被害というものがピークに達して以降、去年の秋ぐらいからその民間人の被害というものはぐっと減っております。これにはいろいろな説明ができるのですが、大きな要因としては一種の地域社会の棲み分けが一段落したということがあります。つまり隣に住んでいる違う宗派、隣に住んでいる違う民族を、自分たちの住んでいるエリアから追い出して、とりあえずまとまった地域内で、同じ宗派、同じ民族が住むようなかたちの分断が成立してしまった。そのことで、一定の落ち着きを見せ、衝突が少なくなったというわけです。

そのことは、ここに挙げたように地理的に住民を切り離しさえすれば衝突側面がなくなるのだということを、皮肉にも証明してしまっています。しかしそれは、繰り返しますが、あくまでもパレスチナでも見られるように、壁のなかで移動を制限した、地域の住民を細かく区切って接点を少なくしたことによって衝突を回避したということにすぎません。それはかつて壁がなかった、あるいは切り離しがなかった時代の、マイノリティや宗派的な違いを乗り越えたなかで共存がなされていた共同体としての安定とは、まったく異質なものの出現なのです。

八 「管理のしやすさ」からファタハ／ハマースを見る

管理をしやすいかたちでイラクの国家運営がなされていく、という話をしましたが、そこからパレスチナの分断状況を見てみようと思います。ファタハはハマースより御しやすいという国際社会の認識のなかで、ファタハは外交交渉の中で持ち上げられ、一方民主的な選挙で選ばれたハマースが排除されていくわけです。そこでイラクと比較して面白いのは、「ハマースはまだ下手だな」というところです。イラクの場合、湾岸戦争以降、あるいはイラン・イラク戦争以降、むしろイスラーム主義勢力のあいだには、国際社会から御しやすいと見なされることの重要性というものを、ハマースなど他のイスラーム主義勢力よりもずっと先に承知していたのだろう、と思います。

今のイラクではよく、シーア派が政権を獲っていると言われるわけですが、それは正しくない。シーア派が政権を獲っているのではなく、イスラーム勢力が今のアメリカの占領状態のなかで地歩を伸ばしてきているのです。とくに典型的な例はSCIRI（イラク・イスラーム革命最高評議会、現ISCI）と言われる組織で、イラン革命に惚れ込んでイランに亡命していたイラク人のあいだで、イラクでもイラン革命みたいなことをやりたいと思った人たちが作った、バリバリのイスラーム主義勢力のグループです。イラン革命にあこがれて、イランにずっと付き従って八〇年代をやってきたために、国際社会から「イランの手先だろう」と思われて、支援も得られませんでした。それが九〇年代に入って、これではダメだと気づき、「イランべったりでやっていくことは、最終的には得策ではない」ということで、クウェートやサウジアラビアといった湾岸諸国にも広報をつとめ、そしてその流れのなかでアメリカにも売り込んでいって、シーア派のイスラーム主義勢力のなかで唯一、このSCIRIだけが、アメリカから正式に補助金をもらって反フセイン活動をやってこられたのです。

ひじょうに皮肉な話ですよね。イラン革命にあこがれてできた、もっともイラン寄りと思われていた政党が、最終的には、イラク攻撃の直前には、アメリカから唯一公的に資金をもらって活動できるような勢力になっていたということですから。ハマースはちょっと勉強すればそれぐらいのことはできたのではないかと思うわけです（苦笑）。私はこれを、イスラーム主義勢力の「トロイの木馬」と言いつづけているわけですが、そのようなかたちで、アメリカに、あるいは外国勢力や国際社会に、うまく管理されてやるような素振りをしながら、実のところは自派勢力を伸ばしていくのですね。

そうした新たな戦略を産んでいるイラクと、失敗しているハマース。それぞれの内的な、ドメスティックな社会運動自体も、いかに国際社会から管理されやすいように見せられるかどうかという点が重要になっている。そうした点をイラクとパレスチナの事例に見ることができるかと思います。

九　宗教問題で語らないことの重要性

ここで、私が今日の話で、宗教そのものについて話をしてこなかったことについて、疑問に思われる方もおられると思いますので、説明しておきます。これまで私は、意図的に宗教については話を抜きました。シーア派とか、スンナ派とか、一種のコミュニティに名付けられる宗派の名前というのは使いますが、イスラーム教が本質的にもつとみなされている教義などの話は、あえて入れなかったのです。それというのは、私はずっと前から言っているのですが、中東の根本的な問題というのは、そもそも宗教とは直接的な関係はなく、宗教とはなんぞやという話をしないできちんと分析はできる、という考え方を持っているからです。

なぜそういうふうに言うのかというと、日本人はなんとなく自分たちは宗教をもっていないように思っているので、イスラームを知らないと本質的なことがわからないというふうに思いがちだと思うのですが、結局、宗教とかイデオロギーとかアイデンティティというものが、どういうふうに利用されているのか、その政治社会的構造のほうが問題なのだろうと思います。

たしかに部族的・宗派的な対立やさまざまなナショナリズムが勃興する現状に対して、イスラームというのはもともとそういうものを乗り越えるための宗教として発生してきた、ということがしばしば言われます。イスラームは、多神教に対する対抗概念として出てきて、こんなふうに部族や民族の違いで戦いあっているようではいかん、というところから出発した、乗り越えの宗教であるわけですよね。しかし実際にそういうふうに機能してきた宗教が、逆に排除の思想になりかわっていくということも、これはまたあるわけです。結局、そういう材料として宗教だの、宗派だの、民族だの、アイデンティティだのというのは、共存のロジックにも使われるし、排除のロジックにも使われる。つまり、宗教が問題なのではなく、それを使うメカニズムの問題なのです。

たとえば先に、アラブ・ナショナリズムのなかでアッシリア人やユダヤ人やシーア派などを排除していく、ナショナリズムの排外意識というのが存在したという話をしましたが、そこの重要な要素としてイスラーム的に正しいか、正しくないかというロジックの使われ方がなされています。先ほど言った「シュウービーヤ（非アラブのムスリム）」などという言い方は、「アラブ民族はそもそも預言者ムハンマドがアラブ人で、アラブ民族に啓示が下ったわけなのだから、アラブ人は偉いのだ」、という発想です。アラブ人に下った啓示を、宗教が広がっていき、トルコ人やペルシア人に広げていったことで、非アラブ人が間違って解釈した、というわけです。トルコ人に任せたから、オスマン帝国がカリフ制度を最終的にだめにして、ヨーロッパにもやられたのだ、みたいな議論になってしまう危険性もあるわけです。そういうアラブ・ナショナリズムの流れというのは、実際ありました。

ではイスラームは、アラブ・ナショナリズムを乗り越えた、新しい共存の思想となりうるのか。イスラームを軸に、宗派対立・民族対立を乗り越えていきましょうといったイデオロギーを展開するようなイスラーム思想家ももちろんいるわけですが、そういう統合的なかたちでの政治イデオロギーとしては、今のところなかなか実現していないというのが現実だと思います。

一方で、宗教が欧米との関係を規定している、という本質主義的な議論にも、落とし穴があります。先ほど論じたように、国際社会にウケがいい、国際社会に管理されやすいというふうに見せかけることで勢力を伸ばしていくというのは、イラクのイスラーム主義のなかであった話なのですが、結局アメリカを何とかだましてでもいいから動かすしかないのだという議論になってしまう可能性があるわけです。

とりわけ冷戦の終結以降、自分たちがいかに不当な扱いを受けているのかを国際社会へアピールすることもしますが、やはりそれだけでは情勢を転換することはできない。得られる支援は限られているというところで、フラストレーションを持った連中が、何でもいいから超大国を動かすしかない、何でもいいから力を、フセイン政権を倒す力だけでいいから欲しい、という方向に行ったのが、おそらくイラク攻撃を導いたイラクの反政府勢力ということになるのかと思います。

こうしたわけで、宗教そのものによってイラク問題や中東問題を語ろうとすることは、問題の本質を見誤ることになる、と私は考えているわけです。

一〇　国民国家の排外政策という共通点

さてそろそろまとめに入りましょう。冒頭で、パレスチナとイラクの共通点を疑問視することを強調しましたが、こうやって見てきますと、最初に見えてくる共通点というのは、結局のところ両者において、国家システムを築く過程で排外政策がとられていることです。イスラエルという国家であれ、イラクという国家であれ、どちらも他者としてみなされたものを切り離していくことによって、これらを別個に統治していくことによって、管理を楽にしていく。そしてその楽な管理のなかで、実際に民間人の衝突の接点が減っていく。そこでもたらされた安定によって、分断された状態で国家を築くという、結果としてパレスチナにおいてもイラクにおいても、同じような状況を発生させているわけです。

そういう占領という問題の見た目の共通性を超えた、共通点として考えるべき問題は、国家を建設していくとはどういうことなのか、という点でしょう。繰り返しになりますが、国民という要件を限定し絞っていく、他者を排除して特定の集団に国民としての権利を与えていくというようなかたちで成り立っている国家というものそのものが、いったいこれからどう乗り越えられうるのだろうか、ということを考えていく必要があります。

それに関しては、じつはこの問題はおそらく中東だけではなく――たしかに中東においてもっとも激烈かつ象徴的に表れているのですが――、現代の国際社会における国家の持つ問題性の全体にかかわってくることだと思います。

私は東京新聞の夕刊に、毎週土曜日にコラムを書いていましたが、ここに沖縄県久米島のことを書いたことがあります。なぜ突然に沖縄の久米島が出てくるのかというと、第二次世界大戦中に久米島に駐屯していた日本軍の守備隊三〇人が、久米島の住人二〇人を虐殺したという事件があったからです。しかも沖縄戦が終わってから起きたことでした。

この時に久米島に居住していた島民一万人に対して、日本軍は三〇人の守備隊を常駐させていました。この隊長が、なぜ二〇人の島民を虐殺したのかということを聞かれて答えた回答は、島民一万人が寝返ってアメリカの側についたならば、これは三〇人の守備隊はひとたまりもない、われわれはそういう危険性を感じて、みせしめのために二〇人の島民を虐殺したのだ、ということでした。

これはまさにこれまで見てきた誰が国民なのかという議論であり、私たちはまさにそれほど遠くない昔の日本にそれを見ることができるわけです。沖縄にとっての国民、久米島にとっての国民というのはいったい何だったのでしょうか。また日本にとっての沖縄、あるいは日本にとっての久米島を、そしてその住民を、「国民」としてどのように考えるべきなのでしょうか。この隊長の発言、島民一万人が三〇人の守備隊に対して寝返ったらどうなるのかという危機感を感じたという、そういう発言はまさに植民地を統治した、欧米列強の統治官の発言と同じ、占領者としてのそれ以外の何ものでもないわけです。

このような、自分は正しい国民であるけれども、それを取り囲む人間は正しい国民ではないのだということを、規定せざるをえないような国家の成りたち方を、私たちも日本の歴史のなかにもっているわけです。中東に激烈に表れているけれども、他人の話ではありません。まさに国際社会全体の国民国家システムのもつ問題の根源にあることなのです。

一一　国民国家的な排除の乗り越えはあるか

最後に、こうした国民国家的な排除を乗り越えることについて、パレスチナ／イスラエル問題にも絡めつつ、わずかでもその具体的な可能性に触れて終わりたいと思います。

イラク攻撃によってフセイン政権が倒れたあと、アラブ系ユダヤ人――ようするにイラクから来た、あるいはイラクから来たユダヤ人を両親に持つイスラエル人――たちが、故郷に帰りたいと主張したことがありました。つまりフセイン政権下では、けっしてイスラエルからイスラエル人がイラクを訪れることがなかったわけですが、フセイン政権が倒れ、しかもアメリカの管理下に入っているという状態のもとで、戻りたいと考えるイスラエル人たちが現れました。戻りたいというのは、見てみたい、ちょっと帰ってみたい、あるいはあわよくばそこに住んでしまおうというぐらいに幅がありますが、そういうムードが一時期ありました。

それは主語を変えてイラク側から見れば、二度と帰れなくなった故郷に、ようやく帰れるようになったという美しい話になりうるわけですが、そういうふうに捉えて、ありがたく出迎えるイラク人は実際にはいないわけで、こぞってイスラエルがイラクを乗っ取りに来たというかたちで解釈され、全面的な拒否に遭うわけです。

この議論の核心は何かと言いますと、国民とはなんぞやという話が、イラクのフセイン政権崩壊後、イラク人のあいだで再度根本から焦点になってきたわけなのですが、その時に先に述べたような、シーア派がどうか、という問題だけではなく、これまで海外に逃げていたイラク人たちをどこまで「イラク国民」として認めるのか、ということが、大きな議論となったわけです。つまりイギリスやアメリカに亡命していた人たちが、イラクに帰ってくる。まさに今の首相や政府の幹部のほとんどがそういう亡命イラク人なわけですが、イギリスやアメリカだけでなく、イランやシリアに亡命していた、あるいはサウジ国境やヨルダンで難民状態に居たとか、そういうような人たちがいます。そうした亡命者にイラク国籍を与えるのは当然にしても、いったいどの時点までイラクに居た人が、イラク国籍を持てるのかという議論が起こります。それこそ一九五八年に王政が打倒されて共和制になった時に、その革命の時に出て行った元王政支持派たちに国籍を与えるのだとすれば、イスラエル建国の時にイラクから連れて行かれた人たちだって、戻ってイラク人として国籍を持つことができるのではないかという議論になったのですね。その時に、「イスラエルから戻ってくる人たちはお断り」という、イラク人の間からの明確な拒否反応が出たわけなのです。

それはたしかに、政治情勢を考えればありえない話ですし、戻っていいですよと受け入れる環境はありません。もしイスラエル人のイラク帰国が成立したとすれば、ああやはりアメリカはイラクを第二のイスラエルにしようとしているのだなと、当然皆から思われてしまうわけで、不可能なわけです。ただ個人の、シオニストだけれどもアラブを懐かしんでいるというような人たちの、記憶のなかのイラク人性ということを考えれば、それもありでもおかしくはないはずです。では、何がそれを阻んでいるのだろうか。それを乗り越えて戻ってきて、ちゃんとイラク人として生きていけるような環境が生まれるためには、何が必要なのかということが、まさにいま必要な議論のテーマなのだろうと思うわけです。

なぜそこで、やはりイラクに戻ってイラク人として生活したいといったイスラエル人たちを、受け入れられないのか？　当然受け入れられないだろうと思ってしまうわけですが、でも冷静に考えてみたら、そこが受け入れられるようになったらはじめて、おそらくパレスチナ問題とイラク問題、あるいは中東全体のもつ、国民とはなんぞやという議論が乗り越えられることになるのだろうなと思います。

【第3章】アラファート時代と自治政府
——抵抗／権力の課題に向き合う

奈良本英佑（中東現代史／法政大学経済学部）
太田昌国（民族問題・ラテンアメリカ研究／現代企画室）

自治政府の何が問題だったのか

奈良本英佑

一　はじめに

私はパレスチナ問題、あるいはパレスチナの歴史について、いろいろなところでお話をしているのですが、オスロ以降のＰＬＯ（パレスチナ解放機構）、あるいは自治政府の活動について詳しくお話しするのは、初めてのことです。うまくまとまるかわかりませんが、オスロ以降、ＰＬＯあるいはアラファートの指導が、どこで成果をあげ、どこで失敗し、それでなぜこんなことになってしまったのか。そこを、かいつまんでお話ししたいと思います。ひとつはＰＬＯの外交についてです。外交がどこで躓き、そしてなぜそうなったのかという話です。もうひとつは、ＰＬＯが占領地において自治政府というかたちで権力を握るわけですが、それがいったいパレスチナ人にとってどういう役割を果たしたのか。そのふたつについて、話を進めていきたいと思います。

まず、ＰＬＯとアラファートの功罪とは何かということです。ご存じのようにＰＬＯというのは革命組織、あるいは民族解放組織だったわけで、その活動は秘密主義、それから武装闘争重視となり、多くの場合は、非暴力闘争を軽視する傾向があったと思います。それからもうひとつ、金権体質について指摘しておこうと思います。ひとつには、アラブ世界という、オイル・マネーが豊かに入る特異な世界が舞台だったということもあります。もうひとつは、秘密主義とひじょうに関係が深く、つまり革命組織というのは財政を透明化するということはできないわけです。そういうふたつの問題点を抱えたまま、小さな政権を作った。それらの問題が結局解決されずに引き継がれていったことが、こんにちの事態をもたらしたのだと思います。

二　オスロ合意とは何であったのか

最初に外交のほうを見ていきます。そもそもオスロ合意を結ぶに至った、というか結ばざるを得なかった背景としては、簡単に言えば、ＰＬＯが財政的に破綻したこと、もうひとつの点として、多くの重要な幹部を失ったことがあると思います。一番有名なのは、アラファートの右腕と左腕であった、アブー・ジハードとアブー・イヤード[*16]です。そうした有能な幹部を失ってしまって、結局アラファートは重要な決定を自分ひとりでやらざるを得なくなり、まわりに集まってきた人たちは、要するにアラファートの手駒になってしまう。こういう体制ができてしまったわけです。

そもそもこのオスロ合意とは何であったか。これは秘密交渉によって成立した。これが一つのポイントで、この秘密交渉というのが問題です。その前にマドリード会議（一九九一年）があったのはご存じのとおりですが、このマドリード会議では、オスロ交渉に当たった交渉団よりも、いろいろな方面で事情を知っている専門家のブレーンがいた。ところがオスロにおける交渉団というのは、パレスチナ人に言わせても、これはアマチュア集団だったということです。地図も用意していないし、法律専門家のアドバイスも受けない。そういう状態で、圧倒的な強者と直接交渉しなければならなかったのです。

　ここでまとめられた合意文書とは、どんなものか。正式には「暫定自治政府編成に関する原則の宣言」という長々とした名前で、これをＤＯＰ（Declaration of Principles）と省略するのですが、このＤＯＰを締結するにあたって、ラビンはその前にアラファートから約束を取りつけました。私は「降伏文書」と呼んでいますが、アラファートは多くのことを約束させられたわけです。このアラファートとラビンの往復書簡を見ると、イスラエルが圧倒的な強者でＰＬＯが圧倒的に弱かったという関係が、端的にあらわれています。これを見れば素人でもそれがわかる。最初に、イスラエルの生存権と安全を保証すること、とある。こんなことを弱者のほうが保証しなければいけない。変な話です。それからテロ、すべての暴力の放棄。しかも違反者はＰＬＯが責任をもって処罰をします、と。それからパレスチナ国民憲章[*17]を変更する。こんなことまで約束をさせられた。これは交渉が始まる前のことです。本格的な交渉が始まる前に、すでにこういうことを約束させられた。ラビンがそれに対して何と答えたか。よろしい、わかりました、それではＰＬＯをパレスチナ人の代表と見なして交渉をしてあげましょう、これだけです。こういう経過があって、九三年九月一三日にＤＯＰが締結され、一ヶ月後に発効します。

　問題は、何を出発点とするか、それからどこに向かうかということが、ＤＯＰのどこを読んでも明確に示されていないことです。要するに暫定的に、一部自治権をあたえましょう、そのなかですべての問題について両者、つまりＰＬＯとイスラエルの間で交渉をして決めましょう、と。それでどういう問題が残されたかというと、エルサレム、難民、入植地、安全保障、両者の境界線、第三者との関係、水利など、全部重要な問題です。結局、マドリード会議の時の交渉団長であったハイダル・アブドゥッ＝シャーフィーは、アラファートたちが勝手にこういう欠陥だらけの協定を結んでしまったことに抗議して辞任する。彼の批判のポイントというのはまさに、何が出発点でこれからどこに行こうとするのか、全然明確ではない、ということだったわけです。

これを具体化するかたちで、翌年カイロ協定が結ばれます。このカイロ協定の問題点は多くの法律専門家が指摘しています。一番のポイントは、イスラエルの法体系が、自治区を含めたオスロ後の占領地全体に適用されるということです。ですから、たとえば、自治政府が、入植地の建設、入植活動を規制したくても、まったく法的根拠がない。両者が合意しない限りできない。そして、自治区と呼ばれているところでも、パレスチナ側はイスラエル人のいかなる法律違反に対しても警察権を行使できないのです。こういうことになったわけです。ちなみに、南アフリカのかつてのバントゥースタン（本書一六二ページ参照）の警官でさえ、法を侵した白人を逮捕することができたといいます。

さて、このカイロ協定をベースとして、暫定自治が始まります。そして暫定自治の中身について、イスラエル側とパレスチナ側の交渉が始まった。それ以降一九九五年から九九年にかけて、ずっと交渉が行なわれ、そしていくつかの協定が結ばれていきます。交渉が進んでいくなかでの一番の問題は、先ほども言いましたように、入植活動を制限することができなかったことです。パレスチナ側がいくら要求しても、イスラエルはウンと言わない。パレスチナ側は、自治区域を少しずつ広げさせていくとか、小出しに行政権の一部を譲らせるということをやったのですが、この間の一九九九年から二〇〇六年の間に、入植地の人口は一〇万人増えているわけです。イスラエルがまじめにパレスチナ側と話をして、平和な関係を作ろうとすれば、この入植活動を直ちにやめたはずなのですが、そうはしなかった。これが一番大きなポイントだろうと思います。

この交渉の間の九五年に、ラビンが暗殺される。そしてそのあとリクード政権ができるわけです。この政権は、もちろん、労働党政権と同じように入植活動を続けた。リクード政権のもとでも、いちおう交渉は続けられ、いくつかの協定は作られていったのですが、そのなかで問題を残したものを、ひとつだけ指摘をしておきます。一九九八年のワイ・リバー議定書というのがあります。ここではイスラエル軍の追加撤退と引き替えに、イスラエルが要求している安全保障措置を確実にするために、CIAがパレスチナ警察、あるいはパレスチナ自治政府に協力をする、というかたちが作られたわけです。ここからこのあとのガザの内乱ともつながってくるのですが、これをきっかけに治安長官であったムハンマド・ダハラーンが、CIAと結びつきを深めていく。その一方パレスチナ側は、パレスチナ国民評議会を開き、例の国民憲章のなかの「イスラエル敵視条項」を改訂することを正式に決定するという、ひじょうに大きな代償を払うことになります。唯一のカードを切ってしまったと言ってもいいかもしれません。

三　キャンプ・デーヴィッド会談の問題

その後、労働党政権がカムバックしまして、そこで本格的な交渉を再開しようということになり、一九九九年九月五日、ワイII（シャルム・アッ＝シャイク議定書）によって九九年九月一三日から集中的な交渉が開始された。アラファートとイスラエルのバラク首相が相対する、連続のトップ交渉です。

そして二〇〇〇年のキャンプ・デーヴィッド会談に繋がっていくわけです。

このトップ交渉と、実務者交渉が併せて進んでいくのですが、それがなかなかうまくいかないので、また別のバック・チャンネルを作る。それがストックホルムでの秘密交渉ということになりますが、こんなふうにしても結局なかなか進まない。この時バラク自身がどういう意図だったのか、本当は明確でないのですが、何とかパレスチナ問題にかたをつけて、次の選挙に臨みたいということがあっただろうと思います。それで彼はクリントン米大統領に話をして、クリントンからサミットを提案してもらう。この時にアラファートは、側近と相談して、三つの条件をつけるわけです。ひとつは、サミットの前に予備交渉をやること。これは外交の常識なのです。それをやらずにいきなりサミットをやって失敗したら、今度は対立が決定的になりますから、絶対にそうならないように事前に予備交渉をやる。それからイスラエル軍の第三次撤退を約束すること。三つめとして、会談が失敗した場合に、責任をPLOに押しつけない。これを飲んでくれればサミットをやりましょう、と。こうしたことはひじょうに大事なことで、一番肝心なところで彼は判断を誤らなかったと私は思います。

これに対して、アメリカがどういう返事をしたのかはわかりません。文書が残っていないか公開されていないか、いずれかです。PLOは、アメリカがこの三条件を飲んでくれたものだと理解をしたようですが、はっきりとはわかりません。明確な返事は来ないまま、クリントンから招待状が来る。それでPLOはひじょうに困ったわけです。つまりこの三条件にこだわって、招待を拒否したらどうなるか。PLOにはまったく和平の気持ちがないのだ、用意がないのだということで、国際的に孤立してしまう。ではこれを受けた場合、このサミットが成功する確率は極めて低い。それで失敗した場合に、やはりPLOが悪いのだということになる。どちらをとっても、よくはない。でも仕方がないということで、とにかくこのサミットに参加するということを選んだわけです。それで本交渉が二〇〇〇年七月に始まりますが、これはかなり長期にわたります。二週間におよぶマラソン交渉が始まったわけです。どういうかたちで交渉が進んでいったのかというと、バラク首相が小出しにいろいろな提案をしてくる。それをアメリカが仲介する。あるいは、アメリカがイスラエルと相談した上で、仲介案というかたちでパレスチナ側に持ってゆく。

そのなかで一番問題となった点は三つあり、まずエルサレムをどうするかということです。いろいろと複雑な提案がおこなわれました。旧市街の一部にパレスチナの主権を認めてもよい、あるいは管理権を認めてもよいとか、いろいろな案が出る。しかしどこまで行ってもエルサレム東部の占領地におけるユダヤ人居住地区、つまり入植地ですが、これは基本的にイスラエルの主権下に置く。そういう内容であったわけです。パレスチナ側としては受け入れられない。

二つ目は領土と境界線の問題です。地図を見ていただくと、分離壁のルートが西岸地区に深く食い込んでいます。この交渉の当時、壁はまだなかったのですが、こういう食い込んだ部分はイスラエルが併合する。面積は大きくなくても、それは深く西岸地区に食い込んでいるわけです〔地図〕。そしてヨルダン渓谷の部分は、イスラエルがひきつづき主権を行使する。あるいは長期にわたってこれを租借するというような、いろいろな話が出てきます。そうするとこの西岸地区というのは、大きく分けて三つに分断されてしまう。こういう内容なのですね。これが、イスラエルは大部分を返すと言って大変な譲歩をしたのだというふうに言われた内容だったわけですが、地図を見れば、とてもパレスチ

〔地図〕

◆ヨルダン川西岸 入植地分布と隔離壁ルート図

＊入植地にイスラエル軍基地・入植者耕作地を含む

A地区：行政権、警察権ともにパレスチナ（ヨルダン川西岸の17.2％）
B地区：行政権がパレスチナ、警察権がイスラエル（同23.8％）
C地区：行政権、警察権ともにイスラエル（同59％）
（オスロ合意に基づく区分け。割合は2000年のデータによる）

＊『占領ノート』（現代企画室、二〇〇八年）より転載。
地図著作者：現代企画室『占領ノート』編集班／遠山なぎ／パレスチナ情報センター
『占領ノート』掲載地図：http://palestine-heiwa.org/map/s-note/

ナ側が飲めるような話ではなかったことがわかります。

三点目は難民の問題です。実際にこれをどう扱うのかということについては、ひじょうに議論があるのですが、パレスチナ側が絶対に譲れない一番大事な点は、イスラエルには難民の帰還を認める法的な、そして道義的な責任があるのだということです。それをイスラエルは頑として認めず、譲らなかった。こういうことで、ここでは結局何も決まらずに、ただ交渉を続けることだけ約束をして終わったのです。

それに対して当時のジャーナリズム、日本も含めて欧米のジャーナリズムは、バラク首相が大胆な譲歩をしたのだけれども、アラファート議長が拒否をしたのだと論評しました。私は本当にけしからんデマゴギーだと思ったわけですが、そういう意味で、マスコミの罪もひじょうに大きいと思っています。あとになってこういう首脳会談の内情がいろいろわかってきた。

そのあとじつは、翌年の一月のタバでの交渉が、不思議なことにかなり進展したのです。が、これは途中で中断してしまい、イスラエルで選挙がおこなわれ、政権が替わって、すべてご破算になった。そのところで例の、当時のリクード党首アリエル・シャロンの挑発が成功して、二〇〇〇年から第二次インティファーダが始まる。しかもそれは武装インティファーダになってしまった。僕に言わせれば、これはイスラエルのゲームのルールにパレスチナ側が乗ってしまったということです。今は昏睡状態になってしまったシャロンの手に乗せられてしまった。ただし、オスロ合意を結んだということに関しては、外交としていろいろと問題があると言われていますが、キャンプ・デーヴィッドで踏みとどまったということについては、ＰＬＯは最低限の責任は果たしたと私は思っております。

四　パレスチナにおける武装闘争と革命について

インティファーダの話を出しましたので、ここでパレスチナの革命運動と民族解放闘争の意味、それからそこにおける武装闘争について、一言コメントしておきたいと思います。

まず一般論として、革命と民族解放は一緒なのか別なのかというところなのですが、これは概念としては分けられると思います。しかし民族解放運動というのは、実体的には革命をともなうものである、と私は思っております。革命というのは、政治、社会、経済、このシステム全体を根本的に変える、そうした運動が革命ということになります。民族解放運動というものは、従属国であれ、植民地であれ、あるいは保護国であれ、当然そういう構造全体を変える。エリートの交替も、当然起こるわけです。ですから、民族解放運動と革命には、重なりあうものがあると考えております。そのなかで国家をどうするのかということです。理念としては、「国家」というかたちを取らない解放された世界というものをイメージすることは、今までもおこなわれていたし、これからもおこなわれるでしょう。けれども、歴史的な現実としては、こうした運動のあとに出現するのは、今のところ国家ということになってしまいます。それが現実である、ということです。

現在の自治政府は国家ではありません。ひとつには外交権がありません。ですから外交交渉はできませんし、条約や協定を結ぶことはできません。いま、実質的には、自治政府とＰＬＯの境界が曖昧になっていますが、理論的にはイスラエルと交渉しているのは、自治政府ではなくＰＬＯです。ですからアッバース大統領は、ＰＬＯの議長として、パレスチナを代表して交渉している、ということになります。ですから難民問題というのも、ひとつの交渉のテーマとなるわけです。それからもうひとつは、一応こういう言い方をしておきますが、国防の権利です。パレスチナ自治政府にはこれがありません。パレスチナ自治政府が持っているのは、協定上は警察部隊です。

次に革命という言葉について説明しておきますと、サウラ（thawra）というアラビア語を革命と訳しているのです。これはいろいろな意味を含んでいるのですが、どちらかというと、英語で言うと **revolt** とか、**rebellion**、つまり反乱ですとか武装抵抗といった意味合いを持った言葉だと、私は理解しております。ダウラ（dawra）という言葉もありますが、こちらは、廻すという意味です。**revolution** と同様に、クルッと廻すという意味。つまり上と下がひっくり返るという意味を含んでいて、今まで支配されていたものが支配するという、そういう意味合いと、それから社会の構造がグルッと変わるという意味合いを含んでいるのです。ファタハは一九六五年に最初の武装蜂起をしたわけですが、蜂起と言っても極めて小規模な作戦で、しかも失敗に終わる。その時に、パレスチナ社会全体、あるいはアラブ社会全体を、ガラッとひっくり返そうという考え方を、どの程度持っていたのかというと、これはわからないですね。

運動に参加した人のなかで、そもそもなぜパレスチナが敗れたか、なぜシオニストに敗れたか、イスラエルという国ができてしまったか、というところまで考えた人たちには、当然今までの伝統的なアラブ社会、アラブ世界自体を変えなければいけないという考え方が、あったと思います。他方であまりそこまで考えずに、とにかく今、植民者たちが作った国によって自分たちが追いだされている。だからこれらに対して武力で抵抗するのだと、単純にそう考えた人も含まれていたと思います。そういうものもひっくるめて、サウラという言葉を使った。そんなふうに私は理解しております。先ほども言いましたように、サウラというのは武装反乱というニュアンスの強い言葉ですから、オスロ合意を結んだ結果、それはスローガンではなくなったわけです。

武装反乱ということですが、私自身は革命運動とか民族解放闘争における武力の問題について、六〇年、七〇年代ごろは、これは当然必要なものであるという捉え方をしておりました。それが生み出すさまざまな問題に私が気がつくのは、やはり九〇年代、そして二〇〇〇年になってからです。その問題とは、一言でいえば、武装闘争が暴力的な政治文化を遺産として残す。その政治文化は、民主主義の原則と衝突する、ということです。

パレスチナでは、基本的に、武装闘争の時代は終わったと考えております。ところが、二〇〇〇年から始まった第二次インティファーダ、これで武器を使いだした。これはひじょうにまずいなというのが、私の印象でした。シャロンは、まさにそれを待っていたわけで、そういう土俵に相手を引き込んで、そこで力でもって対決する。しかし武力においては、圧倒的にイスラエルが強いわけです。第一次インティファーダの時には、イスラエル軍は、もちろんライフルは使いましたが、それ以上のものを使うことはできなかったのですね。使うことによってイスラエルが国際的に孤立するという構造があったわけです。第二次インティファーダにおいては、本当は、イスラエル軍とパレスチナ人とで、使う武器のレベルがまったく違うのですが、しかし「パレスチナ人だって、武器を使っているではないか」ということで、良くて喧嘩両成敗、悪くすると「パレスチナ人は、またテロに走っている」ということになってしまった。

その時にパレスチナの指導部の何がまずかったのかということを考えると、入植地や分離壁の問題に対して、自発的な、自然発生的な非暴力の抵抗というものがおこなわれたにもかかわらず、これをパレスチナの指導部が、積極的に支援したり、組織したりすることをやらなかったことだと思います。たとえば入植地の予定地域で、ブルドーザーの前に座り込む。もちろん自治政府の閣僚が、参加したことはあります。たとえば西岸地区の治安長官であったジブリール・ラジューブという人が、壁建設に反対するために集まったパレスチナ人や、支援するイスラエル人や外国人の前で演説をする。そういうことは、スポット的にはあったのですね。

しかし、そういうことを組織的にやる戦略というものを持ちあわせていなかった。これはやはり現在のパレスチナの指導部の弱点だと私は思っています。現在のアッバース大統領は、さかんに非暴力を唱え、武装インティファーダはやめるべきだと言っています。そのこと自体は間違っていないと私は思うのですが、なぜ彼の言うことが説得力を持たないのかというと、それに代わる抵抗、代わる闘争というものを、彼自身が先頭に立って組織しようという姿勢が見られない。少なくともパレスチナ人はそのように見ていない、ということです。今の自治政府は、国家ではなく準国家、準々国家ぐらいだとしても、その立場からすれば難しいということがあるのかもしれない。しかしやはり今のこういう時代のなかで、パレスチナの人が考えるべきことというのは、そういうところにあるのではないかなという気がしています。

五　自治政府最大の問題としての「腐敗」

話の流れを元に戻しまして、次に、自治政府の政治と行政です。ひとつのポイントは、先ほど言いました革命組織の独裁的な性格、あるいは秘密主義。それから腐敗、クローニズム、ネポティズム（縁故主義）。これは広く言えば、多くの第三世界の政権に共通している、していたことであろうと思いますし、そして今でも多くのアラブの政権に共通した弱点、欠点ということになるだろうと思います。そういうものを引き継いで、それが合わさったということだろうと思います。まずパレスチナ基本法について簡単にお話しします。一九九六年、初めて自治政府の大統領選挙と議会の選挙がおこなわれる。そこでパレスチナの議会にあたるＰＬＣで、九七年一〇月に基本法が承認された。これはアラブ世界でもっともリベラルな憲法だと言われるものだったのです。もちろんこれにもいろいろと問題があって、イスラームを国教とするとか、シャリーアがすべての法の基礎であるというようなことを謳っている。これは、イスラーム主義者に対する譲歩であったと思います。ファタハはそういう立場ではない。ともかくそれがせっかく作られたのですが、アラファート大統領は、それを棚上げにしてしまう。署名するのはずっと後の二〇〇二年五月です。

そして自治政府ができ、議会ができたときに、まず早々に大問題となったのは、使途不明金のケースです。これは一九九六年の予算のうち四三パーセントが使途不明であるということを、監査委員会が指摘した。それを受けて議会は調査委員会を作って、少なくとも二人の閣僚の罷免を要求した。その一人がナビール・シャアスという人ですが、彼はいまだに、パレスチナ自治政府あるいはＰＬＯの幹部として活躍をしています。しかも五一対一という圧倒的な多数で内閣総辞職の決議をするのですが、結局、アラファート大統領はそれを無視しました。例のマドリード会議の時のパレスチナ代表団長であったアブドゥッ＝シャーフィーは、最高得点でこの議会に当選した議員だったと思いますが、抗議して議員を辞めました。ファタハはアラファート大統領の与党で、過半数を占めている。無所属の人たちもいますが、ファタハが多数を占めている。それにもかかわらず、なぜこの決議が通ったのかということなのですが、これはじつはファタハといっても一色ではない。これはじつは大事なことで、ファタハというものを一枚岩の党派であると考えてしまうと、起こっていることがわからなくなる。さまざまな人たちが入っているわけです。以前からずっと占領地で闘争を続けてきた人たちもいるし、それから外から帰ってきた人たちもいる。それから今度は、利権にありつくためにファタハに入った人たちもいる。しかも九六年の選挙というのは、おそらくアラブでは唯一と言ってもいい、公正な選挙でした。ですから、みんな選挙民に対して責任を持っているという意識があったわけです。私自身も、この五一対一という票数には改めてびっくりしますが、しかしこういう要求が決議されるということ自体は、不思議ではないというふうに思います。しかしこの時点では、ドナー諸国はおおむねこうした動きを無視しました。仕方がないということで、目をつむったというわけです。

ほかにも汚れている人びとがたくさんいます。ムーサ・アラファート将軍という、故アラファート大統領のいとこがいます。それからアハマド・クレイ。この人は首相を務めたり、現在はパレスチナ交渉団の団長になったり、そういう地位にある人ですが、あとでお話しするセメント・スキャンダルに深い関わりがあるらしいのです。それから、ナビール・シャアス。彼はいろいろ対外的な折衝にあたってきたので、そういう地位を利用してさまざまな不正を行ったという疑いをかけられています。

それからアラファート大統領の奥さんのスハー・アラファート。彼女がパリで贅沢な生活を送っている、そのお金はいったいどこから来るのかという話になるわけです。ハアレツの記事によりますと、一九九五年から二〇〇〇年の間に、九億ドルがヤーセル・アラファートの特別口座に振り込まれたと、IMFの監査官が証言している〔Haaretz（二〇〇四年七月二十八日）など〕。二〇〇七年にガザ地区の内戦で失脚したあと、ハマースのメンバーやハマース政府が多くの文書を押収する。そのなかから、公金流用や、それによって幹部や家族の便宜をはかったといった数々の不正の証拠が出てきたということで、これは記者団にも公開されます。私自身はその文書類について分析しておりませんので、その信憑性についてはもっと検討しないといけないのですが、これを見たパレスチナ人の記者たちは、これは本物だろうと言ったと報道されております。

そのなかで、先ほども名前を出した、元ガザ地区治安警察長官、ムハンマド・ダハラーンについての報告がまとめられています。縁故採用だとか、給料目当ての就職、敵性分子の浸透などのために、治安部隊は弱体化していたということです。担当官らが大統領の命令を怠って、現場の指揮系統はメチャメチャだったと。つまり人事においても、予算においても、でたらめがおこなわれていたということですね。ダハラーン自身はその後、亡命のようなかたちでドイツに行ってしまった。そこまでは掴んでいます〔彼は、二〇〇九年八月のファタハ大会で復活し、中央委員に選ばれた〕。彼はＣＩＡとも関係があり、いろいろな金や武器かをたくさん持っていたわけなのですが、まさに彼のもとで、ガザ地区の治安はひじょうに悪化したわけです。彼が失脚したあと、ガザの治安は相当改善された。それから、西岸地区の治安長官であったジブリール・ラジューブという人物についても、いろいろと黒い話が出ております。こうした情報は主として、ハアレツの記事から得たものですが、ほかにもこういう黒い高官たちの話というのは、あちこちに出ております。

六　一掃できなかった腐敗

イスラエルの再占領後、こういうことがパレスチナの議会で再度大きな問題となりました。つまり何でこういう破局的な状況を迎えたのかということで、イスラエルの再占領後に一応停戦状態になったところで、批判が吹きだしたのですね。それが二〇〇二年の五月です。

要するに適材適所の人事をやれ、ということと、無責任な高官や閣僚は更迭しろ、という声が上がったわけです。それからパレスチナの基本法にも署名しろということになり、アラファート大統領は、しぶしぶと言ってよいかと思いますが、五月三〇日に署名をする。こうしたことがおこなわれ、治安機関の統合なども決まった。それからサラーム・ファイヤード財務相（二〇〇七年六月、アッバース大統領によって自治政府首相に任命された）の起用です。これは欧米などから、いい加減もっと財政を透明にしてくれという要求があり、それに応えるという側面もあった。この人は財政、経済の専門家ですが、彼の起用が一応この時におこなわれております。この時アラファートは、このころに出てきた自治政府批判を総括するかたちで、演説をしています。抽象的な言葉で、「われわれが常に間違わないというわけではない。預言者ムハンマドだって間違いをしたことはあるはずだ。だからわれわれが間違うことはある。それは改めなければいけない」という意味のことを言いました。しかし実際に、腐敗した閣僚の首を切ったかと言えば、それはしなかったのです。首は切らずに、ポストの入れ替えはやりましたが、また元に戻した。

しかし二〇〇二年以降は、彼自身ほとんど軟禁状態にあったわけで、かつてのような指導力を発揮するということは不可能になります。そして自治政府自体が半身不随の状態になってしまうのです。最初からひじょうに権限の弱い政府というか、政体だったわけですが、さらにそれが弱体化する。一方で、腐敗のほうは一掃されたわけではないのです。減る傾向も見えない。

そして有名なセメント・スキャンダルが、二〇〇四年二月に浮上するわけです。こういうスキャンダルは、小規模なものはたくさんあるかと思いますが、なぜこれが問題になったのかと言いますと、このセメントは、イスラエル軍によって破壊された西岸地区の復興のため、エジプトがパレスチナ自治政府に対して格安で提供した。ところがそれが、パレスチナ占領地や自治区の復興のためには一部しか使われずに、その大部分が横流しされ、イスラエルの業者に高く売られたのです。横流しをした会社はいくつかあったのですが、そのひとつが、当時の首相で現在もパレスチナ自治政府の幹部である、アハマド・クレイの親族会社だったわけです。イスラエルの業者がそれを何に使ったかと言うと、入植地の建設と、例の分離壁の建設です。イスラエルが再占領作戦を発動するのが二〇〇二年三月、壁の着工は二〇〇二年六月でした。国際的にもひじょうに非難されており、そしてパレスチナ人自身にとってもとんでもないプロジェクトなのですが、これに使われているということが明らかになった。

これは議会でも取り上げられます。そして、パレスチナ立法評議会のハサン・クライシュ議員が政府を追及する。そして自治政府の検察庁がこれの捜査に乗りだしたというところまで、ニュースが入っております。しかし、その後どうなったのか、結局うやむやになったようで、私も詳しく追跡してはおりません。要するに、ここで責任者とされた閣僚たちは、訴追されなかった。訴追を逃れるためにポストを利用した、ということでしょう。こういうことがあったあと、二〇〇六年一月にハマースが初めて議会の選挙に参加をしたわけですが、そこで勝利してしまった。これはハマース自身にも意外だったようです。現地で聞きましたら、イスラーム主義に共鳴しているわけではない人が、たくさん投票しているわけです。何で投票したのかというと、ファタハを懲らしめるためです。それでキリスト教徒までハマースに投票したという話があります。スキャンダルについては、そういう結果です。

七　失敗をもたらした諸条件

ここでは詳しいお話はいたしませんが、非能率という問題もあります。ただし、教育省と保健省だけは例外だといいます。現地でも、この二つはいい仕事をしているという話をよく聞きましたし、現在に至るまで概ね認められています。しかしそれ以外は、とにかく適材適所ではないわけですから、いろいろなことが進んでいかない。あるいは問題をひじょうに残したまま進んでおります。

そして最後に人権侵害です。自治政府ができてすぐの九四年一一月一八日に、私が最初に気になった事件が起こりました。この時のガザの治安警察の長官は、たしかダハラーンだったと思います。ハマース系の支持者の投石に対して、銃撃を行なった。つまりイスラエルと同じやり方をしたわけです。一五人以上が死んで、負傷者の数はよくわかりませんが、ものすごい数になります。

それからおもにハマース関係者らに対する、令状抜きの大量逮捕がありました。そして、イスラーム主義者に限らずジャーナリストがしばしば逮捕され、新聞が発禁になる。初期からこういうことが続いております。アラファートに対する平和的な異議申し立てや批判に対し、六年間に数十人を拘留した、ということが指摘されています〔Amnesty International Press Release（二〇〇〇年九月五日）〕。それから政治犯に対する暴行や拷問もおこなわれております。もちろんパレスチナ基本法に反するわけですが……。それから目立った事件としては、アムネスティ・インターナショナルが指摘していますが、即決軍事裁判による処刑です。九八年八月、家族間の衝突によって、ガザで二人が死亡した。翌日に三人を逮捕し、アラファートは特別軍事法廷の設置を命令する。そして三日間の裁判をおこなって死刑の判決を出すと、直ちに処刑をしてしまう。こういうひどいことがおこなわれている。アムネスティの報告によると、それまでに約二〇件の死刑判決が出ているとのことです〔Amnesty International Public Statement（一九九八年九月一日）〕。

人権侵害について私は徹底的に調べたわけではないのですが、現在のところ抱いている感覚としては、一般のアラブ諸国に比べればそれほどひどくはない、ということはやはり公平のためにも言っておかなくてはいけないと思います。一方、腐敗はひじょうにひどいですね。これも他のアラブ諸国よりはましだと思っていたのですが、そうでないような気もします。結局、なぜこういうことになったのか。それからパレスチナの内部においては、現在は占領地が二つの政権によって分断されるというような状況をまねいてしまった。何でこういうことになったのかという問題です。

まず国際的な環境を見た場合、一つはイスラエルという圧倒的に強大な敵、これと直面せざるを得なかったということがあります。それから味方と頼むアラブ諸国が分裂状態で、つねにパレスチナの大義、あるいはPLOを、自国の利益のために利用する。こういう状況というのがずっと続いていた。そのなかでPLOが、あるいはパレスチナの指導部がいかに独立を保っていくかで、ひじょうに苦労をせざるを得なかった。

しかも、国際社会におけるアメリカの一極支配。このアメリカはイスラエルの応援団長であって、同時にイスラエルとパレスチナの間のアンパイアである。こういう不利な条件で対イスラエル交渉をやらざるを得なかった。このようにひじょうに条件が悪かった。こういう条件のもとで、いったいどういう指導者、どういう指導部であれば、より大きな成功を収めることができたのか、これはなかなか想像がつかないわけですが、とにかく失敗をしたということだけは確かです。それからパレスチナ内部の問題としては、途上国の政治文化ですね。アラブ諸国のほうも、すべて途上国といっても良いかと思いますが、そういう政治文化です。独裁とか、腐敗、ネポティズム、こういうものを引き継いだ。そういうところでこうした指導者たちは育ったわけであります。

自治政府の警察、それはダハラーンのような幹部にしてもそうですけれども、彼らは第一次インティファーダの活動家です。これは私自身が確かめたわけではなく、向こうの現地の新聞記者の話なのですが、第一次インティファーダで捕まって、イスラエルに投獄された若者がたくさんいたわけで、オスロ合意のあと彼らがパレスチナ警察に入る。彼らがイスラエルに投獄されていたときに「学んだ」ことを、今度はパレスチナ人の反対派に対してやっているのだ、という話を聞きました。そういう側面というのは、確かにあると思います。

ただし人権侵害の「ノウハウ」については、イスラエルから学んだだけではなくて、じつは彼らは、多くアラブ諸国で、投獄をされたり、拷問されたりしているわけです。そこから帰ってきた人たちが、それをそのまま真似をして、そのまま仲間のパレスチナ人に対して同じようなことをする。そういうことも聞きました。ハノイで国連パレスチナ・デーの国際会議（二〇〇〇年）が開かれたとき、僕はそこへ行って、パレスチナ自治政府というのはもっと民主化しなければいけないと言ったことがあります。パレスチナ人の代表、国連代表だったかと思いますが、その後のパーティーの席で、パレスチナは非民主的だと思うかと訊いてきたので、「思うよ」と言ったら、「いや、それはいろいろと事情があってね、われわれの仲間というのは、独裁的なレジームしか知らないんだよ。だからそういうものを持ち込むのだ」という話をしておりました。

それから、それに加えて、革命運動や解放運動の政治文化、これがともすると陥ってしまう独裁的性格というものがあります。軍事主導主義に傾きやすく、秘密主義でもある。こうしたものは不可避である場合もあるわけですが、それを占領地の自治政府に持ち込んで、第一次インティファーダの時に占領地に芽生えていた、グラスルーツ・デモクラシー、草の根民主主義の芽を潰してしまった。向こうの人と話をすると、そういうふうに言われます。そういう革命、解放運動の政治文化というものと、国家、社会の建設というものは、なかなかうまく整合しない。それがここでも露呈したのだろうと思います。

こういう状況のなかでアラファートという、ひじょうにタフで、そして優れた戦術家として特筆すべき人格が、あのひじょうに過酷な条件のなかで中心的な役割を果たしつづけたということです。彼がすぐれた戦術家、希有の才能を持った戦術家であったことは間違いないと思います。もうひとつ言えば、彼は独裁的だとつねに批判されましたが、どちらかといえば、調整型のリーダーだと私は思っています。ですから、彼は絶えずいろいろな意見に耳を傾け、気をくばり、そしてそのバックにある力関係というものを見ながらＰＬＯを運営してきた。ＰＬＯの方向を定めてきたわけです。ですから、彼が表向きには批判を無視したからといって、ずっと無視し続けていいと思っていたかどうかは、別問題です。ともあれ、本当のところ、彼に長期ビジョンと戦略があったのかどうか、私は、まだ結論を出しておりません。

とにかく彼はあのすさまじい世界を生き抜いて、功罪あわせてああいう仕事をしてきた。その遺産を引き継いだパレスチナを私たちは見ているわけです。

パレスチナ解放闘争以前と以後の諸問題

太田昌国

一　アラブ民族主義の時代

まず振り返っておきたいと思うのは、第二次世界大戦以降のアラブ・パレスチナ地域の戦後史の過程で、ＰＬＯ（パレスチナ解放機構）およびパレスチナ民衆が建設しようとしてきたパレスチナの社会のあり方についてです。独立を遂げたり、社会革命を経たり、民族解放闘争を経たりして、外部の強大な勢力の支配を断ち切って、自らの手で国家を何とかして作りあげるということが、ひじょうに希望に満ちた未来像である、そういう時代というものがあったわけです。そこから話を始めたいと思います。

それはアラブ民族主義の時代、一九五〇年代から六〇年代前半にかけての時代です。始まりの時期が五〇年代ですから、第二次世界大戦後の時代という意味での「戦後史」の初期段階です。ドイツ、イタリア、日本というファシズム三国のなかで日本帝国主義が一番遅くに、一九四五年八月に敗戦を迎えるわけですが、それから間もない時期です。それでアジアやアフリカを中心に、アジアの場合では、日本の軍事占領下にあった国々も含めて解放・独立が遂げられていくという時代を迎える。そのなかでアラブ地域でも、とくにイギリス・フランスの植民地主義との対決をつうじて、新しい時代を迎えていくという、画期的な時代であったわけです。

それを世界的な意味で象徴したのが、一九五五年のバンドン会議です。バンドンというのはインドネシアにある町の名前ですが、第二次大戦の終了から一〇年ほど経たのちの段階で、ここで第一回アジア・アフリカ会議というものが開かれました。この時、エジプトには五二年革命を担ったナセルがおり、インドにはネールがいて、ユーゴスラビアにはチトー、中国には周恩来、インドネシアにはスカルノ、そうした第二次大戦後のアジア、アフリカにおける民族解放運動を象徴し代表する、政治的人物がいたわけです。

アラブ地域では、いま言ったナセルという人物が、それを象徴しておりました。さらに少し後の時代になりますが、一九六二年にアルジェリア独立革命が勝利します。フランス植民地主義との壮絶な、果てしない流血の闘争を経て、アルジェリアの独立革命が成功するわけで、これらの出来事は、アラブにおける民族主義、そして新しい国家形成の先に今までとは違う未来を展望する、そのようなことを象徴する具体的な実例であったわけです。

その後二年後の一九六四年にＰＬＯ、すなわちパレスチナ解放機構が結成されるわけですが、その翌年には第二回アジア・アフリカ会議が開かれるはずでした。第一回会議から一〇年後にあらためて第二回会議を開いて、その段階でのアジア、アフリカ、ラテンアメリカ諸国に課せられている任務を確認しようということになるわけですが、開催地として予定されていたアルジェリアでは、ちょうどブーメディエンによるベンベラ打倒のクーデタが実行されました。初代大統領であるベンベラが追放されて、ブーメディエンが新しい権力者になるという、そのような大きな騒ぎが会議直前に起こったということによって、この第二回会議は挫折し、開かれずじまいに終わりました。

このあたりが次の時代を予感させるというか、あとから思えば、上げ潮ばかりで歴史が進むのではないということを象徴するような事態になるわけですが、その数年後には第三次中東戦争が起こり、現在のアラブ・パレスチナ情勢を形作ってしまうような決定的な意味合いを持ってしまう、ということになるわけです。

この時代は、私の年齢で言えば高校から大学の頃で、私自身いろいろな影響を時代の動きから受けたと思います。今で言う第三世界の動きというものが、私自身が中学や高校で学んできたヨーロッパ中心主義の歴史観や世界像を大きく覆してしまうような刺激を受けながら、そうした現実を見ていました。

二　パレスチナに対する問題意識の不在

ですから非常に大きな関心をもってこのような事態を見ていたわけですが、たとえば日本においてそのような時代に書かれた文献が、この時のアラブ・パレスチナ地域について、どういう表現をしていたかという具体的な例を挙げてみます。これを書いた人を個人的にあれこれいうつもりはなく、当時の社会における認識の水準ということがどのようなものであったのかということを、如実に示しているわけです。第二次大戦後のその時代には「中近東アラブ諸国」という言葉が使われているのですが、そこにおける民族的自覚の成長というものに触れた文脈のなかで、次のような文章があります。

「……なお、この時期に、この地域の心臓部にあたるパレスチナでは、アラブ・ユダヤ両民族抗争の結果、イスラエル国の独立という、まったく新たな事態が生まれ、中近東アラブ世界に重大な問題を投げかけた」。

それで、アメリカ帝国主義が中近東地域に重大な関心を持っている要因のひとつとして、「……パレスチナにおける、アラブ・ユダヤ両民族の紛争、イスラエル国の出現ということがある」と書かれており、なぜなら「アメリカは国内に世界でももっとも多数のユダヤ人人口を抱えており、パレスチナ問題には特に大きな関心を払わなければならなかった」と続くわけです。

イスラエル国の建国ということが、「アラブ・ユダヤ両民族抗争」あるいは「～紛争」であるという水準の、説明になっている。また、この論文は全部で三六ページの分量におよんでいるわけですが、イスラエル国、あるいはパレスチナということで具体的に触れているのは、このふたつの例に尽きるわけです。

これは一九六三年に岩波書店から出た、『岩波講座・現代』の「植民地の独立」という巻に収められている、甲斐静馬さんの文章です。これは「Ⅱ　新興諸国、諸植民地の現状と課題」という章の中で「3　中近東、北アフリカ」と題されて書かれています。甲斐静馬さんというのは、このころこの地域の歴史分析、あるいは現状分析を読もうとすると、必ず名前を目にした人のひとりだと思います。甲斐さんの主要な関心というのは、五二年のエジプト革命、六二年のアルジェリア革命、それから帝国主義によって主導されている一時的集団指導体制として、一九五五年に締結されたバクダッド条約、これに対する反対闘争が、どのように中近東、アラブ諸国で高まっているか、この三点を強調することにありました。ですから当然のことながら政治・社会的運動の勢力としてはアラブ統一を目指す勢力、とりわけ当時はシリア、イラクにおいて盛んで、ヨルダンなどにも見られた、「アラブ統一・自由・社会主義」を掲げるバース党、それに対する関心が圧倒的な比重を占めている、そういう時代でした。

一九六四年から六六年にかけては、『アジア・アフリカ講座』という全四巻のシリーズ本が勁草書房から出ています。編者は岡倉古志郎氏はじめ「アジア・アフリカ研究所」です。やはり、共産党に近い人びとだったと言えます。ここでも、甲斐さんが「アラブ統一の問題点」という文章を書いていますが、パレスチナの解放主体がいまだ見えていなかったということもあるのでしょうね、力点は、以前の文章と同じところに置かれています。

一九六〇年代前半というのは、政治・社会動向としては非共産党左翼、いわゆる新左翼の運動というのが現れていましたが、世界各地の歴史分析や現状分析をやるような力のある方は、左翼のなかでは多くは日本共産党に属している、あるいはその影響下にある研究者によってなされていた、まだそういう時代です。甲斐さんもそういう方だったと思います。一九六〇年代前半の日本においては、とりわけ戦後進歩派や左翼のあいだでは、アラブ諸国に限らないのですが、アジア・アフリカ・ラテンアメリカの民族解放運動の高まりに対する圧倒的な期待感、それに連帯感がありました。その連帯感というのは、一九四五年までの日本のアジア侵略戦争、植民地支配の責任を自覚しないところで表明されるケースが多かったので、それはそれ自体、ひじょうに大きな問題をはらんでいると、今でこそ分析できるわけですが、当時はそういう状況であったわけですね。

ですからここでは、国家というものは先験的に、ア・プリオリに良いものであるということになっています。良い指導者を得て、良い社会勢力によって、革命が成就されるならば、その先にはきっといい未来、今までの過去のさまざまな矛盾を止揚できるような未来が開かれるであろう、と。そういう意味では、ある意味で楽観的な情勢分析に満ちていた、そういう時代であったと思います。

繰り返しますが、この段階ではパレスチナという存在について、パレスチナの人びとの存在について、あるいは一九四八年のイスラエル建国ということがはらんでいる諸問題について予感されるような文言は見られない。当時の私自身を振り返ってみても、このような文献に制約されているわけですし、ほとんど自分自身のなかにそのような問題意識がなかった時代だった、というふうに言えると思います。五〇年代から六〇年代前半にかけては、あくまでも事態の捉え方は、国家主体を形成する、何か新しい展望を切りひらくであろう国家主体を形成していく運動、そのようなものによって切りひらかれていく未来に同伴する、そういう考え方が強かった。ですから国家主体ではなかったパレスチナ人、そしていまだ日本では見えるようなかたちでは存在していなかったパレスチナ人、その人びとについて注目すること自体が、条件的にありえなかったわけです。

三　武装闘争のはじまりと国家像の提示

ところがそれからわずか数年後、そして七〇年代前半にかけて、一気にパレスチナ解放闘争が自分たちの目に飛び込んでくる、そういう時代を迎えるわけです。一九六八年ごろから、そのパレスチナ人たちは、いわば現存する法的な枠組みを無視した、非合法闘争を連続的におこなうことによって、それによってみずからの存在そのものを世界に知らしめる、そのような一連の闘争をおこないます。

情報は日本においても一気に増えます。

あとでも触れるハイジャック闘争、飛行機の乗っ取り闘争が始まります。人を傷つけるということは極力避けましたが、全員が降りたあとのハイジャック機を爆破するとか、そういうふうな作戦を採るわけですから、そうすると空港で炎上する飛行機の写真が流される。それからもうこのころはメディアとしてはテレビの時代に入っていますから、そのような非常にセンセーショナルな行動によって、パレスチナ人の存在というものが浮かびあがる。報道のあり方を考えた場合に、これが問題を本質的に把握することの助けになったかどうかはわかりませんが、しかしともかくそのような報道が次々と、溢れるようにはなりました。

日本では特に、日本の新しい左翼運動の流れのなかで形成された、日本赤軍の人たちがアラブ・パレスチナ地域に行って、そこで向こうの解放勢力、とりわけＰＦＬＰ（パレスチナ解放人民戦線）との共同闘争をおこなうということが、一九七二年のリッダにおける作戦以来始まります。ですから日本の場合にはまさにそのようなことも加わって、より報道が加速するわけで、情報量も増える。当然それは先ほどもふれたセンセーショナリズムというものが、いっそう深まる。そういうかたちでの報道になります。

ですが、報道量が増えたということと、それが私たちのパレスチナ認識あるいはアラブ世界全体に対する認識を高めるのにどれほど寄与したかということとは、区別して考えなければならないと思います。

この時、なぜパレスチナの主体が、このような闘争に訴えざるをえなかったのかということについて大きく言っておけば、自分たちの存在に、世の中が、世界全体が気づかない、耳を貸そうとしない、目を開こうとしない、存在そのもの自体が無視されている。六八年というのはナクバ、いわゆる「大災厄」から二〇年経っている段階であるわけですから、それから六七年の第三次中東戦争というのもありますし、そのような経過を経た時代であるわけです。

そのイスラエルのこのような振る舞いの陰で、自分たちがいったいどのような状況に置かれているのか。それについて、私の言葉で言えば、止むにやまれずこのようなかたちで表現せざるをえないというふうに考えたグループがあった。それが手段として正しいか正しくないのかというのは、また別な論議になると思いますし、私たちがそのような論議にどこまで介入できるのかというのも、それはそれで大きな問題だと思いますが、とりあえず今のところの客観的な表現としては、そのようなことになるだろうというふうに思います。

イスラエル軍の侵攻に対して事前に撤兵しなかったパレスチナの武装勢力が、これに対してあくまでも反撃したという、武装闘争の非常に大きなきっかけとなったとされている戦いがありました。一九六八年三月二一日、ヨルダンのアル＝カラーマの戦いです。同じ年の七月二三日にはエル・アル機のハイジャックというのが起きた。一九七〇年九月には、四機連続ハイジャック。当時の学生はテレビなんか持っていませんから、私自身がテレビを見ているということはほとんどありませんが、新聞の報道はまざまざと思い浮かべることができるというぐらいに、これはひじょうに衝撃的な事件でした。それからＰＦＬＰとの共同作戦で、日本赤軍がリッダ作戦を行うのが一九七二年五月です。そしてご存じのとおり、第四次中東戦争が一九七三年に起きた。

このように第四次中東戦争にいたる四年間のあいだにさまざまな勢力が、侵攻してきたイスラエル軍を武力によって迎え撃ったり、飛行機をハイジャックしたりと、ある意味ではひじょうに派手な作戦を展開することによって、耳目を引きつけるという、そういう戦いがなされていくわけです。

このようなかたちで、六〇年代後半から七〇年代前半にかけてという、きわめて凝縮した歳月のなかに、パレスチナという存在が世界的にも大きく浮かびあがってくるということが起こったのだと思います。

その延長上で、第四次中東戦争が終わった翌年の七四年一〇月にはアラファートが国連に行って演説をおこない、パレスチナ人の唯一正統な代表としてPLOが国連で認知されるという、一気にそこまで行ってしまうわけです。この時期のひとつの大きな特徴を考えると、パレスチナ国家、パレスチナ人による独立したパレスチナ国家を目指す闘いというものが、このように世界の注目を浴びるような軍事作戦を大きく展開させるのと同時に、他にもっとさまざまな種類の運動が、別な路線を信じる人びと、あるいは同一組織のなかでも別な行動方針を採る人びとによって続けられていたということは、同時に見ておかなければならないと思います。そのようなすべての行動が相俟って、一気に七四年のところまで行ってしまうという、そういうことだったと思います。

この段階で、時代は七〇年から数年間にかけての問題になると思いますが、当時の解放運動の主体のなかでパレスチナ・ナショナリストが主張した場合、自分たちが目指すのは民主的パレスチナ国家である、国家という言葉が入ったものとなって現れてくる。

それからアラブ、五〇年代を振り返るようなかたちで言った脈絡、アラブ・ナショナリストが主張する考え方から主張すれば、民主的な統一アラブ国家の重要な一部としての、重要な一環としての、民主的なパレスチナを目指す。この場合にはパレスチナ国家というものは入らない。統一されたアラブ国家というところに重点があるわけですから、新しく形成されるパレスチナ社会というものは、その統一されたアラブ国家の一環をなす、そういう存在として位置づけられる。そのような論争があったということを、奈良本さんの本(『パレスチナの歴史』明石書店、二〇〇五年)から教えられました。

これはその国家そのものを、どのようにパレスチナの人びとが捉えているのかということをしめす、非常に大事な分岐点的な論争だったと思います。これがどのような決着になるのかということは、もちろんPLO主流派がヘゲモニーを握っていくわけで、民主的パレスチナ国家というところで主流が形成されていくわけですが、この箇所を読みながら、私には思い出すことがあります。

四　一国をこえる革命への志向

六〇年代から七〇年代にかけての第三世界の解放運動のなかで、さしあたっての緊急の要請としてはもちろん個別国家・個別民族の解放運動が、個別民族国家の革命運動の勝利というものを展望するわけです。しかし、それぞれの第三世界の国々というのは、あまりにもひとつひとつが小さい。国として、人口構成からいっても、国土面積の広さからいっても、経済規模からしても、軍事力からしても、きわめて規模が小さい。そうするとその一つの国で民族解放をなしとげたところで、あるいは社会革命をなしとげたところで、それらが旧宗主国からの攻勢や、あるいは世界市場を形成している資本主義経済システムのなかで対抗的にやっていく、そういう力を持っているとは思えない。

そういうわけで、ラテンアメリカであれば大陸革命を志向する、アフリカであればアフリカ革命を志向する、そうした言葉が出てきます。たとえばフランツ・ファノンは早く死んでいますから、彼が実際に活動できたり、論文を書けたのは、一九六一年まででしたが、その段階ですでにファノンのなかには、「アフリカ革命に向かって」という意識があった。これは日本語の翻訳された単行本も、一冊は『アフリカ革命に向けて』(みすず書房、一九六九年)というタイトルになっています。

ファノンはご存じのとおり、カリブ海のフランス領マルチニックに生まれて、パリで医学の勉強をしていた時に、ちょうどフランスからのアルジェリア独立闘争に出合って、実質的にはアルジェリア民族解放戦線のスポークス・パーソンとして活動して、理論的にも、さまざまな寄与をおこなう人間です。そうすると彼の実際の活動領域というのは、北アフリカ、マグレブ地方に限定されていたと思いますが、一九六〇年代というのは、ブラック・アフリカの独立革命がどんどん進行して、一九六〇年はそもそもアフリカの年と言われたぐらいに、一挙に一七ヵ国も独立国が増えた年です。

そうすると私たちもよく覚えている、一九世紀のヨーロッパの列強のアフリカ分割によって、すべてヨーロッパ列強の色によって地図が色分けできるような、そういう時代が終わりを告げて、マグレブ、北アフリカにおいても、ブラック・アフリカにおいても、独立する国が増えていく。もちろんベルギー領であったコンゴのように、独立を勝ち得ながら宗主国の介入によってきわめて悲劇的な展開を遂げていく国もあったけれども、ファノンはそのようなアフリカ総体の動きを見ながら、アフリカ革命というビジョンを打ち出していたわけです。それは同時代的に、今思えばその夢ははかなく消え去ったというふうに言うしかないけれども、同時代のなかで読んでいれば、それなりのリアリティをもって感じることができる、そういう文章であったのですね。

ラテンアメリカにおいても、そのような立場でいちばん強く発言するのは、四一年前にボリビアで亡くなったチェ・ゲバラですが、彼もやはり、カストロたちとともにキューバの一国革命をなしとげた。しかし、いざその社会革命が、それまで半世紀以上キューバのあらゆる権益を手にしていたアメリカ合州国資本との全面的な対決となったときには、経済封鎖を受け、軍事侵略を受け、さまざまな妨害にさらされる。海を隔てているとは言っても、キューバとフロリダ半島の先は、東京と伊豆半島の付け根ぐらいしか離れていないわけです。

そうすると、これだけアメリカ帝国主義の間近にあって資源も少ないキューバが生き延びるためには、同じ社会システムを志向するような仲間をじかにつくらなければならない。それで大陸革命ということを考えて、いったんはアフリカのコンゴに行くといった、さまざまな試行錯誤があるわけですが、最終的にはラテンアメリカ、南アメリカ大陸の中心部のボリビアに行って、そこでゲリラ戦線を開いて、周辺各国の武装勢力がそこに結集してゆく。そこでさまざまな情報と経験を共有したうえで、それぞれの解放闘争を実現していく、というような展望を持った闘いを繰り広げて、やがてラテンアメリカ規模の大陸革命を志向したわけです。これも今となってみては、ゲバラ自身が政府軍との戦いで殺されていくわけですし、まったく叶わなかった夢となって終わってはいます。しかし、そのような志向性を持つということ自体は、当時の社会情勢、世界経済の分析と一つひとつの地域の分析をやった場合にここへ行くのだろうなということは、わからないでもなかったという感じが今でもしています。

ですから、アラブ・パレスチナ地域で同じような問題を抱えていた人びとのなかに、その当時から民主的パレスチナ国家という選択をする人たちがいた一方で、そうではなくて統一アラブということを考えながら、そのなかでのパレスチナ社会というものを思い浮かべていく人びともいた。そうしたことは、この地域でもまた、それはとてつもない夢物語に終わっているのが現実ですが、当時の思いとしてそのようなところに行ったというのは、そういうことであろうなという理解はできるということです。

それでいろいろ国際政治のなかでの振る舞い方を経て、七四年にPLOが国際的な認知を受けることによって、将来において国家主体になりうる存在として認知された。そしてそのように振る舞おうとするときに、指導部と、PLO、それからそれを広く包み込む民衆との間に、やはりどうしようもなく権力関係が生まれてくるという、そうした時代がさらに顕在化している。そうした時期を迎えていると思います。それはもちろん組織である以上、革命組織が秘密を必要とする組織として形成される以上、指導部と民衆との間には、最初の段階からそのような権力関係が生じるわけですが、抵抗というかたちで大きな敵に挑むといった時には、それは多くの場合顕在化しない。しかし、その抵抗の段階が少し後景に退いて、いわば国家主体に近づくにつれて、やはりどうしてもその関係が出てくる。そういう時代になっていくと思います。

五　解放闘争と国家形成における論点

九四年の暫定自治政府発足にいたるまでのこの約二〇年間、七四年の国際的な認知から暫定自治政府発足の二〇年間の間に、いったいどのような内部での討論があったすえに自治政府発足まで行くのかというあたりについては、私自身はひじょうに勉強不足です。しかしやはり一番大きな問題は、パレスチナ暫定自治政府という場合に、一九四八年のナクバ以降さまざまなかたちで集まっている、異なった条件のもとで集まっているパレスチナ人が存在しているなかで、主体としてのパレスチナ人をどのように規定するのか、いったいどこに主体を限定して、あるいはどういうかたちで包括して国家構想を考えるのかということが中心的な問題にならなければならなかっただろうということが、端からもうかがうことができるだろうと思います。

そのような経過を見ながら私が考えることは、先ほどから振り返っている一九五〇年代からのいわば民族解放で国家樹立ということに夢を持った時代から含めて、一九九一年にソ連邦が崩壊するまでというのは、すべて戦後冷戦時代におこなわれていたひとつの歴史的な過程であったということです。

米ソの冷戦というのは、戦後の世界を牛耳っていた、非常に擬制的な、大きな矛盾であったわけです。第三世界の解放闘争なり革命運動は、米ソの冷戦のもとで生まれているのではなくて、まずは第三世界の解放主体があり、革命主体があって、その独自の運動が開始された。しかし、その展開過程でやむをえず最大の矛盾である米ソの冷戦構造のなかに引き込まれ、あるいはソ連側として、あるいは解放ゲリラでありながらアメリカ帝国主義の支援を受けて、支援を受けいれるという解放主体がアフリカにはあった。そういう歪みはともなったけれども、あくまでも第三世界の解放主体の出発点は、独自のものであった。

私はそういうふうに考え、そのように発言してきたものですが、しかしそれにしても、あまりにも米ソの冷戦構造という規定力は大きすぎた。そのなかで翻弄されることが、解放主体のそれ自体のなかにもやはりあったということを、九一年のソ連邦崩壊のあとでは改めて顧みざるをえませんでした。それがパレスチナ解放闘争の場合どうであったのかは、ソ連とPLOの関係のなかでいろいろ振り返るべき点があるだろうというふうに思います。

それから権力の問題。これはやはり国家形成の問題とも関係してくるわけですが、解放運動、あるいは革命運動を名乗る主体というのは、大きな敵に対する抵抗闘争になっている場合には、かならずしも自分たちの内部における権力問題というものが顕在化するわけではない。しかしながら運動の過程のなかで、この問題についての大きな関心というものが、指導部あるいは運動を基本的に支える民衆のなかに自覚的なものとしてないかぎりは、その解放運動の展開過程それ自体のなかで、ましてやいったんそれが勝利して、次の新しい社会を建設しようとする段階においては、一気に顕在化してしまう。

もし固定化された権力関係の問題として、組織原理が地下闘争をやっていたときと同じように、指導部・下部・民衆という、はっきりとした指導・被指導の関係として確立されてしまうとするならば、それが非常に大きな害悪をその後の社会にもたらしてしまうということは、二〇世紀のあらゆる社会運動をつらぬいた大きな教訓だと思っています。ですから、このことについてPLOがどうであったかという問題もさることながら、私たちが今、さまざまなかたちで担っている社会運動のなかにおいて、あるいは今後も担うであろう運動のなかで、この問題がどうなるか。このことは第三世界、あるいは先進資本主義国を問わず、共通に問われる課題になっていくだろうというふうに思っています。

六　武装闘争をどう考えるか

もうひとつは武装ということについてです。武装革命というのは、一九五〇年代、六〇年代、七〇年代までの歴史を同時代的に見てきた人間からすれば、あたりまえの前提でした。それは日本のような産業先進国における闘争がどのようなかたちで展開できるのかということとは、また別の問題です。

しかし第三世界において、欧米列強の歴史的支配を受けてきた、アジアで言えば日本の植民地支配を受け侵略戦争のただなかにあった、そのような国における社会変革というのは、すべてそのように軍事的に侵略している、あるいは大きな政治・経済・軍事的機構によって支配している大きな力に対する軍事闘争のかたちで展開されました。それが、私たちが幼い頃から見てきた二〇世紀の闘争のあり方でした。

中国革命は日本の軍事侵略に対する武装闘争としても展開されていたし、フィリピンやベトナムにおける闘争も、それぞれの支配者に対してそうでした。遠くにもアルジェリアのフランス植民地主義に対する闘い、キューバのバチスタ独裁に対する闘いがあった。それらの武装闘争というのは、ひじょうに大きな印象を私たちに与えました。武力だけではなく、都市と農村部における大衆運動の展開と相俟ってこそ、その勝利はあったわけですが、何しろ武装闘争の影響力の圧倒的な強さのなかで、私たちは精神形成をしたと思います。

ですから、第三世界のあり方としてはそれがあたりまえだというふうに見ていた。今の時代になってからも、歴史を遡ってそれを覆すことは、私は難しいと思います。あれはやはり非暴力で徹すべきであった、ということはあまりにも非現実的であって、あの時代が強いた、必要とした闘争の形態であったろうというふうに、今振り返ってみても私はそう考えています。

問題は、それらの武力によって旧来の敵の体制を打倒した、以前の腐敗した政権を、あるいは植民地支配を打ち破った新体制が、どのようなものとして機能したかということです。それはすなわち、一九五〇年代の、革命や民族解放を通して新しい国家を樹立するということが夢に溢れていた時代、それらが六〇年代、七〇年代にどんどん実現していった。それらがアジアやアフリカ、ラテンアメリカにおいて、どのような国家として現実化しているかということを見届けた時代を私たちは生きています。それは、ある意味で、幻滅の時代でもあります。一九五〇年代に植民地支配下に生きる人びとの肖像を、民族独立を支持する立場から描いていたアルベール・メンミ[*18]は、その後、新生国家指導部の腐敗と専制に絶望した『脱植民地国家の現在』(法政大学出版局、二〇〇七年)を書きましたが、そこで指摘されていること自体は、事実でしょう。

そうすると、何が問題だったのか、その新しい国家形成のどこに問題がはらまれていたのかを、私たちとしては考えなくてはならない。そういう時代を生きているという問題意識が私のなかには強くあります。

今でも私は、もしかしたらこれからも、武力をもって闘わざるをえない人たち、そのような条件におかれる人たちは出てくるであろうと思っています。自分の意見として、すべてを非暴力でやらなければいけないというふうに主張するだけの自信が、私にはありません。どこかでそれを必要とする人たちがいるかもしれないと、思いつづけています。ただやはり暴力というものが、どれほど悲惨な現実を招き寄せるかということを考えた場合、それはやはりどこかで限定的な、一時的なものだと、確たる確信をもって進めなくてはならないだろう、とも思うのです。

敵を打倒する、今自分たちを支配し抑圧している大きな権力機構を打倒することを考える場合、全世界のひとたちはすぐにそれを、軍事力によってそうすることを考えるし、二〇世紀革命としてはそれで成功した例があったわけです。しかし軍事力によって成功した革命が、その後ひじょうに陰惨な社会を実現してしまった。解放の軍事力が、そのまま新しい社会での抑圧の軍事力として転化した。

解放軍、ゲリラ、人民軍、それらが新しい社会のなかでそのまま国軍となって、中国の人民解放軍のように、天安門における民衆の抗議運動を弾圧する軍隊となった。新疆ウイグル自治区における民族運動を、強権をもって弾圧する軍隊となった。かつて解放、あるいはゲリラ、人民という名前を持っていた軍というものをも、日本の自衛隊やアメリカ帝国主義の軍隊と同じように、消滅させなければならないというイメージをもつことができるか。どのようにそれを消滅させる未来を引き寄せるのか、そういう問題意識をもたなければならないだろう、というふうに思っております。

この問題については、たくさんの人びとが思い悩んだ例があります。私は思想史的にひじょうに大事な例としてはシモーヌ・ヴェイユ[*19]だと思っていて、よく例として挙げます。宗教的な側面は私にはまったく理解を絶しますが、彼女はたとえばスペイン内戦の時には、共和国軍が何とか勝利してほしいというふうに思いつづける女性でした。しかし実際に彼女がスペイン現地に行って、共和国軍兵士の闘い方を見たときに、本当に貧しい、いろいろな地域から集まった兵士たちが、ひじょうに無惨な敵の殺し方をしてしまうということを見る。革命のための軍隊や警察機構というのは、確かに一時的には必要であっただろうけれど、どうしてこんなに長引いた永続的な存在になってしまうのか。ロシア革命の現実過程を一九三〇年代に見ながら、彼女自身、そのように思い悩むわけです。

これはやはり二〇世紀以降に生き延びた、私たちが持ちうる問題意識だと思う。最初から非暴力の信念を持っている人は、もっと以前から持っていたというふうに言われるかもしれないけれども、私の場合にはそうではなかったので、内外でのいろいろな間違いを見て、そのうえで到達している問題意識であるというふうに言っておきたいと思います。

七　権力に対する民衆の権利

私は国際会議でアラブ、パレスチナの代表団とも席を同じくしたことがあります。ひじょうに実感的に言えば、お金持ちだなというふうな振る舞い方を感じました。でも根拠がないので、人前で言うことは今まではしませんでしたが、それはもう客観的にはわかるわけです。サウジアラビアのような王政もPLOの財政援助をやっているわけだし、オイルダラーが入るわけです。それは世界の解放組織とはくらべものにならない資金力を誇っていた時期があったというのは、あたりまえです。

王政やオイルダラーによって資金援助を受けることが、それ自体悪いことかと言うと、私はあまりそうは思わない。人は、あるいは個人であれ、どんな運動主体であれ、こんな汚辱にまみれた資本主義社会で生きている以上は、どこかで汚れているわけだから、こちらは清くて、お前のお金は汚れていると言うのは、なかなか難しいと思っています。王政から取ろうが、オイルダラーが入り込もうが、それはいいだろう。しかし、それをどうコントロールできるか、管理できるか。そのことは闘争主体には問われるだろう、というふうに思うわけです。そこらへんがひじょうにずさんであったのではないかなと、そういう印象を受けておりました。

いずれにせよ、いろいろな局面から、権力というものをいかにチェックできるか、リコールできるか、駄目なものは駄目だというふうにリコールできるかという、そういうあり方も含めて、いろいろな実例がＰＬＯの試行錯誤のなかには含まれていたと思います。

いずれにせよ私たちは今、過渡期的な段階に生きているわけだけれども、どんな社会変革がなされようと、一つひとつの単位としては、とりあえず国家というもののかたちをとって、存在してしまうわけです。しかし、指導部の腐敗や堕落が問題になったときには、かならず対極にある民衆というその存在を考えなければならないわけで、その民衆の位置によって、その今ある社会をどう変えることができるのか。そういう問題意識で考えた場合に、そんなどうしようもない指導部は、とにかくどんどんリコールしていく。延々とリコールが続くかもしれないけれど、さしあたっては人間の社会というものは、そんなところに行き着くのではないかと思っているのです。

ですからその時に、リコールの権利というものがその社会のなかで保証されていることが、どうしたってその社会が民主的であることの、絶対必要条件である。そういう意味での、民衆の権利としてのリコールというものをここで強調しておきたいと思います。

ともかくＰＬＯの試行錯誤というのは、世界のさまざまな解放運動が持っていたのと同じ教訓です。こんな時代にあってこそ、相手を論難するためではなくて、なお世界各地でこのどうしようもない社会の秩序を変えるという運動は、続けられなければならない。それだけに、私たちの運動を豊かにするために、いろいろな教訓をどう活用できるか。そういう問題意識でパレスチナのことを振り返ってみました。

【第４章】アパルトヘイトの経験とイスラエル／パレスチナ

峯　陽一（アフリカ地域研究／同志社大学大学院
グローバルスタディーズ研究科教授）

鵜飼　哲（フランス文学・思想／一橋大学言語社会研究科教授）

アパルトヘイトの経験を通して「違う未来」を見る

峯　陽一

一　アパルトヘイトとのアナロジーの持つ意味

実を言いますと、「南アフリカ問題の専門家」だとされている私が、このようなイスラエル／パレスチナの集まりで話すことには、いささか不安がありました。自分にはいったいどんな問題提起ができるのだろうかと。

とりわけ、二〇〇八年の一二月から一月にかけてガザで起きたことに、私自身が圧倒されて言葉を失ったということがあります。別の大陸のアフリカで起きたことの教訓といった、ある意味で悠長な話をしている場合なのだろうか。それでも何か話ができるのではないかと思った理由のひとつは、パレスチナで今起きていることは「アパルトヘイトと同じだ」という表現を耳にする機会が多いからです。日本だけではなく、パレスチナでもそうであり、南アフリカでもそうです。

結論から言うと、このふたつの問題の同質性を強調するのは、正しいアナロジーだと私は思っています。だからこそ、ここで南アフリカのことを語る意味もあるだろうと思うわけです。ただし、このアナロジーがどういう意味で正しいのかについては、直感的類推を超えてもう少し深く考えてみる必要がある。「××と同じだ」というスローガンは、それを言った瞬間にひとを思考停止にしてしまうところがあるからです。問題が通底していることを示すためには、少し丁寧に歴史をふりかえって対比する必要がある。

ということで今回は、南アフリカという鏡にイスラエルとパレスチナの姿は映るか、という問題提起を試みることにします。映るかどうかを確かめるには、鏡の角度をいろいろと変えてみないといけません。

今日のお話の前半では、かつてのアパルトヘイト支配の構造、そしてポスト・アパルトヘイト時代の南アがいま直面している問題群について、歴史の軸に沿って提示していくことにします。南アのアパルトヘイトとイスラエルによるパレスチナ支配について、ここが似ている、似ていない、といった個別の言及は必ずしもしませんが、皆さん自身に発見していただけることも多いのではないかと思います。そして後半では、「南アフリカのユダヤ人」という特定の人びとに焦点を当てて、二つの離れた場所の対比ではなく、むしろ「つながり」から見えることについて正面から考えてみたいと思います。

そもそも、アパルトヘイトとは何だったのでしょうか。もちろん体系的な人種隔離政策だったわけですが、最初に強調しておきたいのは、アパルトヘイト問題もまた、根本的には土地をめぐる紛争であり、大地の不公正な分割をめぐる異議申し立てだった、ということです。出発点は一七世紀であり、シンボリックな重要性をもつのは一六五二年です。この年にオランダ東インド会社が、アフリカ大陸の南西の端のケープタウンを植民都市として占領しました。それからオランダ系（大陸ヨーロッパ系）の白人たち、そしてそこにイギリス人が加わって、じわじわと先住民、アフリカ人たちから土地を収奪していくプロセスが進行していきます。

一八三五年からグレート・トレックが始まります。後に「アフリカーナー」と呼ばれるオランダ系の白人移民たちが、イギリスの支配に反発し、牛車の大部隊を編成して内陸部に入植地を拡大していったわけです。最初のうち、これは無謀で挑発的な冒険旅行でした。ところが、一九世紀の後半に内陸部で金・ダイヤモンドが発見されると、イギリス帝国は軍事力で入植体制を支援する方向に転じました。こうして一九世紀末までに、アフリカ人の首長国や王国の政治的な自律性はほぼ完全に奪われてしまいます。この時期にはイギリス系の入植者も増えており、あとで触れますが、東ヨーロッパ出身のユダヤ人が南アに移り住んだのもこの頃からです。

そして一九四八年、はじめてアパルトヘイト（分離すること）という名前の政策を掲げた国民党政権が成立しました。アパルトヘイト体制は、完全に新しいものをつくったというよりは、白人支配の最後の総仕上げだったわけです。アフリカ人の土地を取りあげた白人農民の多くはオランダ系移民のアフリカーナーでしたが、アパルトヘイトの前提となった二〇世紀前半の人種隔離制度をデザインするにあたっては、イギリス人の行政官が大きな役割を果たしました。これはあまり知られていない事実です。

パレスチナ人にとってナクバは晴天の霹靂だったわけですが、これと対比させると、南アフリカの土地収奪には三五〇年かかっているわけで、この歴史の長さはおさえておく必要があるでしょう。南アフリカではこれだけ時間をかけてやってきたことを、イスラエルは建国とともに一瞬で実行した。それがパレスチナの悲劇性を際だたせているという言い方もできると思います。ただ逆に言うと、三五〇年かけて土地収奪の既成事実を積み重ねてきた南アフリカにおいて、二〇世紀末、たった四年間の移行期で流れを逆転させることができたというのも事実です。これが南アフリカがパレスチナに示す希望だと言うことも可能ではないかと思います。

二　人種隔離とは何だったのか

さて、アパルトヘイトの根本は土地問題だと申し上げましたが、特定の集団が特定の土地を支配するためには、まず集団を定義しないといけません。人種を隔離するためには人種の違いを定義しないといけない。そこで、一九五〇年には人口登録法という法律ができました。人間の肌の色、容貌によって、白人、アフリカ人、その中間のカラード（「混血」の人びと）、そしてインド系の人びとと、南アフリカ人を大きく四つのカテゴリーに分ける基準を示したわけです。分けられた人びとは厳格に隔離されましたが、基準そのものは大ざっぱなものでした。

そして一九四九年の雑婚禁止法、一九五〇年の背徳法によって、人種を越えた結婚と性交渉を禁止する。アフリカ人の男性と白人の女性、あるいはその逆の組み合わせの二人が車の運転席と助手席に座っていると、別にカップルでなくても、お前たちは何かするつもりだろうというので逮捕されかねない。さらに分離施設法という一九五三年の法律。これは列車やバス、公園やレストラン、映画館、ホテル、公衆トイレ、郵便局、海水浴場、学校など、すべての公衆施設を人種別に分けるものでした。私自身、アパルトヘイト撤廃の直前に南アフリカに行ったときに、東洋人だからというのでホテルのバーから出て行けと言われたことがあります。イスラエルの検問体制に似ていたのはパス法です。アフリカ人に身分証明書（パス）の携帯を義務づけて、路上の検問で引っかかった者は、通勤途中であっても容赦なく投獄されてしまう。パスは、見かけも機能も外国人登録証のようなもので、黒人たちの憎悪の的でした。

しかし、一九八〇年代になると、こうした目に見える露骨な公共空間の差別は、制度上次々と廃止されていきます。これらの公共空間の隔離を、反アパルトヘイト運動では小アパルトヘイト（ペティ・アパルトヘイト）と呼んでいました。国際世論が眉をひそめるような差別については、白人政府は妥協して実践を控えることができる。ところが、白人政府が最後まで妥協しようとしなかった、もっと大きな隔離体制がある。それが、南アフリカ全土を大規模に分割する土地の隔離です。これを私たちは大アパルトヘイト（グランド・アパルトヘイト）と呼んでいました。

そのひとつは、全国的なレベルで土地を分割し、一部をアフリカ人の「ホームランド」（「バントゥースタン」という呼び方もありました）に指定するというものです。〔地図1〕には虫喰いのような土地の断片が網掛けで示されていますが、これがホームランドです。一九一三年と三六年に原住民土地法という法律が制定され、ホームランドは全土のおよそ一三パーセントに局限されました。それぞれのホームランドは、ズールー人、コーサ人、ソト人、ツワナ人といったエスニック集団ごとに区分されて、それぞれの内部でアフリカ人の伝統的な首長の権威が温存される。そして、すべてのホームランドに「自治」が与えられます。さらに、南アフリカ以外の国はどこも承認しませんでしたが、いくつかのホームランドには「独立」が与えられて、南アの国土から政治的に切り離されました。ホームランドの指導者は白人政府からの補助金に頼りつつ、アフリカ的な「伝統」をねつ造し、権威主義的で、

〔地図１〕南アフリカのホームランドの分布
注：州境と州名はアパルトヘイト時代のもの

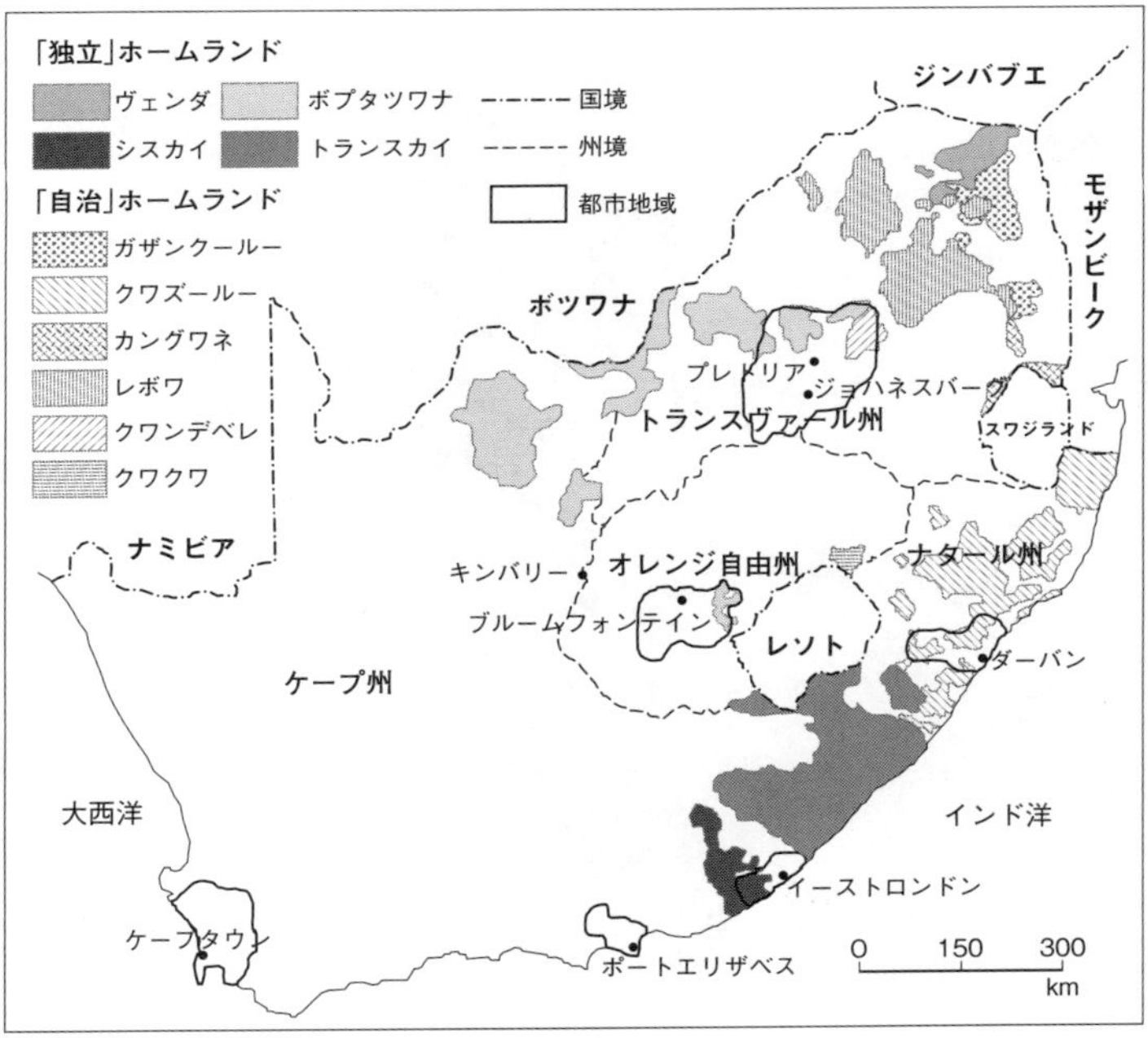

腐敗していました。

これを正当化するために、白人政府は「分離発展」の哲学を唱えていました。「アフリカ諸国は帝国から独立したではないか。文化相対主義も大切な原理だろう。白人とアフリカ人は違うんだ。それぞれが自分たちの願いを実現するために、それぞれの流儀で発展していく。そのためには別れて暮らすのがお互いのためだ。何が間違っているというのだ」、というわけです。しかし、その前提は明らかな不正義にもとづくものでした。アフリカ人はもともと南アフリカで暮らしていた人びとで、アパルトヘイト成立時でも人口の七〇パーセントを占める多数派で

〔地図2〕オレンジ自由州南部のアフリカ人農地の分布（1959年）
出典：A. J. Christopher, *The Atlas of Apartheid*, London: Routledge, 1994, p. 81.

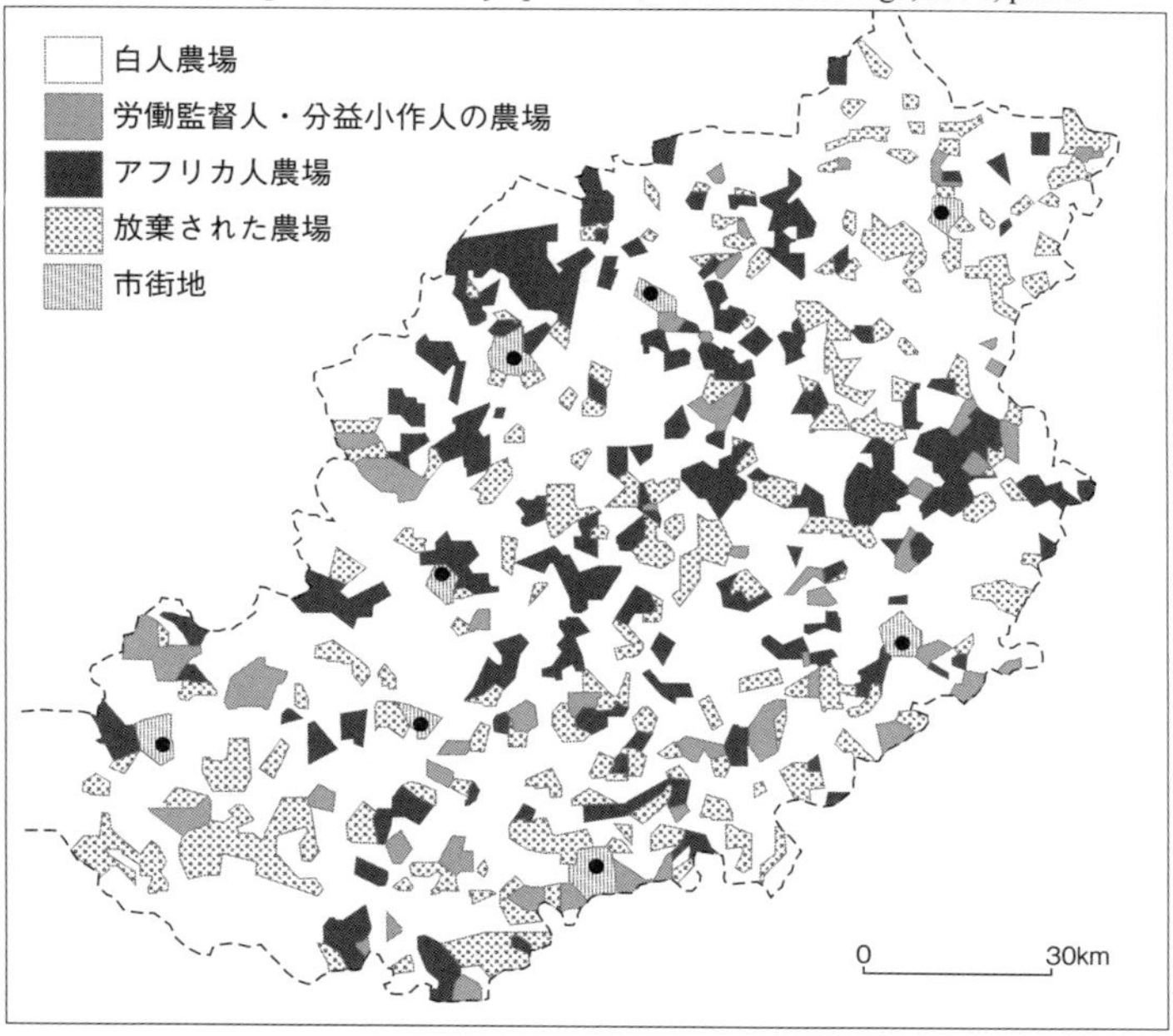

す。この多数派の先住民に割り当てられる土地が、どうして国土の一三パーセントなのか。

荒れ地のホームランドでは現金収入が得られない。そこで男たちは白人地域に出稼ぎに行くわけです。ところが、自分たちに帰属するはずの南アフリカの大地で、出稼ぎ労働者たちは二級市民として、あるいは「外国人」として扱われます。白人地域に「一時滞在」するアフリカ人には、参政権も、言論の自由も、土地の所有権も、移動の自由も、職業選択の自由も、組合を結成する権利も、認められない。

白人たちがこんな無茶な体制をつくりあげた動機のひとつは、白人地域として指定された土地に眠る鉱物資源の独占、もうひとつは、白人農民の保護でした。〔地図2〕はオレンジ自由州の南部の拡大図なのですが、このなかにいろいろな網掛けがしてある小さな土地片があります。これらは、白人地域のなかでまだアフリカ人農民が自らの土地を耕していた場所で、「ブラック・スポット」と呼ばれていました。こうして白人地域のなかで細々と営農していたアフリカ人農民たちも、二〇世紀後半になると、ホームランドに強制的に移住させられていきます。一九六〇年代から七〇年代にかけて、およそ一〇〇万人のアフリカ人の農民たちが、ホームランドに移住させられました。その経路は〔地図3〕に矢印で示されています。アパルトヘイトが撤廃されたあと、アフリカ人農民にこれらの土地を返還する手続きが進んでいるわけですが、これらの土地はいったんは白人農民がほとんど独占してしまいました。

〔地図3〕ホームランドへの強制移住
出典:峯陽一『南アフリカ―「虹の国」への歩み』岩波書店、1996年、165頁。

　次に都市地域に目を向けます。人びとは人口過密なホームランドでは暮らせませんから、アフリカ人の多くは職を求めて白人地域で暮らす。それをまた、都市の産業は当て込んでいたわけです。〔地図4〕は人種別のタウンシップ（都市居住区）を示

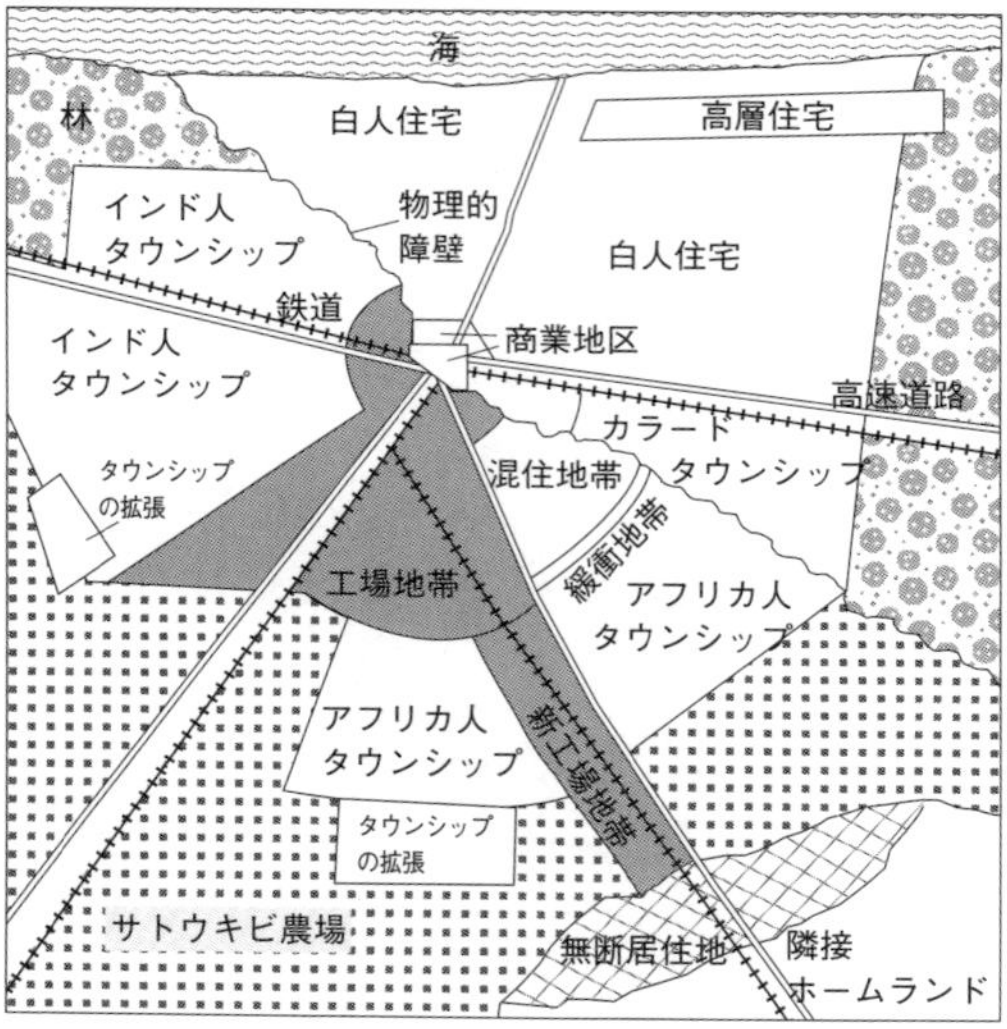

〔地図４〕アパルトヘイト都市の典型的モデル
出典：David M. Smith ed. *The Apartheid City and Beyond*, London: Routledge, 1992, p. 233.

しています。この制度は二〇世紀初頭から徐々に姿を現し、一九五〇年の集団地域法などで制度化されました。白人家庭のメイドや事業所のガードマンを除いて、有色人種は都市の白人地域では寝泊まりできない。郊外では、アフリカ人やカラード、インド人を分断して、それぞれにタウンシップを設けて、黒人どうしが相互に交わらないようにする。とりわけアフリカ人タウンシップの多くは、白人に脅威を与えないように離れた場所に設置されました。労働者は朝の四時、五時に起きて、遠く離れた白人地域の工場やビジネスセンターに、東京並みのすし詰め状態のバスや電車で通勤することになります。

ホームランドへの強制移住にしても、都市の区画整理にしても、アパルトヘイトの時代には警察力を使い、家屋をブルドーザーで破壊して、住民をトラックに押し込んで、荒れ地に放りだすという手法が典型的でした。まとまった大衆的な反抗には、催涙弾と銃弾が使われました。

ホームランド制度やタウンシップは「壁」でした。では、こうした「壁」はどういうふうに機能していたのか。とてつもない人権侵害だったことは明らかなのですが、アパルトヘイトは一面では、冷徹かつ周到に準備された、合理的な「社会工学」でもありました。特定の集団の利害に奉仕するという観点から見て、アパルトヘイトが経済的にはきわめて「合理的」だったという議論を次に紹介しておきたいと思います。

三　人種隔離の理論と抵抗運動

南アフリカのマルクス主義者ハロルド・ウォルペは、人種隔離体制の存在理由を次のように説明しました。資本主義システムのもとでは、労働者階級が受け取る賃金は、労働力の再生産の費用と等しい。しかし、資本主義がシステムとして再生産されるためには、労働力は労働者個人の属性としてではなく、世代として再生産されなくてはいけない。さもないと資本主義システムは止まってしまう。南アフリカでは何が起きていたのかというと、アフリカ人労働者の家族はホームランドに残ることになります。単身の男性労働者が資本主義部門に引き抜かれて、鉱山や都市で働くという構図なのですね。残された家族はホームランドの自給農業で食べていると想定されている。ホームランドでは女性たちが子どもたちを育て、帰省した労働者を休養させ、病人や老人の面倒を見る。これらはすべて、労働者階級の世代としての再生産に必要な機能です。

資本主義がすべてを律する社会では、こうした機能は賃金に含まれなければならない。現実には、税金がプールされて社会保障として再分配されるわけです。ところが人種隔離体制のもとでは、ホームランド農村はシステムの「外部」にあるわけですから、資本主義部門は労働者を世代として再生産する社会保障的な費用を自らは負担せず、ホームランドに肩代わりさせてしまう。そうすることで賃金水準を、労働者個人の再生産の費用に必要な部分だけに固定することができるわけです。つまり、社会保障に充当されるはずの部分をすべて追加的な剰余価値として資本が取得したうえで、かつ労働者を階級として再生産することができる。だからこそ資本は、アフリカ人の隔離された共同体経済すなわちホームランドを、完全に破壊するのではなく温存する必要があった。軍事的な力関係からすればホームランドをすべて解体することもできたはずなのだけれど、あえて国土の一三パーセントを残して手を引いた。こういう説明です。

ところが、こうした体制は持続可能ではなかった。二〇世紀の後半になるとホームランドの農業経済が疲弊する一方で、アフリカ人の人口も増えていく。他方、都市では熟練労働への需要が高まって、家族とともに都市に定住するアフリカ人が増えていく。ホームランドはアフリカ的な農村共同体ではなく、過剰人口の溜め池、あるいは失業者の強制収容所として機能するようになっていく。そしてホームランドの指導者たちは、そうした収容者たちの看守の役割を果たすようになっていくというわけです。アパルトヘイト体制のもとでは、資本主義システムにすべてが包摂されるようになりました。

日本資本主義論争でいえば、講座派的な局面から労農派的な局面への移行だと言えるかもしれません。単一の資本主義システムのもとにすべての人種集団が統合され、そのうえで、階級的な亀裂が人種の亀裂と密接に重なり合うようになった。こうして、アパルトヘイト体制の廃絶と資本主義体制の止揚、この二つを同時に追求することが南アフリカの共産主義運動の課題になってきた。これが共産党左派の南アフリカ資本主義分析でした。この枠組みをすっきりと提示したのがハロルド・ウォルペ

〔表〕南アフリカの人種構成

		1936年	1980年	2001年	2008年推計値
黒人	アフリカ人	6.6 （69）	20.8 （72）	35.1 （78）	38.6 （79）
	カラード	0.8 （8）	2.6 （9）	4.0 （9）	4.4 （9）
	インド系	0.2 （2）	0.8 （3）	1.1 （2.5）	1.2 （2.5）
白人		2.0 （21）	4.5 （16）	4.7 （10）	4.5 （9）
計		9.6（100）	28.7（100）	45.0（100）	48.7（100）

単位：百万人（%）出典：Merle Lipton, *Capitalism and Apartheid*, Aldershot: Wildwood House, p. 400; Statistics South Africa, http://www.statssa.gov.za/

の「南アフリカにおける資本主義と低賃金労働力――隔離からアパルトヘイトへ」という一九七二年の論文で、当時世界中でよく読まれたものです。

やがて一九八〇年代に入り、アパルトヘイト体制は最終段階を迎えます。ただしこれは、今振り返って最終段階だったというだけのことで、八〇年代当時のわれわれは、暴力性を剥き出しにしたアパルトヘイトの絶頂期だと考えていました。白人の都市経済とアフリカ人の農村経済が「接合」する時代は終わった。白人権力は警察力を使い、軍隊を黒人居住区に常駐させ、さらに延命のための絶望的な戦術として黒人を徹底的に分断しようとした。〔表〕にある通り、支配集団としてのヨーロッパ系の白人に対して、アフリカ人、カラード、インド系を合わせて「黒人」と呼びます。白人は一九三六年には人口の二一パーセントでしたが、現在はおよそ九パーセントと、割合からしても半減しています。

徐々に人口比が下がっていく白人が南アフリカにおいて白人優位を維持するにはどうしたらよいか。被抑圧者にくさびを打ち込むしかない。そこでカラードとインド系の人びとを白人の側の味方につけようという戦術が本格化したのが、八〇年代でした。一九八三年に白人政府は、カラードとインド人に限定的な参政権を与えて、白人議会とカラード議会、インド人議会の三院制の議会を導入しようとしました。これに対して、統一民主戦線（ＵＤＦ）という反アパルトヘイトの強力な連合体が形成されて、選挙ボイコット運動が取り組まれました。

その一方で、南アフリカの社会ではアフリカ人の五割が都市で暮らし、タウンシップで生まれたアフリカ人が都市住民の多数派を占めるようになっていました。そこで政府は、都市のアフリカ人のうち、合法的に自分の持ち家で暮らしているアフリカ人に対しては安定した居住権を認める改革を実行します。そして、目に付きやすい小アパルトヘイトをどんどん撤廃していく。アフリカ人の側でも、こうした懐柔策にどう対応していくのかということが問われていったわけです。都市で生まれ育ち、いちおう読み書きができる教育を受けて、暮らしは厳しいけれども労働組合に入っており、狭いけれども家族で暮らせる家がある。そういう人びとは反アパルトヘイト運動の中心であると同時に、懐柔の対象にもなります。

一九七〇年代から八〇年代、この階層を含めて、多くの南アフリカ人の心を引きつけたのが、黒人意識運動の指導者スティーヴ・ビコの思想でした。ビコの『俺は書きたいことを書く』という本は、現代企画室から日本語訳が出ています。ビコによれば、黒人を苦しめる本質的な問題は、貧しい暮らしとか警察の弾圧といった物質的な抑圧ではない。肝心なのは精神的な抑圧である。抑圧者の手中にあるもっとも強力な武器は、被抑圧者の心である。黒人であるということは色素の問題ではなく、精神的態度である。自分は白人のお荷物だと考える者は、肌の色は黒くても黒人ではなく、単なる「非白人」である。逆に、不正に対して声を上げる者は、カラードであっても、インド人であっても、黒人である。制度変革の前に、ゲバラの表現を借りれば「新しい人間」をつくりださなければいけないというのが、ビコの黒人意識運動のメッセージでした。ビコは、アフリカ的な文化の再生、間主観的人間性としての「ウブントゥ」の再生を求めながら、ラディカルな「参加型開発」の実践を進めようとしました。

黒人意識運動の洗礼をくぐり抜けた人びとが、八〇年代にはアパルトヘイト体制に対して決定的な反乱を起こします。合い言葉は「南アフリカを統治不能にせよ」でした。南アフリカ版のインティファーダであったと考えてもよいでしょう。当時は南アフリカ全土に非常事態宣言が出され、警察や軍による投獄、拷問、威嚇、殺戮が日常茶飯事でした。小学生までが装甲車に投石し、逮捕され、投獄される。しかし、押さえつけても押さえつけても、民衆は街頭に出るし、生徒も教師も教室から出る。労働組合は波状のストライキを呼びかけて、南アフリカ経済は麻痺状態に陥る。集会では非合法化されていたアフリカ民族会議（ANC）の旗が振られる。そういう時代になりました。

しかし、この英雄的な闘争にはネガティブな暗部もあった。軍や警察に包囲されたバリケードの内側では、当局のスパイ、裏切り者だと考えられた人びと、あるいは黒人居住区の資産家と言われる人びとが投石され、焼き殺されるという事態が続きました。さらに学校教育が完全に崩壊し、高校でも小・中学校でも授業が成立していませんでした。やがて釈放されたマンデラが「子どもたちは学校に帰れ」というメッセージを即座に出さなければならないほど、八〇年代には教育制度が崩壊していました。この時期にティーンだった若者たちの多くは、アパルトヘイトの撤廃後には慢性的な失業状態にあり、「失われた世代」と呼ばれることがあります。もちろん、彼らの責任ではないのですが。

四　ポスト・アパルトヘイト時代の南アフリカ

さて、一九九〇年代です。白人政府はアパルトヘイトの撤廃を宣言して、二七年間獄中で暮らしていたマンデラを釈放しました。要因としては、アパルトヘイトに対する実業界の姿勢の変化が大きかったと言われています。八六年にはアメリカ合州国で、レーガン大統領の拒否権を覆して包括的反アパルトヘイト法が制定され、アメリカ企業が投資を引き上げ始めました。南ア国内では人口の九割近くが黒人ですから、その購買力が頭打ちの状態では国内市場が広がらないという、南ア資本の冷徹な計算もありました。

とにかくマンデラが釈放され、ANCや共産党が合法化されることでアパルトヘイトが終わるのですが、では、アパルトヘイトにとってかわる体制はどうなるかというと、何も決まっていない。新体制をめぐる交渉は政治的には大動乱でした。政権党の国民党も、ANCも、共産主義者も、ホームランドの指導者も、新体制の異なる青写真を描いて、お互いに争ったわけです。九〇年代前半の五年間で一万六〇〇〇人が政治暴力、政党間の抗争、そして警察の弾圧で命を失ったとされています。年平均ではアパルトヘイトの時代よりも多い数字です。それでも九四年には何とか新体制に移行できた。

当時の動きを観察していた私は、内戦の恐怖が大きな役割を果たしたという印象を受けました。ちょうど同じ頃、ユーゴスラビアが崩壊します。南アフリカではこのプロセスが切迫感をもって報じられ、次は南アフリカの番ではないか、黒人どうしが殺しあい、白人住民も最後のひとりまで殺されるのではないか、そういう最悪のシナリオが現実味を帯びて語られていました。内戦状態を回避する取り決めとして九三年に暫定憲法が成立し、九四年に一人一票の投票が実施され、ついにポスト・アパルトヘイト体制が成立します。全国民の投票をふまえて、暫定憲法の規定にもとづき、ANC、国民党をはじめとする主要政党が大連立を組むことになりました。

イスラエル・パレスチナの将来を考えるうえで強調しておきたいことがあります。それは、南アフリカの新体制は明快な「一国家解決」だったということです。制度上、人種の分類は完全に消えて、一人一票の対等な権利をもつ市民が集まる統一国家が成立しました。ホームランドの領土を拡大して、そこに都市のタウンシップを政治的に統合して、白人の政治空間と対抗するようなアフリカ人の統治体をつくりだすという方向も、理屈上はありえたわけです。しかし、この方向は意識的に排除されました。ホームランドは解体され、タウンシップも制度上はなくなった。壁を取り払って、単一の南アフリカ人をつくりだすことになりました。ただし、差別の負の遺産が残っている間は、アファーマティブ・アクションが必要です。人種の分類は、誰を支援すべきかをはっきりさせるためだけに便宜的に残しましょう、というわけです。

ついに、夢が実現しました。もっとも、最近の南アフリカを見ていると、この国を長年追いかけている私などは辛口の評価をしてしまいます。現在の南アは当初の期待とはかなり違った方向に進んでいるという印象を受けるのです。南アの人びとを含むたくさんの人びとが、私自身もそうですが、ポスト・アパルトヘイト時代の民主国家は再分配国家になると想定していました。つまり社会主義と市場経済の混合が追求され、ダイナミックな成長はしないものの、ゆっくりと貧富の格差が縮まっていく、そういう国になるのではないかと思っていたのですね。

ところが、アパルトヘイトの撤廃から一五年かけて、貧富の格差がものすごい勢いで開きました。

現在の南アフリカのジニ係数（所得配分の不平等さを測る指標。〇～一で、〇に近いほど格差が少なく、一に近いほど格差が大きい）はおよそ〇・七で、ブラジルなどと並んで、世界でもっとも住民の不平等が大きい国のひとつになっています。アフリカ人のおよそ四〇パーセントは失業状態です。その一方で、「ブラック・ダイヤモンド」と呼ばれる一部の黒人富裕層が存在感を強めている。こういう事態になるとは想像もしていませんでした。

そして、治安が急速に悪化している。その背景には貧困があり、組織犯罪があります。南アフリカが世界の一部としてオープンになると、ロシアや中国、アフリカ諸国からマフィアが入ってきました。これらが国際的なネットワークを作っている。制度的な隔離はなくなりましたが、豊かな家庭は人種を問わず、犯罪者から私有財産を守るために、有刺鉄線とガードマンで守られた要塞のような住宅で暮らし始めました。民間のセキュリティ会社が急成長しているのが今日の南アフリカです。

こうしたなかで重要なのが、外国人労働者問題です。一九九四年以降、ジンバブエやモザンビーク、コンゴやナイジェリアといった他のアフリカ諸国の出身者たちが、大量に南アフリカに入ってきている。しかも非合法移民として。南アの人口五〇〇〇万人弱に対して、外国人の人口は四〇〇万人を超えており、南アで暮らす人の一割近くがアフリカ諸国からの非合法移民だと言われています。正式な滞在資格をもたない人びとは、労働条件に文句を言わず、低賃金で働く。しかも隣のジンバブエの出身者などは教育レベルも高くて英語力がある。学校の先生だったような人びとが難民として入ってくるわけで、仕事も割とすぐに見つけられるわけです。

その一方で、地元のアフリカ人の失業率は非常に高い。八〇年代の争乱があって、青壮年のアフリカ人は全般的に十分な教育を受けていないのですが、南アフリカ人の賃金水準は相対的に高い。そこで、南アの経営者は必ずしも自国民を雇用したがらないということがあります。こうしてアフリカ人下層の棄民化が進んでいる。そして彼らは、不満のはけ口を外国籍のアフリカ人に向ける。二〇〇八年五月にはゼノフォビア（外国人嫌い）が爆発して、南アフリカの全国で外国人のスラムへの襲撃や焼き討ちが広がりました。

制度的な人種隔離は消えました。人種の垣根を越えたエリートも育ってきているようです。しかし、階級はどうなのか。あるいは地域的な次元で、南アフリカは平和の使者になっているのかどうか。私は、南アフリカでは次の段階の闘いが始まったところなのではないかと思います。そういう意味では問題は終わっていない。ポルトガル植民地のアンゴラやモザンビークでは、A Luta Continua（闘いは続く）というスローガンが語られていました。解放の一段階が終わったら、次に続く。それが現在の南アフリカの状況だと思っています。

五　南アフリカとイスラエル

ここまで、南アフリカの話をしてきました。アナロジーとして、現在のパレスチナの状況とどこが同じで、どこが違うかについては、皆さんにお考えいただきたいし、私も考えていきたいと思います。ここで視点を変えて、南アフリカのユダヤ人、そして南アフリカとイスラエルのねじれた関係性の問題を、正面から議論していくことにしましょう。二つの空間の直接的な接点にかかわる話です。

南アフリカでユダヤ人のコミュニティが成立したのは、ダイヤモンドと金が発見された一九世紀後半です。それから移住者が増えて、二〇世紀初頭に東ヨーロッパから移り住んできた人びとがコアを形成するようになりました。南アフリカの白人はけっして一枚岩ではなく、およそ六割がオランダ系の「アフリカーナー」、そしておよそ四割がイギリス系の移民です。ユダヤ系の人びとは、後者のイギリス系の移民のなかに分類されます。一九四六年の時点でおよそ一〇万人で、この数は現在でもあまり変わっていません。

南アフリカのユダヤ人移民の大部分は、「リトバク」と呼ばれるリトアニア、ラトビア出身の人びとと、その二世、三世、四世の人たちです。歴史的な特徴として、移民たちのあいだではシオニズム運動が非常に強力でした。第二次世界大戦前の南アフリカでは、若くしてシオニズム運動に活発に身を投じたあと、共産主義者に転向したユダヤ人が多かったようです。南アフリカのシオニズム運動というと、アフリカーナーの軍人であり、政治家であり、哲学者だった、ヤン・スマッツ将軍を忘れることはできません。スマッツは南アフリカの首相であり、さらには国連憲章の前文を起草した人物としても世界に知られていますが、彼はシオニズム運動に非常に好意的でした。その一方、リトアニアとラトビアから、シオニズムではなく社会主義運動を直接持ち込んだユダヤ人移民もいました。南アフリカ共産党は一九二一年に結成されており、日本共産党よりも一年古い。アフリカ大陸では最長の歴史をもつ「由緒正しい共産党」です。

南アフリカのユダヤ人たちは、南アフリカの人種分類ではもちろん白人の一部だったのですが、もともとは他の白人たちから蔑まれる存在でした。そこには三種類のステレオタイプがありました。ひとつはポーランドやロシアから来た汚い労働者という意味で、「ペルービアン」というもの。意味は

「ペルー人」なのですが、いい加減なもので、この言葉の響きが東欧っぽいということだったのでしょう。ふたつ目のカテゴリーは、鉤鼻の、腹黒い、大金持ちのユダヤ人というステレオタイプです。語源はよくわかっていないのですが、南アフリカでは「ホッヘンハイマー」と呼ばれていました。三番目が「ボリシェビキ」です。危険な共産主義者ですね。これら三つのカテゴリーのすべてが嘲笑の対象であり、南アフリカのファシストからすると抹殺の対象でした。イーディッシュ語はヨーロッパ言語ではないということで、二〇世紀初頭には、インド人とユダヤ人をまとめて移民制限の対象にしようという動きもありました。

この流れが強まったのが一九三〇年代です。南アフリカ政府はドイツからのユダヤ人難民を制限し始めました。そしてアフリカーナーのなかから、ナチズムに共感する大衆運動が沸きおこっていく。第二次世界大戦に南アフリカがイギリス側で参戦したことを徹底的に批判する白人至上主義の団体が次々に結成されていったわけです。一九三三年にはファシストの黒シャツ隊を真似た「灰シャツ隊」が登場し、三八年には「牛車の監視団」というアフリカーナー民族主義団体が結成されました。彼らは三〇万人の勢力を誇り、ユダヤ人の追放を訴え、ナチスとよく似た旗を掲げ、突撃隊とよく似た制服を身にまとって、全土に支部を広げていきました。一九四八年にできたアパルトヘイト体制は、まさにこの政治運動の延長線上に成立したものです。アフリカーナーの親ナチ勢力が大衆動員のコアとなって作った政権が、一九四八年の国民党政権だったわけです。

ユダヤ人コミュニティは、これにどう反応したでしょうか。ユダヤ人たちは、アパルトヘイト体制のもとで、アフリカ人に続いてカラードが参政権を奪われ、インド人も強制移住させられていく様子を目撃することになります。次のステップとして「不純な白人」である自分たちがターゲットになるという懸念があり、それには歴史的な根拠がありました。

結局のところ、南アフリカのユダヤ人の多くは、不純ではなく純粋な南アフリカ白人として生きる道を選んだわけですが、その一部は、少し後で触れますが、黒人に合流する道を選ぶことになります。ユダヤ人の懸念は、ある意味では杞憂でした。アパルトヘイト体制を築いたアフリカーナーの政治家のなかには、スマッツ将軍の流れをくむ、非常に強いイスラエルびいきの潮流が存在したからです。ダニエル・マラン首相は早くも一九五三年にイスラエルを訪問しています。私人の立場でしたが、現職の国家元首がイスラエルを訪問したのは、たしかこれが初めてではなかったかと思います。その背景には、シオニズムに対するアフリカーナー右翼の思想的な共鳴がありました。アフリカーナーは神に選ばれた民であり、南アフリカは神がわれわれに与えた「約束の地」カナンである。神がユダヤ人にイスラエルを与えたように、神は白いキリスト教徒のアフリカ人であるわれわれに、南アフリカを与えたのだ。原理主義的なカルヴィニズムと旧約聖書の選民思想が結びついたわけです。

ところが、南アフリカの国民党政府のイスラエルに対する思い入れは、片思いでした。イスラエルは最初のうち、南アフリカにまったく好意的ではなかったのです。なぜか。ひとつには、アパルトヘイトがナチズムの延長線上に成立したという事実があります。イスラエルの政界には、南ア政府が人種主義のレトリックを公然と行使してアパルトヘイトを正当化していることに対する、生理的な嫌悪感があったと思います。一九五九年から六七年までイスラエルの国連大使を務めていたマイケル・コーヘンという人物は、実は南アフリカからイスラエルに移った移住者で、第二次世界大戦前夜の南アの反ユダヤ主義を自ら目撃していた人でした。

もうひとつ、イスラエルには外交的な戦略と打算がありました。イスラエルはアラブ諸国を敵に回しましたが、地政学的な観点から、その背後のアフリカ諸国は味方に引きつけておく必要があった。一九六〇年に南アフリカでシャープビルの虐殺事件（警察によるアフリカ人のデモ隊への無差別発砲事件）が起きると、国連安保理が南ア非難の決議を採択します。そして一九六一年以降、イスラエルは国連の対南ア非難決議に一貫して賛同することになります。アフリカ諸国を外交的に味方に引き入れる戦略は一貫しており、イギリスやアメリカが反対した場合であっても、イスラエルはアフリカ諸国とともにアパルトヘイト体制を国連の場で非難し続けました。

それに対して、当時の南アのフェルヴールト首相は、「イスラエルの態度は偽善だ」と主張しました。イスラエルがパレスチナ人に対してやっていることは、俺たちと一緒ではないか。われわれの分離発展政策、つまりアパルトヘイトと同じことをやっていて、われわれを非難するのはけしからん。ある意味でたいへん正直ですが、これが南アフリカの白人政府の考え方でした。そして南アフリカ政府は、南アフリカ在住のユダヤ人によるイスラエルへの送金を停止する措置をとりました。

ところが一九六七年の第三次中東戦争を転機に、流れが変わります。南アフリカの白人はアフリカ大陸の南端で共産主義者と、つまりソ連の脅威と命がけで闘っている。そしてイスラエルはアフリカ大陸の北端で、親ソ国家のエジプトを粉砕した。南アフリカの白人政府にとって、これは「胸のすく戦争」であり、政治家もマスコミもイスラエルに拍手喝采を送りました。ただし、イスラエルの対アフリカ外交はしばらくは変わりませんでした。イスラエルは一九七一年に、アフリカ統一機構（ＯＡ

U）の解放委員会、つまり南アフリカのANCなどの武装闘争を支援する委員会ですが、ここに援助を与えたりもします。

しかし一九七〇年代の前半になると、イスラエルの対アフリカ外交は完全に破産します。これまでイスラエルを承認していた国ぐにが、次々と外交関係を断絶していく。マラウィなど南アフリカと親しいごく一部の国以外は、雪崩を打ってイスラエルとの関係を断つ時代になっていきました。もはやブラック・アフリカを利用することはできない。こうしてイスラエルは、ようやく南アフリカの懐に飛び込むことになります。七六年にフォルスター首相が公式にイスラエルを訪問し、経済協力が進み、軍事協力が進む。とりわけ両国が共同で核兵器開発に乗り出したことは、よく知られています。イスラエルは南アフリカのウランを入手しようとした。南アフリカはイスラエルの技術を手に入れようとした。南アフリカ政府はプレトリア高原のペリンダバという場所で、六発の核ミサイルを製造しました。そして七九年には、インド洋の沖でイスラエル関係者とともに核実験を行なっています。秘密にしていたのですが、アメリカが察知して大騒ぎになりました。ただし、協力の細部にかかわる真相は現在でも明らかになっていません。

南アフリカとイスラエルが開発した核兵器は、敵国に対する抑止力の核兵器などというものではなく、まさに民衆に対する究極の暴力としての核兵器であり、人間に対する使用を最初から生々しく想定した核兵器でした。アパルトヘイトが撤廃される直前に、南アフリカの六発の核兵器は廃棄処分されました。黒人政権の手に渡ることを恐れて、白人政権が処分したわけです。

六　南アフリカのユダヤ人共産主義者たち

それでは、今日のお話の最後に、南アフリカの解放運動において独特の存在感を放っていたユダヤ人の共産主義者について、少し触れておきたいと思います。これらの共産主義者たちは、ほぼ例外なく東ヨーロッパ出身の労働者階級移民のバックグラウンドを共有していました。もともと職人、小売商人、工場労働者として働いて人たちが多かったようです。その子どもが白人向けの学校に行くと、同級生たちから貧乏人と蔑まれ、おかしな格好をしていると差別される。それでも多くの者が必死に勉強して、イギリス流の高等教育を受けて、法律家などの専門職に就いていきます。そういうユダヤ人の青年たちのなかから、共産党に合流し、地下活動を開始する人たちが出てきました。

黒人とともに闘った共産主義者は、白人のごく一部でした。ユダヤ人のなかでも一握りの存在です。一九九四年の歴史的な総選挙の際に、南アフリカのユダヤ人のなかでANCに投票したのは一〇パーセント程度だったと言われています。ただし、ユダヤ人以外の白人は、ほぼ百パーセントANCには投票していません。そういう意味で一割というのは、大きいといえば大きい。南アフリカの平均的なユダヤ人に、アパルトヘイトの廃絶のために偉大な役割を演じたユダヤ人共産主義者がたくさんいましたねと言うと、あまりいい顔はされません。しかし、目立った白人共産主義者の群像を見ると、その大多数がユダヤ系だったという事実は揺るぎません。ほとんどがリトアニア、ラトビアからの移民の血筋を引く人びとです。

少し紹介しましょう。リトアニア生まれのジョー・スローヴォは、南アフリカ共産党の書記長をずっと務めていた人物です。アパルトヘイト時代は南ア政府の「エネミー・ナンバーワン」と呼ばれていましたが、移行期には共産党の戦略的妥協を決断し、新政権では住宅大臣を務めました。一九九五年に癌で亡くなると、アフリカ人タウンシップのソウェトで大群衆の葬儀が営まれました。彼の妻のルス・ファーストはアフリカ研究者で、フェミニズム研究者としても知られています。彼女はモザンビークに亡命中、大学の研究室に送りつけられた小包爆弾で爆殺されました。彼女と娘の関係を描いた『ワールド・アパート』という映画は日本でも上映されました。また、アルビー・サックスという、弁護士かつ作家だった活動家がいます。彼もモザンビークで爆弾攻撃を受けて片手と片耳を失ったのですが、今は憲法裁判所の判事として法曹界の頂点に立っています。

それから、さきほど紹介した超搾取の理論を提示したハロルド・ウォルペ。この人は弁護士で、脱獄囚で、やがてエセックス大学の教授となった人物です。また、労働運動から共産党の長老幹部になったレイ・アレクサンダーは、時代の生き証人でした。一九一三年生まれのアレクサンダーは、もともと熱心なシオニストだったそうです。彼女が一九九四年にソウェトで演説したとき、私も会場にいたのですが、すでに八〇才の彼女がこぶしを突き上げると黒人の群衆の拍手が鳴りやまないという、カリスマ的な活動家でした。

そして、ロニー・カスリルス。亡命活動家を経てANC政権の閣僚となった彼は、イスラエルをどう見ていたのか。彼が二〇〇四年に出した自伝の一節を引用しておきましょう。

……解放闘争に参加してからというもの、私は、単一民族的で排他的なユダヤ人国家という観念はアパルトヘイトと同種のものであり、パレスチナ人民に対する不正であると考えてきた。ユダヤ人に特別な権利を提供することは、非ユダヤ人に劣等な地位を与えることになり、そこにはアパルトヘイトの人種分類の臭いがある。イスラエルは、何世紀もそこに住んでいた人びとから強制的に土地を奪うことで成立した入植者国家である……　土地を奪われたパレスチナ人が懸命に抵抗したのは、まったく当然のことだった……　これは南アフリカの自由を求める闘争が示したものと同じであった。その結果、「諸民族への光」を発することを希望した国家が、もっとも残虐な植民地的圧政へと堕落していく姿を世界が目撃することになったのである……　議論を進めていくうちに私は、ユダヤ人コミュニティの一部から、アパルトヘイト時代に南アフリカの白人から受けたよりもいっそう大きな誹謗中傷を受けるようになった。私が主張したのは、ユダヤ人がすなわちシオニストであったり、親イスラエルであったりするとは限らないということである。イスラエルを批判する者が反ユダヤ主義的だとは限らない。ホロコーストの遺産のために、世界のあまりにも多くの人びとが、イスラエルの犯罪行為を前にして恐るべき沈黙を守っている。イスラエルが世界中のユダヤ人を代表していると主張している以上、私は同じ考えをもつ世界のユダヤ人たちとともに、イスラエルにはわれわれの名においてパレスチナ人民を弾圧する権利はない、という宣言に参加した……

このように、カスリルスの立場は明快なものです。彼は南アフリカのユダヤ人コミュニティから激しく批判され、大きな論争が起きました。カスリルスは筋金入りのボリシェビキなのですが、バートランド・ラッセルの研究者でもあります。

ここまであげてきたユダヤ人活動家とは違うタイプの人物に、ヘレン・スズマンがいます。彼女はリトアニア系ですが、「合法的アパルトヘイト反対派」のシンボル的な存在でした。進歩連邦党（現在は民主党）という政党を率いて、白人議会内で反アパルトヘイト運動を展開していた象徴的な人物です。一九一七年に生まれて、二〇〇九年に亡くなりました。

彼女のあとを率いたのが、トニー・レオンという一九五六年生まれの人物なのですが、彼が提示した路線は、ここまで紹介してきた左翼活動家とはまったく方向が違います。弁護士出身のユダヤ人政治家という経歴は多くの白人左翼と変わりませんが、ANC政権の成立後、彼は民主党の党首として、反ANCの急先鋒の論陣を張りました。南アフリカの白人全員がアパルトヘイトを支持していたわけではない。アパルトヘイト政策を正面から批判していた民主党には、新体制をも正面から批判する権利があり、義務があるということで、ムベキ大統領をはじめとするANCの政治家の腐敗を舌鋒鋭く批判しました。ANCを声高に批判したユダヤ人政治家は、おそらく彼が初めてでしょう。ユダヤ人は政治の世界で目立たないようにすべきだと考える南アのユダヤ人たちは、共産党員と同じくらい目立ってしまうレオンの振る舞いを、必ずしも歓迎していなかったようです。彼の妻はイスラエル人です。

最後にナディン・ゴーディマ[*20]を挙げておきます。一九九一年にノーベル文学賞を受賞したゴーディマです。父親はリトアニア出身で、彼女は作家活動に没頭するかたわら、ANCの党員でもありました。現在のゴーディマの立場は非常に微妙です。二〇〇八年の五月に文学者の国際会議があってイスラエルを訪問しました。建国から六〇年の今、どうして行くのだということで南アフリカの左翼からかなり批判されました。一方で、今回のガザ侵攻を批判する声明にも名を連ねています。批判しながら行くというゴーディマの姿勢を、おそらく村上春樹[*21]も参考にしただろうと思います。

七　現代の南アの状況に何を見るのか

以上の話をふまえて、締めくくります。

私たちは南アフリカのアパルトヘイトの歴史から、どのような教訓を学べるでしょうか。一九九四年を転機としてアパルトヘイトの枠組みを完全に解体したことで、南アフリカの歴史は質的に新しい局面を迎えました。アパルトヘイト時代に戻るべきだと本気で思っている人はいません。過去にノスタルジーを感じる白人住民でさえ、それが可能だとは考えていない。奴隷解放と同じで、これは不可逆的な変化でした。南アフリカの教訓をそのままパレスチナに当てはめることはできないでしょうが、集団ごとに土地を分割する体制を完全に否認することで南アが次の一歩を踏み出したという歴史的事実には、十分な重みがあると考えます。アパルトヘイトの復活を望まない限り、歴史的記憶や文化、宗教にもとづく集団を形成し、南アフリカという土俵の上で個別的に集団の権利を主張するのはまったく構わない、むしろ大歓迎だというのが、現在の南アフリカのルールです。

しかし、現在の南アフリカには大きな問題があります。それは下層の棄民化であり、そこから暴力的なゼノフォビア（外国人嫌悪）も生まれています。背景を解放運動の弱さに求めることも可能だと思います。ＡＮＣと共産党は、白人経済の心臓部に食い込む都市の市民運動と労働運動に一定浸透していましたが、周辺化された貧民を組織することはできていませんでした。他方、黒人意識運動は、白人支配という厳しい現実に対するアンチテーゼとして黒人の団結を説きました。しかし、黒人意識のキーワードは階級ではなく人種でしたから、制度的な人種差別が撤廃されたあとで黒人が階層分解していく現在の状況には、直接は語るべき言葉をもっていません。現在の黒人エリートたちは、まさに「成金」です。個人として底辺を裏切ることに強烈な罪悪感を感じている人は多いけれど、与党ANCはむしろ黒人エリートの成長を促しています。

南アフリカの差別の歴史は長かったけれども、変化は早かった。解放運動が対応できなかったのは当然かもしれませんし、少なくとも一九九四年までは、それぞれの状況のもとでベストに近い路線を出してきたと言えるかもしれません。しかし私たちは、少し離れたところに立って、南アフリカの移行期の経験から批判的な教訓を引き出すことができるでしょうし、それが南アフリカの変革のために命を賭けた人びとに敬意を表することになるとも思います。

ここで、連帯のあり方にかかわる問題提起をさせていただきます。人間の政治の歴史につねに付随する問題だと思うのですが、自分の立ち位置が被害者から加害者へと入れ替わってしまう時に、私たちは政治的な首尾一貫性を、自分なりのやり方で貫き通せるのか、という問題です。アパルトヘイトがナチズムの延長線上に成立したことは明らかです。そして、アパルトヘイト体制を目撃した南アフリカのユダヤ人にとって、ホロコーストは記憶というよりも同時代の脅威であって、一人ひとりの実存に根差した憤りの源泉であったと思います。

したがって、南アフリカの一部のユダヤ人は、強烈な使命感に導かれてアパルトヘイトに抵抗しました。彼ら、彼女らが直面していたのは、ユダヤ人である自分がナチズムの後継者としてのアパルトヘイト体制に加担することで、他の被抑圧民族に対するジェノサイドに加担する、それで本当にいいのかという問いだったのだろうと思います。イスラエル国家はホロコーストへの回答だとされるけれども、南アフリカの一部のユダヤ人の実践は、そうではない回答が、イスラエルとは別のところに確かに存在していたことを示しているのではないでしょうか。それはいくつかのユダヤ人共産主義者の自伝を読んでいて、痛切に感じるところです。

反アパルトヘイトの時代、私も所属していた日本の反アパルトヘイト運動は、南アフリカの黒人大衆との連帯を志向しました。しかし、私たちは、高見に立って黒人の「ため」に活動する倫理性を疑っていました。むしろ足もとで闘おう。日本のなかにアパルトヘイトに加担する勢力がいるとしたら、まずそれを止めさせるのがわれわれの責任ではないか。そこからボイコット運動に取り組んだり、日本政府に経済制裁の強化を要求したりしていたわけです。これは正論だったと思いますが、だからといって、壁を越えて一緒に闘うという選択肢が原理的に排除されるわけではない。南アフリカのユダヤ人共産主義者は、それをやってしまったわけです。境界線を越えて、二つの世界を結んで、解放の戦略を練り上げていきました。

彼ら、彼女たちは、南アフリカの歴史を変えたと思います。ただしそれは、特定の状況に直面した、特定の世代のユダヤ人でした。現在の南アフリカでは、これだけ階層が分かれてくると、「アパルトヘイトの犠牲者としての黒人」というくくり方をするのは容易ではなくなっています。「南アフリカ解放運動の英雄としてのユダヤ人」というくくり方をするのも、まったく適切ではありません。現在の南アフリカのユダヤ人は、良かれ悪しかれ他の白人たちと同じ人びとだからです。では、同時代の南アフリカで、越境者としての役割を果たすべき人びとは、いったいどこにいるのだろうか。境界線を越える。見えにくくなった壁を越えていく。それは肌の色が黒い人たちなのか、白い人たちなのか、あるいは両方なのか。私は動きがあると思います。ただ、注意深く見ているけれども、まだ十分に見えてこないというのが今の南アフリカです。

歴史から学び、ほかの場所の経験から学ぶというのは、カウンター・ファクチュアル・パス（事実に反する道）を考えることでもあると思うわけです。歴史に「もしも」はありえないというのは、大嘘だと思います。パレスチナも、南アフリカも、今とは違う姿がありえたし、これからも、ありうるのではないか。このような思考ないし思考実験が現実を変える糧にもなるだろうし、私たちの共通の未来への希望になるのではないか。そこから、南アフリカの人びとの未来と、パレスチナの人びとの未来と、われわれの未来をつないでいく営みが生まれてこないだろうか、というふうに思っています。

歴史的類比と政治的類比のあいだ

鵜飼　哲

一　アナロジーの重要性

私は南アフリカの専門家でもありませんしパレスチナの専門家でもありません。学生時代にニカラグアやエルサルバドルの解放運動の支援に参加したあと、いろいろな経緯を経てパレスチナにあるかかわりを持つことになりました。一方南アフリカには一貫して関心を持っています。パレスチナの行方とアパルトヘイトの時代から脱してきた南アフリカ、この両地域の歴史的過程をつねに並行して考えてきました。

峯さんは「南アフリカという鏡」という表現を使われました。ひじょうに卓抜な表現だと思います。というのも、「南アフリカという鏡」に映るのはイスラエル／パレスチナばかりではなく、ひじょうにたくさんのものがこの「鏡」には映ってくるからです。たとえば、われわれの意識のなかで対極にあるように考えられる二人の人物、マハトマ・ガンジーと石原慎太郎、彼らの顔もまた、ある意味で「南アフリカという鏡」に映るのです。

イーディッシュ語を話すユダヤ人が大量に南アフリカに移民してきて、不況のためもあってユダヤ人に対する排斥が高まった一九〇二年から三年頃、ここでユダヤ人だけでなく、インド人とユダヤ人に対する移民制限がなされる。ちょうどその時ガンジーは南アフリカにいて、ここで非暴力・実力闘争の方法論を編みだしたのでした。しかしその一方で、彼の闘いがインド人というコミュニティに限定した要求として行なわれたために、かえって人種隔離に荷担したのではないかということもまた言われています。ガンジーという人物について世界中で定着しているイメージに、この南アにおけるガンジーという要素を組み込まなくてはなりません。

他方、石原慎太郎は、南アフリカでアパルトヘイトが解体される前、アメリカではレーガンが大統領の時代、そして日本人が「名誉白人」であったまさにその時代に、日本・南アフリカ友好議員連盟の会長を務めていました。ちょうどその頃峯さんたちが熱心に活動されていて、大阪と東京に反アパルトヘイト闘争を支援する組織がありました。

石原は南アの白人に有色人種の優秀さを証明するのが日本人の使命であるという理由から、「名誉白人」という立場を正当化していたのです。支援委員会のほうで彼と会見して、その記録もその時期の運動機関誌に残っているはずです（「アフリカ行動委員会ニュース」、二五号、一九八五年）。彼はのちに東京都知事になり、今もその職にとどまっています。かつてアパルトヘイトを公然と擁護していた札付きの人種差別主義者が東京都知事である。このことをわれわれはひとときも忘れてはならないし、現に彼の政策によって歌舞伎町はその姿を大きく変え、外国人が住み、働くことがいっそう困難になった。一九八〇年代の彼のアパルトヘイト擁護と二〇〇〇年代の都知事としての「三国人」発言[*22]や外国人抑圧政策は明白に繋がっているわけで、「南アフリカという鏡」に映すことで、その繋がりがはっきり見えてきます。

もうひとつ、峯さんが使われたアナロジーという言葉も重要なキーワードだと思います。アナロジーというと何かしら小難しい知的操作のように響きますが、これなしには政治的な活動の現場でどんな言説も成り立ちません。〈あれ〉と〈これ〉が同じ、あるいは似ているという直感、そのことがスローガンとして打ち出されることによって、新たな認識が得られることもあれば認識が歪められることもある。とりわけイスラエル、パレスチナ、それから南アフリカというファクターを踏まえてこの世界のありようを考えようとする時、アナロジーを慎重に用いる作業はとても重要であると思います。

南アフリカの歴史的経験をパレスチナの行方を考えるうえでどう生かすべきか、その枠組みを提示することが私に課せられた役割だと思います。まず私自身が南アフリカとどのように関わってきたかをお話ししつつ、徐々にそちらのほうに議論を進めていきたいと思います。最終的には、「歴史的類比」と「政治的類比」を区別して、そこからどのような問題が今、運動の課題として、あるいは思想の課題としてわれわれの目の前にあるのか、明らかにできればと考えています。

二　個人史のなかの南アフリカ

私にとって南アフリカの最初のイメージは、出張した父が家族に送ってきた絵葉書です。だいたい一九六五年頃のことだと思います。私の父は普通の会社員でしたが、その彼が一九六〇年代半ばに南アフリカに仕事で出かけるような経済関係が、日本と南アの間にすでにできあがっていたのです。これは大変重要なことだと思います。この関係はおそらく数年のうちに、急速に形成されたはずです。

それは金のボタ山の絵葉書でした。「ボタ山」という言葉にも、この時はじめて出合いました。最初にあらわれた南アフリカは、金やダイヤモンド、そしてウランがある、豊富な鉱物資源の国でした。それにしても、アパルトヘイト下で黒人たちが苛酷な労働を強いられていた金鉱が観光絵葉書になっていたことを考えると、異様な感慨に襲われます。

黒人問題が視野に入ってきたのはしばらく後でした。アメリカの公民権運動です。この運動が新聞などで頻繁に報じられるようになり、小学校でも、当時のオーストラリアの「白豪主義」[*23]なども教えられる。言い換えれば、この時代、南アフリカはたった一国で孤立していたわけではなく、白人優位の国や地域がこの世界にはあるのだという、ひとつの共通の枠組みのなかで、私の世代の小学生の前にあらわれてきていました。このことは忘れてはならないことだと思います。アメリカで黒人の大統領が誕生したということの意味を、幻想なしにどう考えるべきかという課題とも関わってくると思います。

そして、学生になり、シャープビルの虐殺という事実を知る。一九六〇年のこの段階では、イスラエルは南アを批判する立場に立っていました。ところが、この時南アに公然と荷担していったのが実は日本なのですね。この虐殺について南アを非難せず、むしろ他国が距離を置いたこの時期に、この状況を奇貨として白人共和国に接近していったのがほかならぬ日本でした。いわゆる日本の再帝国主義化の一段階にこの南アへの接近という政策が取られ、その対価として日本人は「名誉白人」という称号をもらう。要するに、石原慎太郎が出てくる。こういう流れだったのです。シャープビルの虐殺があり、そのことに目をつむって日本が南アに接近する、そのなかで私の父の出張があり、私の小学生時代のエピソードが生まれた。このような時代背景を知ったのは大学四年の時です。一九七六年、この年にソウェト蜂起がありました。スティーヴ・ビコたちの黒人意識運動に続いて起こった少年主体のこの大規模な大衆叛乱は、ある意味で、インティファーダ以前のインティファーダでもあったわけですね。

この時期に私が得た、南アの新たなイメージについて、ふたつだけお話ししたいと思います。『硬派と宿命——はぐれ狼たちの伝説』(世界群評社、一九七五年)という本があります。豊浦志朗という人のルポルタージュです。この人はおそらく、多くの人にとって、『ゴルゴ13』の原作者としてのほうが、知名度が高いと思います。そして、のちに船戸与一という名前で、人気の高い小説家になります。この人が若い頃に、世界のさまざまな地域を旅して書いたのが、『叛アメリカ史』(ちくま文庫、一九八九年)というアメリカのルポルタージュと、この『硬派と宿命』です。そこに南アの章があります。南アでは、先ほど峯さんからご説明のあった超搾取システムのなかで、ビルの建設労働者である黒人が、まったく安全装置のないまま空腹のあまり墜落死する。このような労働災害が日常の出来事で、なんら事故でも災害でもない。これがあたりまえの世界、それが要するに、アパルトヘイト時代の南アフリカだったのです。

もうひとつ、ソウェト蜂起の前の作品だったのか後の作品だったのか今はわからないのですが、『デンバサ最後の墓』*24という映画の上映会を、われわれのいた京都大学で行ないました。デンバサというところにある共同墓地には、栄養不良で来月死ぬであろう子どもたちの墓が、先に作られている。生まれてくる前に墓が作られている子どもたちがいる。それがこの時期、本当に忘れがたく刻み込まれた、南アフリカの二番目のイメージです。

当時私自身はラテン・アメリカの支援運動をおもに担当していたのですが、峯さんたちのグループとはいつも協力関係にあり、さまざまな催しに共同で取り組んでいました。

三　ふたつの共同体　共通する歴史意識

次に私がお話ししたいことは、イスラエルと南アのいわば中心にいるヨーロッパ人たち、この人たちをどう考えるべきか、ということです。ヨーロッパ・ユダヤ人とボーア人＝アフリカーナー、このふたつの共同体の共通点です。

両者はいずれもヨーロッパにおける宗教的迫害を経験したコミュニティです。ユダヤ人の場合は、それがある時期から民族的迫害へと性格が変化した。ここのところの捉え方が大変難しいわけですが、客観的には、宗教的迫害が近代において変化したかたちとみてとりあえず間違いないと思います。

他方、オランダ・改革派に属するオランダ人、さらにはフランス人のユグノー。つまりプロテスタントとして迫害を受けた人たちが南アフリカにやってきたわけです。後述しますが、要するに北アメリカに移住した清教徒たちと同じような時代に、ヨーロッパから同じように排外された宗教的なコミュニティなのです。

「グレート・トレック」は、このボーア人の共同体にとって大変重要な出来事であり、旧約聖書が語るヘブライ共同体とみずからを同一視して、いわば「荒野の四〇年」になぞらえられて記憶されている。これは、一八三四年から五二年ぐらいまで、イギリスが本格的に入植を開始した時期に、その圧迫を受けたボーア人が、アフリカ系の諸民族、さまざまなエスニック・グループと戦いながら、沿岸部、ケープ植民地から逃れてしだいに内陸のほうに再入植していった過程というふうに言えると思います。こうして南アフリカが、彼らにとって「約束の土地」になる。旧約聖書の古代ヘブライ共同体に自分たちをなぞらえることで、近代的なボーア人の歴史意識が形成されていくという過程です。

この点でボーア人に、ユダヤ人に対する共感が歴史の一定のモメントであったとしても、しかし、神に「選ばれた民」はひとつしかない。これはドイツの近代的な民族意識についても言えることです。「世界に冠たるドイツ」、ドイツ人が「選ばれた民」であるという選民思想をナチズムは称揚しましたが、それがもっとも強烈な反ユダヤ主義と裏腹の関係にあったことはご存知の通りです。

それからボーア戦争です。この戦争が日本で平均的に、どのように知られているのかよくわかりません。この戦争は、しかし、日本の近代史に大変な影響を与えたのです。これは二二年間という大変長期にわたる、ボーア人つまりアフリカーナーと、イギリス人の戦争でした。その発端は、この地に鉱物資源が大量に発見されたため、イギリスが南ア全体を直接植民地統治しようと考えたことです。イギリスが鉱物資源の独占を追求するなかで起きた。最初ボーア人は強い抵抗を示し、第一次ボーア戦争はある意味でボーア人の勝利のようなかたちになりましたが、最終的にはボーアの二つの共和国が大英帝国に吸収合併されて敗北します。

しかしイギリス人は大変苦戦し、捕虜のボーア人を収容する強制収容所というものを大規模に作り出しました。強制収容所という施設は、このボーア戦争の過程で、イギリスによって作られたのが世界最初であるという説が現在では有力です。言い換えれば、最初に強制収容所を経験したのはボーア人だったのです。この経験は、迫害の歴史として、この共同体のなかで記憶されることになります。

大英帝国はボーア戦争に大きな力を割かざるをえず、ユーラシア大陸におけるロシアとの勢力均衡が崩れていく。この世界政策上の危機の局面で、イギリスは日英同盟に傾斜していく。ボーア戦争が終結した一九〇二年、日英同盟が結ばれます。その二年後に、日露戦争が起きるのです。

日英同盟なしに日露戦争での日本の勝利はありえなかった。したがって、われわれは、ボーア戦争から日露戦争までを、大英帝国を媒介とした、ひとつの歴史的な連続性において理解する必要があります。これもまた、「南アフリカという鏡」に映るもののひとつです。

四　アパルトヘイトとシオニズム

次にアパルトヘイトとシオニズムという、この二つの植民地主義のケースの類似点と相違点を、三点ずつ挙げてみたいと思います。ひとつは、いずれも宗主国なき入植植民地主義であり、孤立主義から原住民搾取へ転化していった点が類似点として挙げられます。シオニズムは、少なくとも理想としては、ユダヤ人だけの国を作るということで、キブツ社会主義を構想したわけです。それが事態の推移のなかで、アラブ人の労働を搾取する構造に変わっていった。ボーア人の場合、最終的にはある意味で非常に「合理的」な黒人労働力の搾取のシステムとしてアパルトヘイトが完成したわけですが、もともとどのような植民構想があったのか、アパルトヘイトがこの共同体の最初のイメージとどういう関係にあるのかについては私は不勉強です。いずれにしても、孤立主義から原住民搾取へ、何らかのかたちで変化していったのではないかと思います。

二番目は、先ほど確認したように、共通の民族神話を持っていることで、この神話を参照しつつ被害民族としてのナラティブを発展させてきたことです。イギリスやフランスのような大植民地帝国ではこのようなナラティブは発達しにくい。この神話の裏にあるのは、アフリカ人に、アラブ人に完全に包囲されているという被包囲恐怖です。この恐怖が人種差別意識を強化していくという構造ですね。

さらに、土地に対する独占的権利の神学的正当化ということもあります。しかし、とりわけこの部分に関しては、先ほども触れましたように、六〇年代の世界的な現実のなかでは、アメリカも南アとそれほど大きな違いがあるようには見えなかったのです。バスの同じ座席に座れない、あるいは同じプールが使えないという、南アであればプチ・アパルトヘイトと呼ばれた差別的制度に対する闘いから公民権運動は始まったのですから。

他方で、パレスチナ人の歴史家には、アメリカの植民地化のプロセス、原住民の殲滅、服属化、そして指定地への隔離という過程と、イスラエルのパレスチナ植民地化の過程を比較して語る人が多い。イスラエルと南アだけでなく、ここでアメリカ合州国がもうひとつの類比の極としていやおうなく出てきます。この三極関係については、今回はひとつの問題提起として出しておきたいと思います。

三番目に、植民地の解放後の問題です。南アの場合、アパルトヘイトの廃止がただちに真の解放を意味するわけではないとしても、これによってひとつの大きな転機がおとずれたことは間違いありません。とはいえ、イスラエルと南アという二つのケースは、五〇年代、六〇年代の脱植民地化の一般的なコースとは異なり、植民者が旧宗主国に帰ることによって新たな主権国家が形成されるというかたちでの解決が不可能だという点で共通しています。したがって、今対立している住民同士が、将来にわたって、何らかのかたちで葛藤を解消して、共生していかざるをえない。そういうおそろしく困難な課題を背負っていることが、イスラエルと南アに共通する点だろうと思います。逆に言えば、そのことがどこかでわかっているからこそ、植民地権力が過激化するということも、ある意味で言えると思うのですね。

イスラエルの場合はむしろイスラエルの側に、全パレスチナの住民の、アラブ諸国への追放という衝動がつねにある。パレスチナの解放勢力にとって、イスラエルのユダヤ人をすべて他国に追い出すという解決は、今ではまったく非現実的であると思います。かつてそういう考え方があった時期はたしかにある。パレスチナ解放勢力というよりは、アラブ諸国でむしろ、そういう言説が流通していた時期がある。しかし、今ではまったく非現実的であって、基本的に現在のままの人口構成で、将来どのような共生が可能かというかたちでしか問いは立たない。別の言い方をすれば、シオニズム運動の一定の歴史的な結果を前提にせざるをえない。そのとき、解放闘争によってシオニズムを否定するということは、南アで実現した人種差別制度の撤廃と同じような意味を持ってくるでしょう。これが三つめの点です。

続いて相違点を見ていきましょう。まず、土地の広さ、人口密度、そして鉱物資源の有無です。峯さんは何回も南アに行かれていますが、たしか、最初の全人種選挙のとき国際監視団の一員として行かれたはずだと思います。私は二度ほどパレスチナに行っています。風景にどのような制度が刻印されているか、刻み込まれているかということは、やはり現地に一度行ってみないとわからないところがあります。何と言っても、パレスチナは狭い土地です。ひじょうに狭い空間のなかで占領が、線引きが行なわれている。入植地があり、壁が作られている。要するに、東京でいえば春日と水道橋の間、あるいは飯田橋の間ほどの距離に、たくさんの分断線が刻まれているのです。

それに対して、南アフリカの場合はひじょうに広大な地域です。人口密度も違う。南アの鉱物資源に対して、もちろん中東には石油があります。しかし、イスラエルやパレスチナに石油が出るわけではありません。こうした鉱物資源が南アの悲劇のひとつの原因であるとすれば、七〇年代以降、アメリカが急速に、無条件にイスラエルを支持するようになる過程には、石油危機以降のアラブ諸国との関係が深く影を落としていますが、南アとはやはりすこし違う事情がある。

それから二番目の相違点として、アフリカーナーには、ディアスポラの共同体というものはありえないわけです。ヨーロッパで宗教的迫害を受け、南アフリカにやってきたあとの苦難の過程が、アフリカーナーの民族的形成の歴史のすべてです。それに対してイスラエルの場合、もちろん「ディアスポラ」のユダヤ人がすべてイスラエルの支持者ではありませんが、イスラエルの外に生活基盤を有するユダヤ人たちの共同体とのあいだに、何らかの経済的なネットワークが存在している。その意味でイスラエルは、「国際ゲットー国家」という言葉があるように、基本的には外とつねに繋がっている国家です。世界でここだけというふうにはなっていない。

それと関連してもう一つ言えるのは、いわゆる帰還権の問題は南アフリカには存在しませんでした。世界中のユダヤ人が原則としてイスラエルに住む権利、これを「帰還権」と称しているわけですが、それに対して、つい最近土地を奪われたパレスチナ人には帰還権がないということが、このイスラエル／パレスチナ問題の最大の不正のひとつですが、これは南アフリカには存在しなかった問題です。

それから第三に、アパルトヘイトの解体はもちろん、粘り強い現地の人々の闘い、苦悩に満ち矛盾に引き裂かれた長期にわたる解放闘争の結実ですが、それと同時に、国連が、アパルトヘイトは「人類に対する犯罪」であると決議して、アパルトヘイト解体に向けた国際的な運動のイニシアティブを取り、世界を動かしていったということがあると思います。その意味で、国連政治が実を結んだ数少ない例のひとつといって過言ではない。実際にはそこにたくさんの問題があるにしても。

それに対して、イスラエル建国から現在にいたる過程で、国連政治は失敗の連続です。国際連合初期のパレスチナ分割決議からイスラエルという国は生まれたのですが、その後イスラエルは、もっとも盛大に国連決議を破りまくる国になりました。破りまくっているのにいまだ除名されていない。しかし、国連とイスラエルは、いずれ何らかの決着をつけなければならない特殊な関係にあると言えるでしょう。あるいはむしろ、アメリカとイスラエル、そのふたつの国と国連の関係をどうするのか。このことを抜きに、真の国連改革はありえない。イスラエル問題はそのような歴史的重みを持ってしまっている。その意味で、南アとイスラエルとでは、国連との関係が対照的だと言っていいかと思います。

二〇〇八年末に始まったガザ爆撃について、国際刑事裁判所がイスラエルをどう裁けるか。いま世界中で、それを目指す取り組みがいっせいに始まっています。「人類に対する犯罪」という、ナチスとアパルトヘイトがその名のもとに断罪された同じ罪状でイスラエルが裁けるかということですね。

このことは、異なる時代の異なるケースに、歴史の教訓がどのように生かせるかという問題と深く関わってくると思います。

五　和解のかたちを想像する努力

それから真実和解委員会についても述べておきます。シャープビルの虐殺から九三年までだったかと思いますが、アパルトヘイトの時代のなかでも時期を区切って、人種間の抗争にくわえて解放闘争内部の暴力事件も含めて、加害者の側の真実の告白と赦しの交換を行なう。この試みは実に複雑な構造を抱え、いまだ多くの問題を残していると思いますが、ポストアパルトヘイト期の南アフリカ共和国を成立させるためには人種間の国民的和解が必要という新政権の判断から考えられたものです。

一国的解決のためには国民的和解が実現しなければならない。デズモンド・ツツ大主教とネルソン・マンデラ大統領がこの根本的な着想の発案者であるとされています。現在東アジアでも、植民地支配の歴史について、真実和解委員会的なものを、この場合は国際的レベルで立ちあげようという構想がありますが、その場合、南アフリカといくつかのラテンアメリカの国における試みが先例になるわけです。

ただし、この二つの例は、いずれもその中心にキリスト教徒で解放運動に関わった人たちの存在がある。一方、パレスチナ人の約二〇パーセントはクリスチャンですが、いずれにしてもキリスト教徒が中心的な位置を占めていない中東に、真実和解委員会的なものを、そのままのかたちで持ち込めるだろうか。それは難しいだろうと思います。現在トルコで、一九一五年のアルメニア虐殺の問題が焦点となっていますが、トルコがEUに入るためにはこの問題をクリアしなくてはならない。しかし、そのためにヨーロッパ側から提案される構想は、多かれ少なかれ、この真実和解委員会的なものです。「赦しを乞う」、「赦しを与える」、こうした行為自体が、トルコ人にとってはひじょうにキリスト教的に響くようです。それだけでかなりの反発が出てきてしまっている。

これはひとつの例ですが、峯さんが最後にひじょうに意味深長にお話しされたように、抗事実的に、カウンター・ファクチュアルなかたちで想像する努力は不可欠だと思います。仮にイスラエルが謝罪したとして、そのあと、ふたつの共同体の関係を、どのように別の歴史のステージに乗せていくのか。現在まで続く悲劇的経緯に対し、どのような対案がありうるのか。それは、おそらく、今から想像しておかなければならない問題です。このような将来のヴィジョンが、逆に今どのような言説を紡ぐべきかを規定することにもなります。

六　政治的類比のもつ力と危険性

さて、以上の比較を踏まえて、政治的類比という問題を扱いたいと思います。これまで見てきたのは、この二つの植民地主義のケースをできるだけ客観的に比較した場合、どういうポイントが出てくるのかということでした。これは、言わば、歴史的類比の試みです。しかしこの二つのケース、イスラエル／パレスチナと南アフリカの間では、それとは次元を異にする政治的な類比が大々的に行なわれていて、しかもそれも単なる偶然ではなく、ある意味で必然的な成り行きなのです。

「人類に対する犯罪」というカテゴリーが、植民地主義のあるケースには適用されたにもかかわらず、なぜ現在進行中の、他の植民地主義のケースに対しては適用されないのか。端的に、あのすさまじいガザ爆撃に対してなぜ適用されないのか。これは全人類的疑問と言っても過言ではない。そのようなものとして、われわれのこの現在を構成している。したがって、そこから政治的類比が出てこないことは、もはやありえない。

しかし、政治的類比はつねにミスリーディングになりうる。このことは、ガザの虐殺が、ホロコーストあるいはショアーと呼ばれる出来事と、同じ蛮行だという言説に対しても言えます。この紛争に関しては、ナチズムとの最初の政治的類比は、むしろシオニズムの側から出てきました。ユダヤ人を殺す者は皆同じ、したがって、アラファートはヒトラーだというキャンペーン。七〇年代ぐらいまで、イスラエルの側は盛大にそういう宣伝をしていました。今でも、そう信じている人は少なくないと思います。

しかし現在われわれはそれとは逆の類比も、次第に頻繁に目にするようになっています。イスラエル・イコール・ナチ。この等式はこの間ひじょうに広まっています。七〇年代、八〇年代にこの問題に触れ、反ユダヤ主義と反シオニズムの区別を、徹底的に内面化したわれわれの世代からすると、やや呆然とするような展開です。現在、ＹｏｕＴｕｂｅなどでは、いろいろな地域で行なわれた、ガザ爆撃に反対するデモの映像が見られます。こうした映像にはとても励まされるのですが、しかし同時に、そのなかで、たとえばアルゼンチン、ブエノスアイレスの連帯デモだったと思いますが、「イスラエル・イコール・ナチ」と書かれたＴシャツを目にしたときは驚きました。今回のガザの虐殺は、連帯運動の歴史においても、間違いなく大きなターニングポイントになるでしょう。このようなスローガンの出現に対し、それはミスリーディングだと外部から言うだけでは済まない段階に入ってきているると思います。

私が二〇〇二年の三月にパレスチナに行ったとき、ガザで、ダビデの星と鉤十字をイコールで結んだ落書きが、破壊された家屋の瓦礫のなかにありました。ガザの人がそう考えるのは、もはや仕方がない。しかし、同じ等式が今、全世界で、パレスチナに共感する人々のあいだに確実に広まってきています。

誤った政治的類比は、一時的に説得力を、ある地域、歴史のあるモメントで持ったとしても、長期的には連帯運動の発展にとって、ひじょうに有害であると思います。今こそこの類比が何をもたらしているのかを見極め、国際的な連帯運動のなかで、この不可避的な傾向をどうコントロールするべきかについて、われわれは知恵をめぐらせなくてはならないのではないでしょうか。

そして、最後に、「アパルトヘイト・ウォール」です。今、パレスチナの分離壁は「アパルトヘイト・ウォール」と呼ばれています。これは歴史的類比と政治的類比の、ちょうどあいだに出てきた言葉だと思います。というのも、アパルトヘイト期の南アフリカを現実に知っている人が何人も今のパレスチナを訪れていますが、この人々は異口同音に、これこそがアパルトヘイトだと告発しているからです。ネルソン・マンデラもそう述べたと言われています。ANCとPLOは以前からひじょうに友好的な関係にあり、アラファートも南アフリカを訪問しています。

二〇〇一年の八月から九月に、国連主催の反人種差別国際会議が南アのダーバンで開かれました。その数ヶ月前から第二次インティファーダが始まっていて、イスラエルにとってこの場はひじょうに厳しい場になりました。奴隷制まで遡り、植民地支配の歴史全体を補償の対象にしようという、新しいアイデアが強力に押しだされたという意味で、これは大変画期的な会議でした。それと同時に、これも不可避的に、激しいイスラエル批判の場にもなったわけです。

この会議は、その閉会の数日後に、二〇〇一年九月一一日の出来事が起きてしまったので、これまで世界的に広く記憶されずに推移してきました。しかしこのとき、現在の南アでパレスチナ問題がどう捉えられているのかということも、実は大きく顕在化したのです。全世界のパレスチナ支援のNGOと南アの人々が共鳴しつつ、ひとつの大きな要求を国連に突きつけました。

七〇年代、「シオニズムは人種差別主義の一形態である」という決議が、ひとたび国連総会で可決していたのです。私の世代の人間がパレスチナ問題に出合った頃、この決議は大きな参照枠組を形成していました。ところが、冷戦が終わり、湾岸戦争の後に、父ブッシュが提起して、国連の決議からこれを外してしまった。

このダーバン会議における親パレスチナ勢力の目標のひとつは、「シオニズムは人種差別主義の一形態である」という、七〇年代の国連総会の、要するに国連の共通認識に、いわば引き戻すことでした。それがこの会議で大きな壁にぶつかり、九・一一以降、またそれが語れない状況になる。そこで、国連の場でものが動かなくなったため、現在は先ほどの国際刑事裁判所であるとか、さらにはミスリーディングな政治的類比の拡大といったかたちで、国際社会がイスラエルを裁くようになるための試みが、ポジティブな面、あるいはネガティブな面をふくめて、多様に出てきているのではないか。ダーバン会議は、南アフリカにとって何であったのか。イスラエル／パレスチナにとって何であったのか。あるいは、日本にとって、世界にとって何であったのか、そういうことを、峯さんが報告された南アフリカの現状と、いわば合わせ鏡のようにして考えてゆく必要があると考えています。

七　連帯運動に問われているもの

最後に現在の連帯運動における課題として、検討すべき点について二、三点コメントして終わりたいと思います。

まずイスラエルに対するボイコットの運動についてです。ボイコットは南アフリカでアパルトヘイトが終焉に向かうプロセスで、国際的に呼びかけられた運動です。南アの場合、スターバックスのように、目の前にあるものがすぐにそれとわかることはなかったのですが。しかし何と言っても国連決議がありますから、オレンジのような農産物の不買運動や企業の撤退など、世界的には相当大きな規模になったはずだと思います。

現在のイスラエルに対するボイコットの運動にも、南アのときと同様に、実際的な経済的打撃を与えるという効果と、このボイコット運動を通じて運動の大衆化をはかっていくという、二つの側面があると思います。

南アの場合、ボイコット運動は、主として経済的な効果を狙って組織されたと言っていいと思います。それはある意味で実を結び、資本家の意向が変わっていくということが大きかったと思う。それに対して、イスラエルをボイコットで経済的に追い詰めるということは、戦略的な目的にはなりにくいのではないでしょうか。それはさきにも触れたように、ディアスポラとの関係上、イスラエルが一国で孤立した経済システムを形成しているわけではないということとも関係します。

また、一九九三年のオスロ合意を今から振り返ると、湾岸戦争後、イラクを支持したPLOがひじょうに弱い立場にあったという背景に加えて、冷戦が終焉した段階での、ある種の世界的な和解の政治の目玉として、クリントン政権が仕掛けた側面があったわけですね。しかしさらにその背景には、イスラエル資本と中東のアラブ資本とのあいだで、ある種の合意があったのではないかと思います。

当時、東アジア経済圏が急速に大きくなった。欧米以外の地域に大きな経済圏ができてきて、イスラエルは地域では比較的富裕だったとしても、経済圏を持たない国には将来の展望がない。そこで、パレスチナおよびアラブ諸国との和平を通して中東経済圏を構想していく。当時、何人ものパレスチナ人、アラブ人と交わした対話のなかで、オスロ合意の背景には、そのような経済的合理性を根拠にした判断があったはずだという話が繰り返し出てきました。

しかしオスロ路線が崩壊していくプロセスを見て、イスラエルは中東経済圏構想など最初から本気にしていなかったという説も出てくる。この歴史過程にはいくつもの側面があると思います。やはりこの地域は、経済の合理性だけを根拠にすると状況を見誤る。何重もの注意をして使わなければならない問題ですが、宗教的なファクターというものもやはり無視はできません。当然のことながら、歴史的ファクター、地政学的ファクターもある。ボイコット運動の中心を、経済的な包囲網の形成ということで考えても、南アのケースと同様の効果が出てくるかというと、やはり懐疑的にならざるを得ない側面というのがあるのではないかと思います。

ボイコットのもうひとつの側面に、イスラエルのネットワークの国際性を可視化するプロセスをつうじて、運動の大衆化をはかるということがあろうかと思います。スターバックスがわれわれの目の前にあるのですから、スターバックスに入ろうよと友だちに言われたとき、こういう理由で私は入らないとはっきり言う人がひとりでも増えるということは、やはり大きな意義があろうかと思います。

次にパレスチナの解放主体をどのようにとらえ、連帯していくのかという問題です。今のパレスチナの状況は、解放主体そのものが危機的な状況にある。現場近くからの報告に目をとおすと、現地のパレスチナ人自身が、もうどうしていいかわからなくなっているようにさえみえる。今や事態を傍観しているような傾向すらあるとも言われています。

ましてその外から支援、連帯を追求するわれわれが、現地の誰と、どの勢力と繋がっていけばいいのかわからなくなるのは、なかば当然の時期だと思います。ある意味でパレスチナの場合はこのような困難に直面する時期が比較的遅かった。すでにカンボジアや北朝鮮ということになると、かなり早い時期に、単純には支援「できなく」なっていました。第三世界で人民を代表すると自称する政治組織を支援するという論理が、次第に維持できなくなっていった歴史のなかで、パレスチナはまだいいよねと言われていた時代が、少なくともオスロ合意の頃まではあったと思うのです。

解放闘争のなかにはスパイが入りますし、内部から腐敗させようとする外部の力も加わり、通敵者が現れ、裏切り者が現れ、それぞれの運動のなかでその処遇をめぐって多くの暴力が振るわれる。これは残念ながら、南アフリカの場合も含めた解放闘争の歴史の、直視しなければいけない部分でもあり、日本の運動にも、周知のように、多くの経験がある。そのなかで、原則的な支援はどうあるべきなのか。私も毎日このことを考えざるを得ません。

ただ、ひとつのポイントとして、アラファート時代のＰＬＯは、ソ連やアラブ諸国も含めたさまざまな外部勢力に対して、その財政的、政治的支援を受けつつも、いかに自律性を保つかということに、大変な苦労をしていたわけです。一定の言説のレベルでは、パレスチナの世俗主義的、マルクス主義的な組織にシンパシーを覚えつつも、そうした組織はシリアの支援を受けなければファタハに対抗できない。そのような力学のなかで、われわれはある意味で、現実政治の苦さを経験してもきた。

現在でもなお、パレスチナの政治的主体が、アラファートのＰＬＯの時代とはまた別の形であれ、どうしたら自律性を獲得し、確保できるのかということが、ひとつの基準でなければならないと私は考え続けています。そうでなければ、いつの間にか、より大きな枠のなかにパレスチナを位置づけ、その力学のなかに自分自身を位置づけて世界を見るようになってしまう。そうなってしまうと、ここ数十年の連帯運動のなかで蓄積された経験、形成された思想は、生かされないことになってしまうのではないか。

ハマースを見るときにも、宗教的な組織であるとか、あるいはロケット弾を発射しているということだけではなく、どれだけ自律的な判断ができる組織なのかということが基準になるべきだと思います。それを知ろうとする努力なしには、連帯運動の側の自律性も担保できなくなるのではないかと思います。最近そういうことを考えています。

階級的な観点も、パレスチナ連帯運動にかかわって、いつも問題になってきたことです。とりわけガザ地域のことを考えると、ひとつの階級構造を背景に第一次インティファーダが開始され、その後パレスチナ解放運動が被占領地を中心に展開し始める。このことと考え合わせると、いよいよ大きな問題であるはずです。

しかし、階級という概念をパレスチナ連帯運動に持ち込もうとしたのは、むしろ世俗的なマルクス主義グループでした。そして、その試みは、繰り返し挫折してきました。それは、この社会では、「階級」をそれだけ取り出して語ることが大変に難しいということでもあります。「階級」は、場合によっては、宗教運動のかたちで表現されることもある。その必然性を同時に見ないと、パレスチナの状況を、現地のリアリティに即して分析することは難しいのではないか。これは今後の連帯運動の方向性を探るうえで、ますます避けて通れない問題になりつつあるように思います。

【第 5 章】パレスチナ難民の法的地位と選択権
―― 現実をふまえた展望を考える

錦田愛子（中東地域研究／東京外国語大学
アジア・アフリカ言語文化研究所）

板垣雄三（西洋史・中東地域研究／東京大学名誉教授）

パレスチナ人であるという選択——アイデンティティと国籍、市民権をめぐる可能性

錦田愛子

一　難民の人口統計からわかること

今回私のほうでお話をさせていただきますのは、一九四八年のナクバで離散したパレスチナ人が現在の居住国で置かれている法的地位や、権利保障、国籍といった問題です。帰還の実現はパレスチナ人にとって、たしかに実現が望まれる最大の目的ではあるのですが、六〇年間を離散状態におかれて生きてきた人びとにとっては、個人の生をよりましなものとして生きるため、現実的に取り組まざるをえないという側面もありました。またそれを私たちはサポートしなければならないという面もあると思うのです。そうした面について今回は、実際に私が調査をおこなってきた事例を取りあげながら検討していきたいと思います。

私はイラク戦争が始まる直前の二〇〇三年二月から二年間、パレスチナの隣のヨルダン・ハーシム王国に留学をしていました。パレスチナ自治区にも合計半年ほど足を運び、調査をおこないました。二〇〇三年から二〇〇五年というのは、ガザ地区への出入りが非常にきびしく規制されていた時期で、残念ながら行くことはできませんでした。そのため、おもにヨルダンおよびヨルダン川西岸地区、レバノンでの体験が、今回のお話のベースになっています。

〔表１〕パレスチナ難民の居住分布（1949年／2000年）

地域	難民の全人口に占める割合（%）	
	1949	2000
1948年時点のイスラエル占領地	4.1	4,1
ヨルダン川西岸地区	34.4	9.4
ガザ地区	26.2	13
ヨルダン	9.6	42
レバノン	13.8	6.3
シリア	10.4	6.5
エジプト	1	0.9
イラクおよびリビア	0.5	1.6
サウジアラビア	0	4.6
クウェート	0	0.6
他の湾岸諸国	0	1.8
他のアラブ諸国	0	1
アメリカ合衆国	0	3.6
他の諸外国	0	4.6

出典：United Nations Economic Survey Mission for the Middle East, *Final Report of the United Nations Economic Survey Mission for the Middle East (Part 1)*, UN Doc. A/AC. 25/6.（約31,000人とされるイスラエル国内のパレスチナ難民は含まない）、Palestinian Central Bureau of Statistics, 2001, *Statistical Abstract of Palestine*, No.2. をもとに筆者作成。

これらの地域における事例の紹介に入る前に、ここではまず、世界各地のパレスチナ難民が、人口統計上どのような離散状態にあるのかという点を見るところから始めたいと思います。

〔表１〕はパレスチナのバディール（BADIL）という人権団体がまとめた数値ですが、ここでは一九四九年の時点と二〇〇〇年の時点の間で起きた、パレスチナ人の離散先別の人口分布の変化が示されています。これを見ると一九四九年から二〇〇〇年の間にかなり大きな移動があったことが想像できます。

まずヨルダンですが、この国に住む難民が離散パレスチナ人の全体に対して占める割合は九・六パーセントから四二パーセントに変化し、四倍に増大しています。そこにはヨルダンが、イスラエルと最長の国境線で接するという特質が関係しています。つまりこれは、一九四八年に引き続き、一九六七年に戦争（第三次中東戦争）が起きた際、大量のパレスチナ人が離散を強いられ、西岸地区からヨルダンに向かって二度目の難民として流れ込んだことを反映しているものと考えられるのです。

次に、〔表1〕の一番下の段に「他の諸外国」というのがありますが、こちらは一九四九年の時点では〇パーセントだったのが、二〇〇〇年の時点では四・六パーセントに増加しています。変化の詳細を明らかにするにはもとの統計の数値を見る必要がありますが、推測できるのはアメリカ合衆国や、カナダ、オーストラリアといった国に対する移民が増えたという理由です。それというのも私がヨルダンおよびパレスチナ自治区などで滞在している間にも、かなりの数の人びとがこうした先進国に移民していく様子が見られたからです。

第三に指摘されるのは、レバノンでの変化です。レバノンのパレスチナ人人口が難民人口全体に占める割合は、一九四九年当時、一三・八パーセントだったのが、二〇〇〇年には六・三パーセントに半減しています。この背景には、あまり指摘されることはないのですが、レバノンという国自体がパレスチナ人のみならずレバノン人自身も含めて、国外への人口流出が激しい国だということが関係すると考えられます。そこには一九七五年から一九八九年まで約一五年間続いた内戦の影響もあるでしょう。また、ことパレスチナ人に関しては、彼らが非常に住みづらい、劣悪な環境に置かれてきたということが、人口の流出に繋がっていると考えられます。

〔表2〕は二〇〇四年現在でパレスチナ人が居住する国・地域別の人口分布のグラフになります。先

〔表2〕世界に離散するパレスチナ人 —— 国・地域別の在留人数

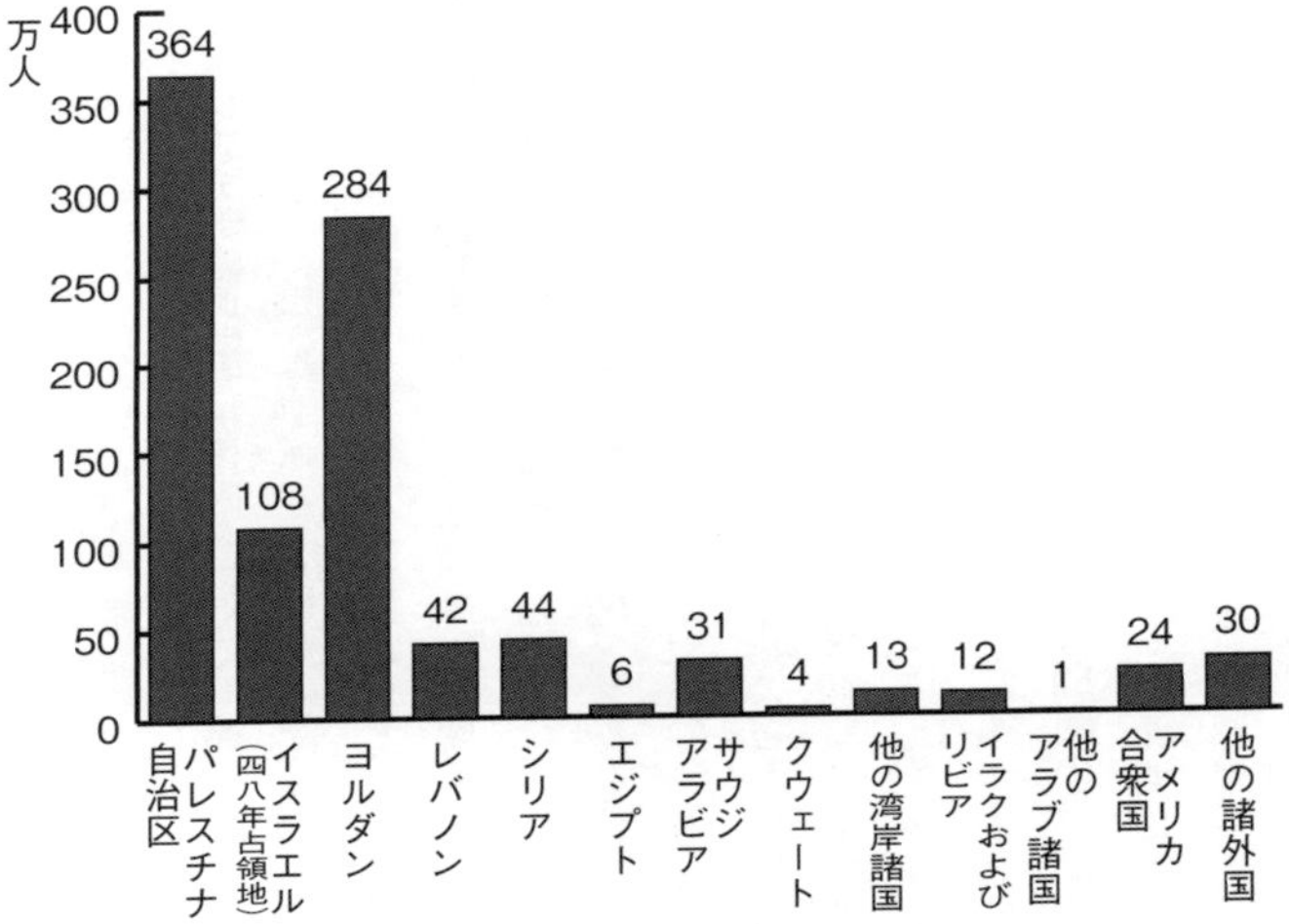

出典：Palestinian Central Bureau of Statistics, 2005, Statistical Abstract Chart 3.2.6, "Estimated Number of Palestinians in the World, Mid Year 2004." をもとに筆者作成。

ほどの〔表1〕と数字が異なるのは、こちらで示されるのは、難民以外の非離散者を含む全てのパレスチナ人の数だからです。たとえばパレスチナ自治区の西岸地区、ガザ地区には、難民ではないもともとの住民がたくさんいるのですが、〔表2〕では彼らを含む数が表されています。このグラフからわかることは、まず自治区に住んでいるパレスチナ人が一番多いということ、その次に多いのがヨルダンだということです。またこのグラフをもとに計算すると、たしかにパレスチナ自治区の居住者は比率としては高いですが、ほかの地域に住むパレスチナ人全員をあわせると、人数的にはそれをはるかに上回ることがわかります。つまりパレスチナ人全体で見た場合には、過半数が自治区の外に住んでいるということになるのです。このような人数比という点からも、今後、中東和平交渉などを通して紛争解決が目指される際には、難民問題が大きな争点として立ちはだかってくることが考えられます。

二　パレスチナ難民の支援体制をめぐる問題

それではこうして各国に離散した難民への支援体制は、現在どのようになっているのでしょうか。こちらは基本的にＵＮＲＷＡ（国連パレスチナ難民救済事業機関）という組織が、難民が実際に住む各国の政府と協力しながら支援活動を展開するというかたちをとっています。場合によっては、その地域のＰＬＯの支部などと協調することもありますが、あくまで当事国の政府の支援は前提とされます。この点に関して興味深いのは、ヨルダンではパレスチナ問題の担当局は外務省の傘下にあり、外交問題のひとつとして捉えられているのに対して、レバノンではパレスチナ問題の担当局は内務省の傘下で、難民の存在は国内問題と捉えられていることです。各国におけるパレスチナ難民の位置づけは、こうした担当省庁の違いにも現れているのです。

政府がおこなう支援の内容としては、インフラの整備、身分証明、教育などが主なものとして挙げられます。ヨルダンでは電気、上下水道、道路の整備、難民キャンプ用の土地の借りあげなどが政府によっておこなわれています。教育機関のなかでも高等教育については、ＵＮＲＷＡからは提供されないため、政府系の教育機関に頼るかたちになります。レバノンでも同様に、難民キャンプの設置、保健、教育、各種証明書の発給などが政府によりおこなわれています。とはいえ実際に難民キャンプに足を運ぶと、キャンプごとの状態の差はあるものの、レバノン国内の難民キャンプの状態が、ヨルダンに比べてはるかに劣悪であることは、一見してわかります。

〔写真1〕は二〇〇七年の夏に、ベイルート郊外のシャティーラ難民キャンプへ行ったとき撮った写真ですが、画面の中央あたりでは、蜘蛛の巣のように電線のコードが這い回っているのがわかります。レバノン国内では全般的に、電気不足が大きな問題になっており、定期的な送電の中止もあります。そのため足りない電気を確保して補充する手段として、おそらくは盗電用の電線がこうして蜘蛛の巣状態にはりめぐらされているのだと思われます。もちろんこうした状態は、電線が切れるなどすると非常に危険です。また難民キャンプに対しては、そもそも国から十分にインフラを提供されていない様子が、象徴的にあらわされている光景ではないかと考えられます。

〔写真1〕

UNRWAはこうした各国政府との協力のもとで難民の支援をおこなっていますが、アフガニスタンやイラクなどで、紛争により生じた難民の支援にあたるのはまた別の国連機関です。そちらはUNHCR（国連難民高等弁務官事務所）で、一九五一年に採択された難民条約、および一九六七年に作成された難民議定書に基づき活動をおこなっています。

しかしパレスチナ難民は、このUNHCRの活動、または難民条約による保護の適用外とされています。その背景には、難民条約の採択がUNRWAの設立や、援助の開始後であったという経緯があります。また難民条約第一条Dという項目では、「この条約は、国連難民高等弁務官つまりUNHCR以外の国連機関の保護または援助を受けている者に対しては、適用されない」という規定が設けられています。そのためUNRWAの支援をすでに受けていたパレスチナ人は、UNHCRからの支援の管轄外とされてしまったのです。UNRWAの活動対象地域に入る西岸地区、ガザ地区、ヨルダン、レバノン、シリアに住むパレスチナ人は、現在もUNHCRの保護を受けることができません。

ただしこれには例外があります。規定から明らかなように、UNRWAの活動対象以外の地域に最初に離散したパレスチナ人は、UNHCRの管轄下に入ることになります。実際、二〇〇三年のイラク戦争の開始後、真っ先に難民となりUNHCRの保護を受けたのは、マジョリティのイラク人ではなく、イラクの国内でマイノリティとして生活していたパレスチナ人、およびクルド人でした。

これらのパレスチナ人は、一九四八年戦争（第一次中東戦争）の後にイラクへ連れて来られ、イラク政府から住居を提供されて住んでいた人たちでした。彼らはサダム・フセイン政権のもとで保護を受けていたことを非難され、政権崩壊後は住む場所を失い、イラク国内で難民化しました。長年住み慣れた家を追われたパレスチナ人が、バグダッド市内でテントを張り、臨時の難民キャンプを形成するという状況が発生したのです。

とはいえバグダッド市内ではやはり迫害を避けられないということで、イラク国内に住んでいられなくなった人びとのなかには、夏は四〇度を超える灼熱の砂漠であるヨルダンやシリアとの国境地帯へ、難民として逃れる人もいました。これらの地域はUNRWAの活動範囲に入っていないため、彼らは例外的にＵＮＨＣＲの支援を受けることができます。

ＵＮＲＷＡとＵＮＨＣＲは、管轄が異なるとはいえ同様の支援をおこなう国連機関と捉えられがちです。しかし実際には、両者の間には根本的な性格の違いがあります。ＵＮＨＣＲは常設機関であり、第三国定住、つまり難民が迫害を受けない場所に最終的に移住できるようにするという移住推進までをふくめた活動をおこないます。一方で、ＵＮＲＷＡはあくまで暫定機関です。過去六〇年以上の間、継続して活動を続けてきたにもかかわらず暫定機関であるというのは、おかしな印象を受けるかもしれませんが、実は現在のＵＮＲＷＡの活動も、二〇一一年六月三〇日まで延長された、活動期間の更新に基づくものなのです。国際社会は、パレスチナ難民をめぐる問題がもっと早期に解決されるものと考え、ＵＮＲＷＡを暫定機関として創設しました。ところが現実には、問題は解決に至らず長期化したため、暫定の活動期間は更新され続け、現在に至っているという状況です。暫定機関であるという事実は、活動内容そのものについても限界を課しています。たとえばＵＮＲＷＡが実施できるのは難民の自立支援のみです。すなわち難民が国外に移住を望む場合でも、そのための法的なサポートをすることはＵＮＲＷＡの活動項目には含まれていません。これらの点からは、パレスチナの難民問題に最終的に解決をもたらせるのは、ただ外交交渉だけだということが見えてくるのではないかと思います。

三　ＩＤカードと国籍

不安定な地位におかれた難民にとっては、最終的解決のみならず現在おかれた生活状況を改善するうえでも、外交交渉が重要な意味をもってきます。実際これまでにも、パレスチナ人の権利保障を意図する国連決議は数多く出されてきました。しかしこれらはイスラエル政府によって無視され続け、国際法特有の強制執行力の不足から履行の保障を得るのが難しいことは、よく指摘される通りです。このような状態でパレスチナ難民の居住環境を改善するうえで重要になってくるのは、現住国における国籍やパスポートの取得といった身分資格です。こうした国内法上での法的地位の取得のほうが、彼らの抱える問題を解決し、生活を改善するうえでは、実際には有効にはたらくからです。

アラビア語で国籍と市民権とは、ともに同じ「ジンスィーヤ（jinsiya）」という単語で表現されますが、このジンスィーヤ（以下、国籍と表記）取得で得られる保証は、かなりの広範囲に及びます。まず、日本を含めた世界各国で共通することですが、国籍がとれれば身分保障を受けることができる。つまりパスポートをとり自由に国家間を移動でき、諸外国で何らかのトラブルに陥った場合にはそれをもとに保護を受けることができます。また国民として、就業に関する諸権利を得ることができますから、職業選択の自由が保障されます。さらに土地や家などの不動産を自由に取得することもできます。これらは一般に、国籍をもたない外国人には認められにくい権利であり、国民だからこそ受けられる便益といえます。また、公共福祉サービスとしての教育、医療、保険、年金や、失業手当なども、受給に際してたいていは国民という資格要件を要求されます。国籍をもたないパレスチナ人は、現在これらすべての人権保障から疎外された状況に置かれているのです。

国籍をもたない難民は、また一方で居住国政府からＩＤカードの付与を通して識別・管理されています。〔写真2〕はレバノンの例ですが、下に出ている縦型の水色のカードは、レバノン政府がパレスチナ難民用に発行しているＩＤカードです。これに対して上の横長の写真は、薄ピンク色をしたレバノン国民用のＩＤカードです。これら二枚のカードを比べた場合、その効用の違いは非常に大きいものがあります。パレスチナ難民用のＩＤカードは、ほぼ管理の目的でのみ対象者に持たされており、この所持をもとにレバノン政府から公共サービスを受けることはできません。それに対してレバノン国民用のＩＤは、それがあれば、レバノン国内で合法的にあらゆる種類の職業を選び、不動産を自由に取得することができます。つまり国民として、経済的権利を含めた完全なサービスを受けることができるのです。

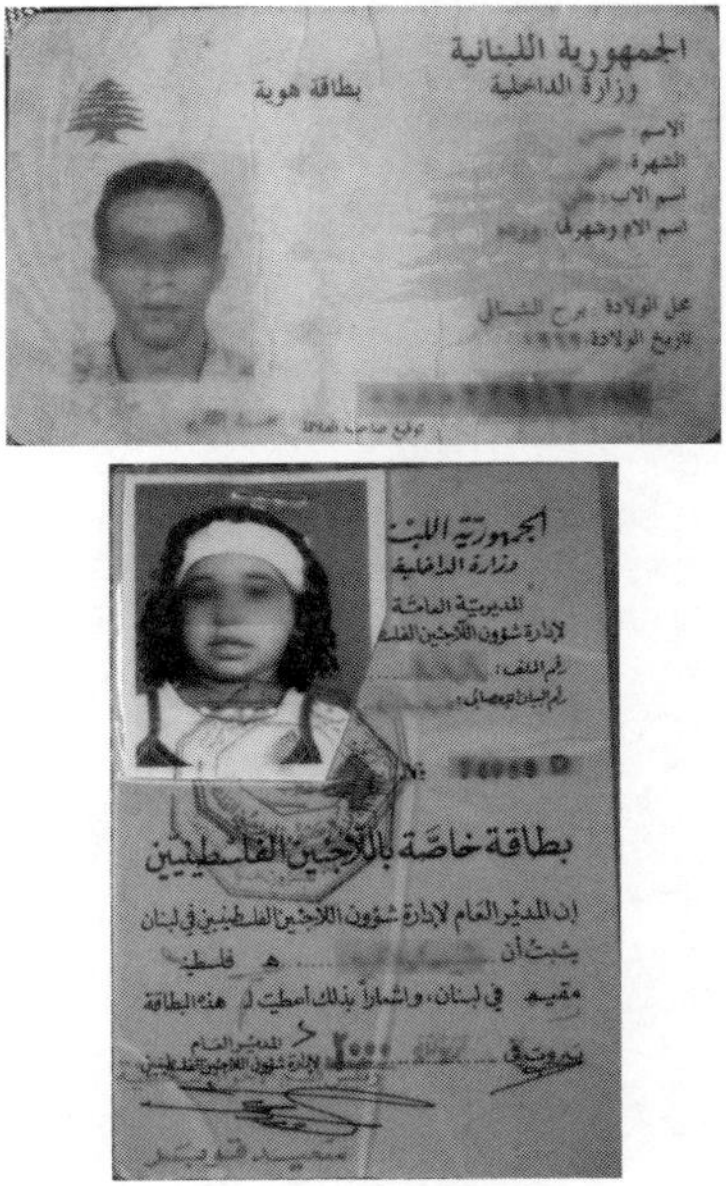

〔写真２〕

　現在、アラブ諸国においてパレスチナ人は、ヨルダンを例外として、ほとんどの国では国籍を取得することができません。とくにレバノンおよび湾岸諸国での取得はもっとも困難とされています。ではなぜヨルダンでは国籍の取得を認めているのでしょうか。

　ヨルダンにおいて対パレスチナ政策は、一九九九年まで約半世紀にわたり在位した先代のフセイン国王の指導下で進められてきました。つまりフセイン国王がパレスチナにおいて追求しようとしていた利益が、現在に至る政策全体に大きな影響を与えてきたことになります。パレスチナ人への国籍付与で一番重要な枠組み形成の契機となったのは、一九五〇年のヨルダンによる西岸地区の併合でした。その背景には、すでに広く知られている事実として、一九四八年戦争の時点でアブドゥッラー一世国王とユダヤ機関のゴルダ・メイアとの間で結ばれた取り引きの存在が指摘されます。すなわち、イスラエル建国のための軍事作戦を妨害しない代わりに、西岸地区はヨルダンが制圧し、支配下に入れてよいとの交換条件が、開戦前から交わされていたというものです。この密約に基づき一九五〇年、西岸地区は実際にヨルダンの一部として併合されました。その前後にヨルダンでは旅券法、および国籍法が整備され、法律上もパレスチナ人に対するヨルダン国籍の付与が認められることになったのです。

国籍をとることのできたヨルダンのパレスチナ人に対して、現在では「ヨルダンのパレスチナ人は恵まれている」とか、「彼らは現状に満足しているため帰還など望まない」といった言い方がよくされます。確かに「恵まれている」というのは他国との比較のうえでは否定し難い事実ですが、ここで注意しなければならないのは、それが彼ら自身による選択の結果ではないということです。ヨルダンのパレスチナ人は、自らヨルダン国籍をとることを望み、勝ちとったのではありません。政治権力を握るアブドゥッラー一世国王の領土的な野心に基づき西岸地区がヨルダンに組み込まれ、その結果として、パレスチナ人は一方的に客体として国籍を与えられ、同化を迫られたにすぎないのです。その点はやはり忘れてはならないことだと思います。

その後、現在のアブドゥッラー二世国王の代になってからも、国籍に関する法律上の体制は、基本的には変わっていません。国内在住のパレスチナ人の大半にはヨルダン国籍が認められた状態です。ただときおり、政令などの形で一部のパレスチナ人からの国籍剝脱が予告され、議論を呼ぶことがあるようです。またアブドゥッラー二世のもとで進められてきた新しい政策の要素としては、「ヨルダン第一主義」などの政治プログラムが挙げられます。「ヨルダン第一主義」は、イラク戦争開始直前の二〇〇二年一〇月に出された方針で、ヨルダン国民に対してヨルダンの国益重視を訴え、ナショナル・アイデンティティの増進を狙う内容となっています。「主義」に基づく実行プログラムの内容は、政府や民間の各種機関に対して民主化や開発、多元性の尊重を促す抽象的なものですが、全般的な方向性としては、近代化されたヨルダンにおいて共通の分母となるようなヨルダンへの帰属意識の自覚が促されているようです。つまり、出身を問わないヨルダン国民としての意識向上と、それによる住民統合が目的とされているものと考えられます。

私が調査に入った二〇〇三年当時は、このスローガンがまだ声高に叫ばれている時期で、たとえば大学の前の売店などでヨルダン国旗や〝Jordan First〟と書かれたエンブレムのバッジなどが、たくさん売られていました。これに対して友人のパレスチナ人のなかには、「何がヨルダンだ。自分の母国はパレスチナだ」と強い反発を示す人もいました。ですが政府の側でもおそらく、こうした反発は織り込み済みであり、強い抵抗勢力にはならないことを見越したうえでこの政策を推進していたのではないかというのが、当時の様子から私がもっている印象です。

四　ヨルダンにおける帰属意識

これまでご説明してきました法的地位や国籍といった問題と絡めて、ここから先は難民化したパレスチナ人の帰属意識について具体的な事例を紹介していきたいと思います。ここで注目するのはヨルダン在住の富裕層のパレスチナ人の意識です。「ヨルダンにいるパレスチナ人は、経済的に恵まれており、生活も安定している」「そのため、パレスチナへの帰還を認められても実際に帰る人びとは少数にとどまるだろう」という評価は、一般にも、専門家の間でもしばしば聞かれます。ですが実際にそうなのか、直接探ってみたいというのが、私が調査に入る際の、ひとつの大きなモチベーションでした。こうした問題意識から始まって、調査をおこない話をうかがった家族について、ここではご紹介していきたいと思います。

ザキさん（仮名）はギリシャ正教徒で、一九三六年にパレスチナのヤーファで生まれました。一九四八年のナクバを受けて、いったんレバノンへ逃れますが、三年待った後に西岸地区のベイト・ジャーラーという、ベツレヘムの近くの村に一度戻られました。ですがそのうちに西岸地区での生活は大変になり、彼は結局ヨルダンの首都アンマンへ移動します。（ナクバの後も、こうして複数回の移動を繰り返すとの話は、インタビューの際にわりあい頻繁に聞かれるパターンです。）つまりザキさんの場合は、ヤーファ出身で、最終的にアンマンに移住し、現在はヨルダン国籍をもっていますが、その過程で紛争の影響により何度も移住を強いられた方ということになります。

彼は一六歳で父を亡くし、友人の紹介を受けて保険会社で働き始めました。はじめは給料も少なく大変だったそうですが、その後成功し、ベイルートで別の保険会社の管理職に就くことになりました。

現在は西アンマンのアブドゥーンと呼ばれる高級住宅街に家を構えておられます。アンマンという町は、東と西で、人が住み始めた時期や、住民の社会・経済的な生活水準が分かれる町です。東部は比較的古い時期から人が住んでいた地区で、とくに低地では生活水準や収入の低い人たちが現在集まって住んでいます。これに対してアンマンの西部は開発された時期が新しく、一九九一年の湾岸戦争でクウェートやサウジアラビアなど湾岸諸国から引き揚げてきたパレスチナ人などが、裕福なヨルダン人とともに豪邸を構えて住んでいます。

彼ら富裕層の暮らしぶりがどの程度のものかというのは、離散を強いられた難民という立場からは想像し難いのではないでしょうか。イメージをもっていただくためにここで例を挙げてみたいと思います。友人のひとりにカタール帰りの青年がいるのですが、大学卒業を間近に控えた彼はヨルダン国外での就職を考えていました。日本での就職事情をきかれて、私が日本の大卒公務員の大体の初任給の金額を答えると、彼はひどくがっかりした様子で「なんだそれだけ？　だったらカタールのほうがいいや」と言っていました。また他の、招いていただいた富裕層のご家庭の家には庭にプールがあり、立派な調度品の整った応接室が三、四面あって、緑豊かな庭では庭師が働いていました。そういった広大な敷地と豪華な内装の家に住んでおられる富裕層のひとりが、ここでお話しするザキさんなわけです。

彼らはたしかにパレスチナ出身ですが、安定したヨルダンでの生活ぶりからは、パレスチナに戻る気がないようにも想像されます。けれど実際に私が話をうかがったとき、ザキさんからはまったく逆の反応が返ってきました。彼は、「大きな家に住んではいても、いまだに自分のことは難民だと感じる」「難民であるかどうかは金銭の問題ではなくて、尊厳の問題だ」と話しておられました。また「自分で選んでここヨルダンに来たわけではない。実際にヤーファに帰ろうと思えば車で三、四〇分の距離なのに、帰ることができない。この疎外されている状況というのが、難民ということなのだ」とおっしゃっています。ヨルダン国籍を持つこととの関係を訊ねると、「自分は現在ヨルダンでは忠実なヨルダン市民だが、やはりここでは落ち着かない」と話しておられました。

〔写真3〕

ザキさんの家庭では、家族でパレスチナの話をすることも多いそうです。〔写真3〕では、人が立っている横に、板状のものが二つ、壁に立てかけられていますが、これは、イスラエルがパレスチナの土地を奪って建設を進める分離壁を工作で作ったものです。写真の男の子はザキさんの息子で、ヨルダンの名門私立学校に通っていました。そこでの自由課題で、興味ある話題について調査をして工作するようにいわれたときに、彼は自分で分離壁をテーマに選びました。そしてエルサレムに住む親戚に電話でインタビューをおこない、調べ物をしながらこの工作を作ったそうです。その製作にまつわる話を、ザキさん一家はとても誇らしげに話しておられました。

富裕層ならではのエピソードとして印象に残っているのは、ザキさんが自宅の外壁を、すべてエルサレムから運んだ石で作ったという話です。難民にはイスラエルの規則上、境界線の移動制限がかかっているため、富裕層とはいえ大半のパレスチナ人はエルサレムへ行くことができません。ですが、なかには特別に往来のできる身分資格や法的地位をもつ人もいるため、彼らはそうした業者を通して、わざわざエルサレムから建材を取り寄せて、家を建てたのだそうです。それはクリーム色のJerusalem Stoneと呼ばれる石で、エルサレムの旧市街などで建材に多く使用されている大変美しいものです。制約を振りきってのこうした行動からは、パレスチナに対する強い帰属意識や、思い入れを感じとることができると思います。

また別の例を挙げると、パレスチナの伝統文化を保存するため、私財を投じて収集活動を続けてこられた人もいます。こちらについては日本でもその様子に接していただくことが可能です。大阪千里の万博記念公園にある国立民族学博物館で、二〇〇九年から西アジア展示がリニューアルされてオープンしているのですが、その一角にはパレスチナ・ディアスポラという新しいコーナーが設けられています。そこで展示されているのが、ウィダード・カワールというパレスチナ人女性が集めてきたパレスチナの伝統衣装のコレクションです。カワールさんはパレスチナ中部のベツレヘムで幼少期を過ごし、ナクバのあとは何度か移住されてから、現在のヨルダンへ移動されました。そして自宅の一室を貯蔵室にあて、数百枚におよぶパレスチナの伝統衣装を収集・保管してこられたのです。

国立民族学博物館はその一部を買い取り特別展示をおこなった後、二〇〇九年から新しい常設展の西アジア・コーナーの一部として展示を始めました。カワールさんは世界的に知られたパレスチナ衣装の収集家で、その貴重なコレクションについては何冊もの出版物で言及されています。

彼女はザキさんと同様、相当の私費を使って、大量のパレスチナ伝統衣装を買い集めてきました。

もちろん売り主から安く買い叩くのではなく、相応の金額を支払い、同時に当時の様子について聞き取り調査をおこないながら、実際に着られていた婚礼衣装や装身具などを、主に難民本人から買い取り収集してこられました。なぜそうしたことを続けてこられたのか尋ねると、パレスチナの伝統文化が次第に商品化され、価値のわからない人のもとへ散逸してしまう傾向に気づき、あるとき非常に危機感を覚えたのだそうです。これは守らなければいけないと強く感じて、収集を始めたと話しておられました。

これらの例からもわかりますように、金銭的に余裕があり、生活が安定していれば、パレスチナに対する帰属は問題にされないかというと、そうではありません。むしろ使用可能なリソースを生かしながらパレスチナ・アイデンティティの維持を模索する様子が、ヨルダンの富裕層のパレスチナ人の話からはうかがわれるのです。

ところでヨルダンに住むパレスチナ人は、皆このように裕福で、安定した生活を送っているかというと、当然そうではありません。ヨルダンには現在、首都アンマンを中心に一三ヵ所の難民キャンプがあります。また難民キャンプの外に住んでいても、経済的にはきびしい生活を送っている人はたくさんいます。彼らのなかには、レバノンでみられるのと同様に、集住地区を作って住む人もいます。ここでいう集住地区とは何かというと、パレスチナ難民は一般に、同じ出身地の人同士が離散先で集まって住む傾向があるのですが、こうした傾向によって自然発生的に形成された、同郷者の集まり住む場所を指します。これはそもそも難民となった直後の非常に苦しい時期を乗り切るため、互いに助け合うことを目的に形成されたと考えられます。ですがこうした居住形態が現在も続いている背景には、そればかりでなく同郷集団がお互いに抱く親密感の強さが関係していると考えられます。こうした集住地区は、今でもヨルダン国内の各地に見られます。

集住地区に住むのは、基本的に低所得者層が中心です。先にお話ししたような富裕層は、比較的散り散りに住むことが多いです。ともあれこのように故郷の単位でまとまって住んだり、私財を投じて伝統を保持するなどの行動からは、異なる経済階層のなかでそれぞれ維持されるパレスチナへの帰属意識の強いことがうかがわれます。

五　より困難なレバノンの状況

次にレバノンの事例に移ります。集住地区や難民キャンプはレバノン国内にも存在します。ですがそこに住むパレスチナ人に対して、政府がとってきた対応はヨルダンの場合と大きく異なるため、まずはその大きな枠組みについて確認しておきたいと思います。レバノンは政治体制として、宗派体制を採っています。これはレバノン国民を構成するさまざまな宗教・宗派の人びとの人数比を反映するかたちで、国民議会の議席や、主要な政治ポストを配分する仕組みです。一見すると多極共存的な民主主義を実現するかのような政治体制ですが、実際にはパレスチナ人はその人口に比例した代表性や人権保障を得ている訳ではありません。なぜでしょうか。その理由はまさにこの体制自体にあります。

パレスチナ人の大半を占めるのはイスラーム教スンナ派です。これに対してレバノン国内にはイスラーム教シーア派、ドゥルーズ派、キリスト教マロン派といった大きな勢力が存在し、それらとの間で議席を配分しなければなりません。そこで仮にパレスチナ人のレバノンへの帰化をすべて認めてし

〔写真4〕

まうと、突如として四十万人近くスンナ派が増えることになるのです。その結果、予想されるのはスンナ派の人数増加に対して配分される議席や政治ポストが少ない、という不満の高まりであり、そうした宗派間の対立が衝突に発展するといった事態の可能性です。このような背景があるため、レバノンでは宗派体制が、むしろパレスチナ人に対する国籍の付与を拒否する理由として機能してきました。

パレスチナ人の帰化が好ましく思われない背景には、別の理由も存在します。〔写真4〕もまた、私が二〇〇七年に撮ってきた写真ですが、建物の壁面には〝For Sale〟とあって、売りに出されているのがわかります。内戦による砲撃の痕が非常に生々しい建物ですが、こうした傷跡が、レバノンでは建物に刻まれているだけでなく、人びとの心のなかにも深く残っています。内戦の際のパレスチナ人の位置づけは、よく知られているサブラとシャティーラの難民キャンプで起きた虐殺事件のように、暴力の犠牲者という側面ももちろん存在します。ですが同時に無視できないのは、彼らの政治指導部がひとつの政治勢力として内戦に加担していたという事実です。そのため、レバノン国内の諸勢力の間では、難民としてやって来たパレスチナ人が内戦に関与し長期化を招いたという反発も強く見られるわけです。こうした政治的背景は、パレスチナ人による国籍の取得を、レバノン人のとくにキリスト教徒の間ではさらに受け入れ難いものとしてきました。

とはいえ実際には、例外的にレバノン国籍を取得したパレスチナ人は存在します。彼らの国籍取得は、概ね次の三つの方法によるものです。まず挙げられるのは、レバノン人男性との結婚です。これにより、妻と子どもはレバノン国籍を取得することができます。次に、ナクバの直後の一九五〇年代に、キリスト教徒を中心とするパレスチナ人がとった方法なのですが、個別の申請と裁判により国籍が与えられる場合がありました。三つめの方法は少し特殊で、一九九〇年代に出された布告に沿ったものです。後でお話しします「七つの村」のパレスチナ人はこれにより、シリア人などと一緒に例外的に国籍を認められることになりました。いずれにせよ、国籍取得を認めるルールは、すべてレバノンの国内法規に基づくもので、パレスチナ人からの働きかけによって得られる性質のものではありません。

レバノン国内でパレスチナ人は、このように国内政治の動きに翻弄されて生きています。では彼らは現在、どのような帰属意識をもっているのでしょうか。想像に難くないことですが、とくに貧しい生活を送る人びとのなかでは、パレスチナに対する帰属意識やパレスチナへの帰還の要求は、より明確に抱かれている様子がうかがわれます。またレバノンでは、各政治派閥に対する支持のあり方にも特徴が現れます。ヨルダンやパレスチナ自治区と比べてレバノンでは、ＰＬＯやファタハ、あるいは自分たちのために闘ってくれるヒズブッラーに対する支持は、非常に強いものがあります。

パレスチナへの帰属意識としては、〔写真5〕に写る女性の例をお話ししたいと思います。彼女はレバノン南部の貧しい集住地区に住んでいますが「自分はもともとナブルスの出身で、エルサレムの近

〔写真5〕

くの学校に通っていた」と誇らしげに話しておられました。抱きしめている写真の樹は、経緯の詳細は不明なのですが、彼女が逃げる途中にパレスチナから運んできたオリーブの樹だそうです。「パレスチナから持ってきたものなので、自分にとってとても大切なものだ、だからこれと一緒に写真を撮ってほしい」と言われ、撮らせていただいた写真です。

帰還に対して希望を託す背景には、それぞれの現在の生活状況の厳しさも関係すると思われます。同じ家族の例として、〔写真6〕の中央に写っている子どもは、難民の第四世代にあたります。左にいる女性は第三世代ですが、実はこれは母子の写真ではありません。左の女性は、はじめ結婚が決まっていたものの、内戦中に部屋に踏み込んできた兵士からひどく脅された経験によって精神的に不安定になり、結婚が破談になってしまいました。病状は回復せず、彼女はいまだに親元で姉妹に面倒をみられながら暮らしています。レバノン南部には、こうしてさまざまな苦難を乗り越えながら生活するパレスチナ人の集住地区がたくさん存在します。

レバノンのパレスチナ人は外交や国内政治に対して、ヨルダン以上に受動的な立場におかれています。この点については、イスラエルとの国境地帯にある「七つの村」のパレスチナ人の例に特徴的にみることができます。これは非常に複雑な話であり、国際的にもあまり知られていないレア・ケースなのですが、私自身が最近関心を寄せている研究テーマであり、国籍の問題にも大きく関わるため、ここで紹介させていただきます。

イスラエルが建国される以前、イギリスとフランスの委任統治領の境界近くには「七つの村」と呼ばれるシーア派住民を中心とする村々がありました。委任統治期の一九二〇～三〇年代に、イギリスとフランスの間では正確な境界線を確定させるためのやりとりがあり、「七つの村」は当初フランス委任統治下のレバノンに含まれることになりました。その当時は大レバノンと呼ばれていたため、住民は大レバノンの国籍を取得しました。しかしその後、国境線の変更が生じ、「七つの村」は、今度はイギリス委任統治領に組み込まれることになりました。つまり村の場所自体は変わらないものの、そこを統括する委任統治政府がフランスからイギリスに変わったため、住民たちは大レバノン国籍を失い、代わりにイギリス委任統治領パレスチナの国籍を持つことになったのです。ところがさらに、そこでナクバが起きました。イスラエルが建国されると、住民は今度は物理的に「七つの村」から追い出され、レバノン国内の首都ベイルートや、南部のスールなどの町に離散することになりました。彼らはパレスチナ難民としてレバノン国内に逃れ、無国籍になってしまったのです。

〔写真６〕

さらに話を複雑にするのは、内戦が終わったあと、彼らに再びレバノン国籍をとり戻す機会が与えられたためです。内戦の過程において、レバノンではシーア派が勢力を増し、ヒズブッラーや、アマルといった党派が登場して力をつけました。なかでもヒズブッラーは、レバノン南部を対イスラエル抵抗運動の拠点とし、国境地帯におけるイスラエルの占領を終わらせることを対イスラエル闘争の目標のひとつに掲げています。したがって、そこにかつて住んでいた人びとの権利回復というのが、彼らの政策の内側に取り込まれてくるわけです。「七つの村」の住民はレバノン人なのだ、だから彼らのためにもレバノンの土地を取り返そう、という主張がヒズブッラーによってなされ、無国籍であった「七つの村」の人たちに対してレバノン国籍が与えられる、ということになったと私は考えています。

このようにして彼らは、まずはフランス、次にイギリスの支配下に入って国籍を与えられ、その後一度は無国籍になり、戦後ふたたびレバノンの国籍を回復しました。周辺を取り囲む国々や力をもつ勢力の思惑に引きずられて、さまざまな変遷を経ながら、法的地位がつぎつぎと変わり、常に客体の身に置かれてきたというのが彼らのたどった道のりです。そのため自分がいったい何者なのか定義することさえ困難な状況におかれているのが、この「七つの村」の人びとの現状といえます。

六　いかなる展望があるのか

これまでお話ししてきましたように、パレスチナ難民の国際法上の位置づけや、国内法によってレバノン、ヨルダンなどで定められた地位などをふりかえって、それでは今後、どのような展望を持つことができるのかという点について最後に考えてみたいと思います。その際にひとつの参照点として私がここでご紹介したいのは、ウリ・デイヴィスというイスラエル人の平和・人権活動家であり法人類学者である方による提案です。彼は自分自身のことを、反シオニズムのパレスチナ人で、ヘブライ語の話者と定義しています。民族的にはユダヤ人ですが、ユダヤ教を信仰していないためユダヤ教徒ではないと言います。彼はその著書の中で、国民性（nationality）と市民権（citizenship）とは別のものだと強調します。それなのに実際は両者が混同されてしまった結果、パレスチナ人は両方を奪われ、人権保障を得られなくなってしまった。だとすれば、アイデンティティや民族自決にかかわる国民性と、人権保障の基礎としての市民権を明確に区別することが、まずはパレスチナ難民の抱える問題解決の起点になるのではないかというのが彼の考えです。

そのうえで、市民権というものをさらに分けて考えます。ひとつは身分証やパスポートの発給など身分資格を規定するだけの「パスポート上の市民権（jinsīya）」であり、もうひとつは、市民的、社会的、政治的な権利を平等に認められるという意味での「民主的な市民権（muwāṭana）」です。そうして分けて考えたうえで、「民主的な市民権」がすべてのパレスチナ人を含む、広く中東地域の人びと全てに対して認められるべきだ、というのがデイヴィスの提案です。彼が具体的にモデルとして考えているのはEUです。たとえばイタリア人がイギリスに行っても、EU市民として一定の人権保障が得られ、その逆の移動の場合も同じことが起こります。そのように、国への所属が絶対要件とされて、それがなければ保障を得られないというシステムではなく、どこに住んでも人権が認められ、居住地の選択や、不動産の取得などのあらゆる権利が自由化されていくといった状態を、彼は新しい中東モデルとして提案しています。

パレスチナ難民にとって、これはまるで夢のような話であり、現実には実現が困難な理想でもあります。また同時に、この話には危険な側面も存在します。難民状態のため人権保障を得にくいパレスチナ人は、イスラエルが彼らの現状に対して負う責任として、帰還権を要求する根拠をもつからです。ですが、このようにどこにいても「民主的な市民権」が得られるということになると、人権保障のための緊急の必要性は薄れ、イスラエルにとって帰還権を反故にする口実を与えてしまいかねません。とはいえそもそも帰還権というのは、ヨルダンの富裕層の話にもみられたように、どんなに経済的に成功し、社会的に特権を認められようとも、それとは別問題として認められるべき法的権利です。だとすれば帰還権を前提として保障したうえで、いま住む場所における人としての生存権や社会権が認められる枠組みを、何らかのかたちで整備していくことが、難民問題が長期化している現在、必要なのではないでしょうか。

帰還権やナショナル・アイデンティティを保ったまま、居住地に関係なく「民主的な市民権」が認められるという構想は、中東では意外に適合性の高いものといえるのかもしれません。そもそもパレスチナ周辺を含めた中東の近代国民国家は、第二次世界大戦後に作られた、非常に新しく、根拠の浅い境界線に基づくものだからです。またアラブ諸国内での移動は、それ以外の国々への移動に比べて格段に活発で、敷居の低いものと考えられているようです。そのように本来帰属としては必然性のない国家であるなら、国籍や市民権は人権保障の手段として、もっと便宜的に捉えられてよいのではないでしょうか。アイデンティティを抱く帰属先として正統性が薄いものなのであれば、難民たちが現在の生活環境を改善させるうえでのひとつの可能性として、国籍をより実利的に取得させることもひとつの選択肢と考えられるのです。

こうした理論的な提案を別にしても、国籍やパスポートの道具的な利用は、パレスチナ人によってすでにこれまで実際に実践されてきたことでもあります。難民状態にあるパレスチナ人にとって、現在所有しているパスポートや国籍は、その存続や効力が非常に危ういものと捉えられている側面があります。一九九六年以降、パレスチナ自治政府はパスポートを発行していますが、自治区はそもそも国家として独立していないため、それを通常のパスポートと認めるか否かは各国の判断に委ねられています。また西岸地区の住民は、歴史的経緯によりいまだにヨルダン・パスポートを取得することができますが、ヨルダン政府からいつ発給を拒否され、いま持つパスポートもその効力を停止されてしまうかわからない、という危機感を抱いています。

そうした状況があるために、パレスチナやヨルダンに住むパレスチナ人は、より安定した有効なパスポートを得ようとしてアメリカやカナダ、オーストラリアなどへ移住し、数年の在住の後パスポートを取得し帰ってきます。または家族を呼び寄せるといったことをおこなっています。つまりこれらの国がもつ移民国という性格をうまく利用して、道具として国籍やパスポートを取得しているのです。でも、だからといって、彼らがパレスチナに対する帰属意識を失ったわけではありません。これらはあくまで制度上の手続きの利用に過ぎないのです。

こうしたことは、私たち日本人に対しても突きつけられた問題として捉える必要があるのかもしれません。国籍やパスポートの所有を、私たちはあまりにもアイデンティティと同一視し過ぎているのではないでしょうか。またそれが市民権を得る資格と一致することが、当然と思いこみ過ぎているように感じられます。つまり日本は「日本人」の国で、日本国籍をもち、日本の市民権をもつのが当然という意識が、私たちのどこかにある。だから日本で生まれ育った日系二世の人たちもふくめ、外資系の企業の社員や、留学生などに対しても、自分たちとは異なる人たち、すなわちガイジンとしての受け入れ方しか、できていないようにも思われるのです。

先日仕事でロンドンへ行く機会があったのですが、あの町ではきわめて多種多様な出身の、外見からしてもヨーロッパ系以外と思われる人びとが一緒に生活しています。さまざまな肌の色や言語を話す人びととすれちがうなかで、日本人である私は自分がまったく外国人として浮かないという印象を受けました。差別や移民規制などの問題はもちろんイギリスにもあるのだと思います。とはいえこうしたロンドンの状態は、よりグローバル化された都市のひとつのモデルを示すように思われるのですが、日本はまだそのような状況にはありません。

この違いの理由は何なのでしょうか。もちろん言葉（英語と日本語の流通度の違い）の問題もあるのでしょうが、その他にもおそらく日本の場合、社会や政治が、他の国を出身とする人びとと混じりあうことや、自分自身も国籍を自由に利用していくという開放性に馴染んでいないのではないかと私は感じています。その結果、日本以外に帰属先をもつ人びとにとって日本社会というのは、非常に生きづらい、適応しづらい環境にあるのかもしれません。

こうしたことについては、市民レベルから国のレベルまで、いろいろな取り組み方がありうるでしょう。国籍を手段として利用する人が増えるなか、私たちも積極的にこうした状況に関わっていくことで、得られるものは大きいのではないかと考えています。

パレスチナ問題は国家の枠組みをつき抜ける

板垣雄三

一　「ムスタヒール」な問題

パレスチナ難民とは何か。そう呼ばれる人たちの境遇とその経過、また現在の立場、それらの問題をとりまく環境について、「私たちのとるべき視角」を考えてみたいと思います。

パレスチナ人たちがひじょうに好きな用語として、「ムスタヒール」という言葉があります。自分たちのおかれた立場というか、運命というか、そういうことを考えてみるところで、彼らにはおのずとこういう言葉が出てきてしまうという感じなのです。ですからパレスチナ人の詩などでも、わりと特徴的に使われてきた単語ではないかと思います。

もう今となっては昔、日本の社会でコメディアンが流行らせた「とんでもハップン」という言葉がありました。このムスタヒールは「とんでもハップン」です。ただしそんなふざけた感じでは、ない。考えられないようなことが起きてしまった。「えーっ、そんなことって、ありえるのか⁉」「いったい全体、どうしてこんなことが？」という、そんな感じですね。ですから今、パレスチナ難民の問題をどうするか、どうなっていくべきか、と考えるときに、何か筋道を立てて、これはこういうふうにすべきだとか、この問題はそもそもこういうふうに対処すべきだとか、そんな「そもそも論」で議論できるような問題ではない。もっと何か奇妙奇天烈というか、常識などまったく通用しない、この世でそんなことが起こりうるのかという、そういうとんでもない話、それの後始末をどうしてくれようかという、そういうことなのですね。

ですからよくよく考えてみれば、今ここで私たちが、彼らにただひたすら犠牲を押しつけておいたままで、何とか適当に手を打てとか、今のままで我慢しろとか、故郷に帰るなどということはあきらめなさいとか、別の国の人になったっていいじゃないかとか、何でもいいから打開の道はないものかわれわれなりに考えてあげなければいけないとか、何か言おうとしてみる場合に、われわれが考え始める出発点が、それこそそもそも本来ありようもないはずの、とんでもない話なのだ、という覚悟がまず求められます。理屈をかさねれば交通整理できる、そんな性質の事柄ではない問題だということを、まずはじめに、しっかり確認しておく必要があります。

一九四七年一一月、第二次世界大戦が終わって間もなく、そして国連ができてすぐですが、国連総会決議一八一というものによって、パレスチナを分割することを国連が決議した。それによってイスラエルという国ができ、そのイスラエルができることになった結果、あるいはできた結果、パレスチナ難民というものが生まれたのだと、そういうふうに安直に信じ込まされている人がたくさんいます。さらに、ここから先もまた「ムスタヒール」なのですが、分割を決めた国連総会決議そのものが実行されないままになりました。

まず国連は、パレスチナをこういうふうに分割しましょうと予定した。これは、国連自体がつくったばかりの国連憲章に最初から違反して、パレスチナという土地にいる人びとの自決権、自己決定権を無視して、勝手にべつの国々が、パレスチナは将来こうあるべきだということを決めてしまったわけです。

ですから国連は、できた最初から憲章に違反して、このパレスチナ問題というものの「やっかいさ」を作りだしたわけです。国際的な紛争は国連に預ければいいなどという、そういう国連中心主義とかいう考え方が日本にはありますが、パレスチナ問題をこじらせてしまったことについて重大な責任を持っているのは国連なのですね。

そんな国連にお預けして国連に解決してもらいましょうなどということ自体が、まず出発点からおかしいということ、これもムスタヒールです。しかも、ユダヤ人の国、アラブの国、そして国際管理下のエルサレム地区、という三つにパレスチナを分割するのだということを、アメリカとソ連がリードして、国連総会の決議として決めました。

その結果どういうことになったかといえば、その翌年四八年、四九年に進行した事態のために、パレスチナは国連決議とは全然違う形で三分割されることになった。この国連決議に飛びついて、四八年五月にイスラエル独立宣言が一方的になされて、イスラエル国家というものが生まれた、ということになりましたが、そのとたんにまわりのアラブの国々が、イスラエルという国は認められないということで、パレスチナ戦争が始まりました。

そして一九四八年、四九年という戦争の過程を経て、まわりの国々からは全然認められない、そのため国境線というものを持たないで軍事境界線（休戦ライン）だけで事実上の「境目」ができている、ひじょうに異常なあり方のイスラエル国家というものが形をなしたのでした。

それと同時に、エジプトがガザ地帯を占領し、他方それまではトランスヨルダン王国と言っていたヨルダンがヨルダン川西岸地区を支配するようになったことで、パレスチナは、生まれたばかりのイスラエルと、ヨルダン、エジプトという、三つの国に分割されたのです。かつ、トランスヨルダンはヨルダン川西岸地区を併合しまして、イスラエルの側と示し合わせて、ヨルダン川西岸はヨルダンの領土であるということにした。ですからヨルダン川西岸にいるパレスチナ人は、ヨルダン国籍というか、ヨルダン人ということになる。結局、パレスチナは三つの、国連総会決議とは全く違うかたちの三分割の状態になりました。

二　国連による何重もの誤り

こうして、この問題はすっかりこじれた。エルサレムは国際化することになっていたはずなのですが、都市の西側部分をイスラエルが占領し、東側部分をヨルダンが占領する。エルサレムの街の東側はヨルダン領、西側はイスラエル領ということで、街のまんなかに軍事境界線の壁が南北にできる。ベルリンの壁というのはこのエルサレムの壁を真似するかたちで後にできてくるわけで、このエルサレムの壁のほうが先なのです。そういうことですから、国際管理下のエルサレムにするという話はすっとんでしまいました。国連決議一八一は、いろいろな意味でどこに行ったのかわからない。

つまり国連憲章違反で行われた、その分割決議すら守られないで、国連の決定の墓場の上に全然べつの分割が事実として生まれてしまったという現実の上に、イスラエルという国家はのっかっているわけです。むしろ、一方的な独立宣言と米ソの承認が国連決議を破壊したのです。イスラエルという国は国連のパレスチナ分割決議にもとづいて生まれたなんて、そんなことを日本のメディアは生半可な知識で平気で書いています。どうしようもない話ですね。いかに日本のマスコミを信じてはいけないかというのが、こういうところでもはっきりしていると思います。

それはともかく、そういう混乱のなかで、ベルナドット伯爵という、スウェーデンの王族の一人で外交官、赤十字総裁もしていた人が、パレスチナ問題の国連調停官になり、エルサレムに乗り込んで調停活動をやっておりました。国連決議が雲散霧消してしまった状態の戦争のまっただ中で、戦争を終わらせるだけではなく、何とかして国連決議一八一の方向に近づけようと努力を一生懸命していたわけです。そのベルナドット伯爵が、イスラエルの右翼と言いますか、改訂派シオニスト（修正主義シオニスト）の一グループ、非合法の地下軍事組織でもあったテロリスト団体のシュテルン・グループ（ヘブライ語ではレヒと略称）によって、四八年九月エルサレムで暗殺されます。

しかもその下手人の上に立つ一番の責任者と見られたイツハク・シャミールが、あとでイスラエルの首相になる。自分たちの国の王族の一人であるベルナドット伯爵が、パレスチナ問題で命を落としたわけですので、スウェーデンの人たちはイスラエルという国に対してひじょうに複雑な気持ちを持っていると思います。でもヨーロッパの人たちは、そういうことをあからさまに言わないようにしている。言えば、あいつはナチの残党だという話にされますから。

ベルナドット伯爵の暗殺ということが起きてしまったので、国連としてはその先どうしたらよいのかわからない。そこで原則を定めました。これが四八年一二月の国連総会決議一九四です。この決議一九四は、こういうふうにめちゃくちゃなことになってしまったけれども、パレスチナ問題のなかでどうしてもはっきりさせておかなければならないことが二つある、というわけです。

ひとつは、もうすでに発生してしまっているパレスチナ難民の、帰還権。帰還する権利を行使しないで、帰らないでいいという人間が出た場合には、お金で解決する。イスラエルの側が補償する。ですから帰還する権利、または補償を受ける権利、これをきちんとさせたい。もうひとつは、エルサレムの国際管理、これを何とか実現させるべきである。以上の二点を確認したのが、国連総会決議一九四です。これを四八年の暮れに決めるわけですが、それから半年経つか経たないかというところで、国連はまたまた何重にもかさなる間違いを犯しました。

そもそも国連の立場からすれば、あくまで四七年のパレスチナ分割決議に基づいて、ユダヤ人の国とアラブの国とがそろってできたところで、しかもエルサレムの国際化も確実となったうえで、できた国々が初めてそこで国連のメンバーになるかどうかを問題にするべき順序のはずです。にもかかわらず一九四九年五月には、さきの決議一九四に対するイスラエルの姿勢が具体的にわかる前に、決議二七三を可決しました。イスラエル国が「平和愛好国」であることを認め、イスラエルが国連の加盟国となることを決めてしまったのです。

これでいよいよ決議一九四というものがいいかげんなものになるということが、すでに一九四九年五月にははっきりしてきてしまった。これからあと、イスラエルは、パレスチナ難民の帰還権とエルサレムの国際的地位という二つの問題について、ずっと今日まで六〇年間棚上げにしてきました。いろいろな理屈をつけて、その議論をすることを絶えず回避する。あるいは回避させる。そればかりか、エルサレムに関しては、東エルサレムを併合し、東西をあわせた統合エルサレムをイスラエルの永遠の首都と宣言する、というようにして、どんどん新しい状況をつくっては、それを既成事実にしようとしてきた。

イスラエル側のこうした独走をきっちり抑制しようという動きが出てきても、アメリカが拒否権というものを出してくる。国連自体がそのうち、総会よりも安保理決議というのが優先するように変わっていったわけですから。そういうかたちで、ずっと今日まで及んだわけです。それでも、アメリカの歴代政権もタテマエとしては、総会決議一九四は尊重されなければならないと、言ってはきていたのでした。

しかし、これは最近のことになってですが、二〇〇五年あたりから状況は大きく変わりはじめました。ひじょうに顕著な現象として、国連総会決議一九四は、もはや時間切れである、時間の流れのなかで「意味を失った」ということをアメリカ合衆国がはっきりと言明し始めたわけです。今日の反テロ戦争という状況のなかで、息子のブッシュ大統領が、パレスチナ難民の話を切り捨てようとするようになった。国連総会決議一九四は、もう「時代遅れ」なので、効力を失ったということをアメリカの政権がハッキリと言いはじめた。

これに対して一番の問題は、パレスチナ人の指導部が、そのことに対してきっちりとした態度を示さないことです。名ばかりの暫定自治政府のファタハ指導部に、それも一部分の指導者ですが、パレスチナ人のなかに決定的な後退の姿勢があることをみずからズルズルと承認していってしまう結果となるような、そんな動きすらある。これが今日の状態です。アラファートを継いだアッバースという人はすでに大統領ではないのだという認識も、パレスチナ人のなかにはあります。

そもそも、こうした問題が出てくる前の段階で、そういう決定的な後退には与《くみ》しないことがわかったアラファートは、毒殺されてしまった。そういうふうにしてアラファートを消してしまったから、いよいよもって安心して決議一九四は無効とされるという話が持ちだされてくるのだと認識しているパレスチナ人も、多くいるわけです。これが結局、今日のパレスチナ難民問題の中心テーマではないかなと、私は思っております。

ムスタヒールの話はまだ続きます。パレスチナ人のなかで、ハマース（イスラーム抵抗運動）という勢力が力をのばしてきて、二〇〇六年のはじめには、そのハマースがパレスチナ人の選挙で勝利をおさめる。ハマースに対する民衆の支持が明確に表明された。それは「中東和平」への批判の強まりです。ヨルダン西岸とか、ガザとか、ゴラン高地とかいった、一九六七年六日戦争における占領地から、イスラエルがどうやって撤退し、その代わり、周りの国々からイスラエルが承認されて、占領地を還すのと引き換えにどうやって平和を手に入れるかという段取りを探ってきたのが、「中東和平」でした。そういうふうに一九六七年戦争の戦後処理に問題を限定していた「中東和平」の動きが正しい解決法であったのかどうか、ということが問いなおされはじめたのです。今もってなお、中東和平の交渉がまだ続いていると思っている人がいるわけですが、イスラエルの側が「中東和平」という話にはつきあいながら、それが実を結ぶ条件そのものをはじめから、あるいは系統的に、破壊してきたわけですから、ほとんど無意味な話になっているのです。

現在のネタニヤフ政権では、支配領域からパレスチナ人をどこかに押し出すか、抹殺してしまうかしてしまえ、水源も絶って生きていけない状態にして、民族浄化してしまえ、というそうした強硬路線がいっそう露骨に追求されることになっております。したがってイスラエルの脇に、あるいは付随的に、パレスチナという国をつくるという二国家解決方策の「中東和平」のお話は、民族浄化を言う人たちに対してはたしかにある種の「示し」ないし牽制という意味は持つかもしれませんが、それ自体はほとんど無意味になっているわけです。

何はともあれ、「一九四八年問題」というものが今、表に出てきてしまった。イスラエルという国ができたことになっていること自体が、そもそも間違いだ、とハマースは言っているわけです。六七年戦争の後始末などという「中東和平」はイカサマ話であって、一九四八年にイスラエルという国が生まれたということ自体を問題にしなおそう、というわけ。占領地、占領地と言われているのは、一九六七年の戦争の占領地のことであって、そういうことによって四八年からの占領地という問題を見ないようにさせる、ということではないか。ですから四八年問題にこそ、ちゃんと取り組むべきだ、ということなのです。

たしかに六七年問題に代わって四八年問題が浮上し、あらためてさかんに議論されるようになっています。「ナクバ」（四八年以来の「破局」）への関心があらためて高まりました。それなしには、「難民」問題は消去されてしまうでしょう。しかし私がさらに皆さんに考えていただきたいのは、ではこの四八年問題をちゃんとすれば、パレスチナ問題は何とかなるのか、あるいはパレスチナ難民問題はすっきり交通整理がついていくのか。イスラエルという国ができてしまった問題から考えなおしさえすれば、何とかなるのか。そうではないのではないか、ということなのです。

三　存在しなかった祖国への帰還、存在しなかった祖国の解放とは

そもそもが「パレスチナ」。パレスチナとは何なのかという、そこにクエスチョン・マークをつけて考えなおさなければならないのではないか。存在しなかった祖国、そこに帰るとは、どういうことなのだという問題なのです。難民問題をこれから考えるというところで、国籍とか市民権といった問題が、いやおうなく出てくるわけですが、中東の国々というのは第一次世界大戦後にイギリスとフランス、ことにイギリスの主導下で、中東の地図の上に線引きをしながら、ここは何という国、ここは何という国と決めていってできた。つまり今日の中東諸国というのはほとんど「イギリス製」の国々なのですね。

その作業は、ペルシア湾に沿った湾岸地域では一九六〇年代の末まで続きまして、今日のカタール、バハレーン、アラブ首長国連邦が生まれました。クウェートとオマーンだけはちょっと例外で、それよりは早く一応の国家の枠組みが予定されていました。そのように湾岸諸国は最後の段階で生まれてきたシステムですけれども、ともかく概して全体的には、中東諸国体制というのは第一次世界大戦後に大国がつくったものなのです。アラブの国々はむろんのこと、トルコ共和国にしても、現在はイラン・イスラーム共和国ですがその前身のパフラヴィー朝イランにしても、大国がつくった枠組みなのです。

レバノンについていうと、一九世紀の半ば、オスマン帝国の領域だったこの地方に、フランス軍が侵攻して軍事占領する。ヨーロッパの国々が、フランスにいろいろな要求を申し入れ、国際的にレバノンをどうやって管理していくのかということを決める。そういうなかで一九六四年に、レバノンの

統治機構のさまざまなレベルのポスト配分を、宗教・宗派別の人口の割合で配分しようということになり、こういう仕組みの上にできたのがレバノンという国なのですね。

中東の国々などというと、われわれはそういう国というのはずっと前からあった、歴史的事情として国というものはもともと必然的に国としてあったのだと、そんなふうに思いがちです。たとえばヨルダンはハーシム家の支配する王国で、ヨルダン王国というものがずっとむかしからあって、ヨルダン国民というものがいたのではないか、と。

とんでもないことです。そんなことではなかったから、二〇世紀の半ば、アラブ民族主義がおおいに高揚したわけです。大国がつくった国の仕切りを取っ払って、アラブは全部ひとつの国になろうというのが、アラブ民族主義であったわけです。どうしてそんな運動が起こったのかといえば、みんな国というものを信じていないからです。国というものは、外側から押しつけられてつくられた枠組みであって、モロッコの人はモロッコ人、オマーンの人はオマーン人だと、そういうふうに国籍によって運命づけられているというふうには、かならずしも思っていない。

その国のなかで、そういう枠組みを押しつけることによって、大いに利益を得ている人たちもいます。それで今日、そういう国々の体制が形づくられているわけです。大国がそういうふうにして中東諸国体制というものをつくるときに、一番の「要《かなめ》」になるところがパレスチナだったのです。バルフォア宣言に基づいて、この「パレスチナ」を囲って、縄張りをして、そこにユダヤ人国家建設予定地という看板を立てた。その縄張りの縄の先をずっと伸ばしていってつないで、その周りにもいろいろと区分けを作った。これが中東諸国体制です。

あとになって一九四八年にイスラエルという国家が、その「パレスチナ」の縄張りのところに出現した。ですから、すでに第一次大戦後に中東諸国としてできていたそれ以外の国々は、全部そのイスラエルとワンセットでリンクしているわけです。それを日本のマスコミは、アラブ諸国とイスラエルが犬猿の仲というか、根本的な対立があるというように信じ込んで、そのような思い込みで説明してきた。ちょうど東西の冷戦は、二つの体制の和解しようもない対立だと思わされてきたけれど、じつは二つがちゃんと釣りあって成り立っていたのと同じです。中東諸国体制というのは、イスラエルという国を中心にして、ずっと全部つながりあった縄張りのワンセットの装置であるということです。

ですから、パレスチナ難民の問題に関しても、イスラエルが盛んに言っていることは、エジプトにすでに半世紀もの長い間定着しているパレスチナ人は、「エジプト人」になればいいじゃないか、ということです。難民問題を作っておいて虫のいい話ですが、それが解決しないことでもっとも責任が重いのはアラブ諸国だ、というのがイスラエルのほうの言い分です。難民を受け入れた国が「アラブ」「アラブ」と吹聴しながら、難民を自国民と対等に扱っていればこんな問題にはならずに済んだはずだ、と。そう言われても、しようがない面はあります。

一九二〇年に第一次大戦の連合国が集まって、サンレモ会議を開いて、中東の線引きを決めました。日本はそれに主要国として参加をして、イギリスなどに尻尾を振り、太平洋の島々を日本の委任統治領として認めてもらうのと引き替えに、イギリスもフランスも、どうぞ中東ではお好きなようにやってくださいということで、中東の国分けシステムの構築と、なによりパレスチナ問題の組立てとに賛成した。日本が脇からこのような重要な役割を演じたおかげで、サンレモ会議でイギリスはイラクとパレスチナの委任統治国（国際連盟から頼まれて、という形式）となり、そしてフランスがシリア、レバノンの委任統治にあたるといった分割が決まったのです。

ですから、日本はパレスチナ問題で手を汚していない、日本はパレスチナ問題について公平な立場をとれるなどと自慢する人がいますが、これもとんでもない話です。パレスチナにユダヤ人の国を作るというイギリスの政策を支持して、イギリスのパレスチナ委任統治に、賛成、賛成と言ったのは、日本です。日本はパレスチナ問題に、決定的に重大な責任を持っている国なのです。日本のビジネス関係の方などが、中東に行って、「中東ではわれわれは手を汚したことがないから」と言ったりするのを聞きますと、「知らぬが仏《ほとけ》」ひじょうに恥ずかしい思いです。

四　パレスチナ人とはどのような人びとか

そういうかたちでイギリス・フランスがサンレモ会議を運営したあと、翌二一年、イギリス帝国内の会議として、チャーチルの司会のもとにカイロ会議が開かれました。そこでサンレモ会議では「パレスチナ」ということにしておいたところを二つに分けて、ヨルダン川の東側をトランスヨルダン、西側をパレスチナとあらためて決めなおしたわけです。ここでパレスチナという区画が決まりました。それまではパレスチナにあたる地域（フィラスティーン）は、「歴史的なシリア」、すなわちダマスカスを中心としたシリア地方（ビラードッ＝シャーム）の南のほうの部分だというふうに漠然と認識されてきた。そこの住人全体は、シリアの人でアラブということになっていた。

イギリスが委任統治というものを設定したところから、二二年以降、そうやってイギリスが決めた枠組みに基づく「パレスチナ人」という概念がつくられます。すでにバルフォア宣言の前から、主として東欧、ロシアといったところでユダヤ人として差別されていた人たちが、祖国でいろいろと爪弾きにあって棄民され、この土地＝パレスチナこと南部シャームに入植してきていた。そういう移住してきたユダヤ人も、そこで「パレスチナ人」になりました。もともとここに住んでいたアラブのユダヤ教徒も含め、アラブの人たちもみんな、パレスチナ人。イギリスの委任統治のもとに入って、パレスチナという枠組みのもとでパレスチナにいた人は、すべてパレスチナ人になったわけです。これは今日のパレスチナ人とは話が違います。

では現在のパレスチナ人とは何なのかと言えば、まず今日的意味のパレスチナ人という枠組みにも、いろいろ移りかわりがあるというところから始めなければなりません。ことに、一九四八年以降、さらには六七年以降というところで、人びとの運命はバラバラに分断され、いろいろのパレスチナ人が出てくる。イギリスの委任統治領のなかで、一九二〇年代に一緒のパレスチナ人になったはずのパレスチナのユダヤ人・ユダヤ教徒たちは、イスラエルという国に属してイスラエル市民のユダヤ人になった。そしてパレスチナのなかのドゥルーズ派の人たちは、アラブとは別のドゥルーズとして、イスラエル国家寄りに組織されていく。残り大多数のアラブのうちのまた多くがヨルダン川西岸やガザや周辺アラブ諸国へ、そしてひろく世界に、追い散らされた。もちろん、根こそぎアラブ住民を追放するなど不可能で、イスラエル国家のなかに踏みとどまりイスラエル市民のアラブとなった人もいる。こうしてさまざまに分断された人びとが、ことに一九六七年の戦争の前後から、自分たちを追放し抑圧しているイスラエル国家に向かって、そろって抵抗運動を組織するなかで、「パレスチナ人」

という新しい自覚の仕方が生み出されてきました。

一九六四年に、パレスチナ国民憲章というものがまず最初に作られますが、今言ったような抵抗運動、当時の言い方で言いますとパレスチナ革命、そういう運動のなかで、一九六八年あたりからパレスチナ人という自覚が明確に強まったのです。つまりパレスチナ人というのは、もともとあったものではないということです。イスラエルという国、その支配の現実に直面して、そこでいろいろ大変な目にあった人びとが、イスラエルという国家ができてしまっている現実に向かって抵抗する主体として、自分たちはパレスチナ人なのだという共同の、つまり民族としての意識を獲得してきた。これが今日のパレスチナ人なのです。

ことに日本人は、まったくの自然として日本人は日本人としてあるような、そんな気分でいるから、パレスチナ人というのは悠久の彼方からあったように思いがちですが、そうではない。考えてみれば、それはパレスチナ人ばかりではないのですね。パレスチナ人の場合、それがひじょうに劇的に、かつものすごく典型的なかたちで、民族をかちとるというか、自分のなかに民族を実現する、個人個人が自分の内側に民族をつくりだすということではひじょうに際《きわ》だった姿を示しているのです。が、しかし考えてみたら世界中、じつは民族というのは本来そういうものなのではないか、と思うのです。おっとりと座っていれば、自然に民族であるというような民族は、本来の民族ではないのではないか。そういうことを考えてみる必要があると思います。

五　中東におけるアイデンティティ複合

〔図1〕を見ていただくと、これはパレスチナも含む、中東におけるいろいろな宗教・宗派です。イラクの戦争のころからですが、スンニー（スンナ派）とシーアはそれこそ犬猿の仲みたいに説明されて、スンニーは運命的にスンニーなんだ、そう決まっているのだ、というふうにわれわれは思いがちです。シーアといっても、イラン・イラク・湾岸・南レバノンでは十二イマーム派ですが、シリアやインドあたりではイスマーイール派だし、イエメンにいるザイド派もシーア派なのですね。全部スンニーはスンニー、シーアはシーアだと、固定しているのかと言えば、そうはいかない。こういう人たちが一挙に、自分たちはイスラーム教徒として一体だと考える場合もある。

　さらにはイスラームとか、キリスト教、ユダヤ教、ゾロアスター教、その他もろもろ、いろいろな宗教が中東にはありまして、パレスチナのなかにも、キリスト教徒やユダヤ教徒は無論のことたくさんいるわけです。こう

〔図1〕中東における宗教・宗派

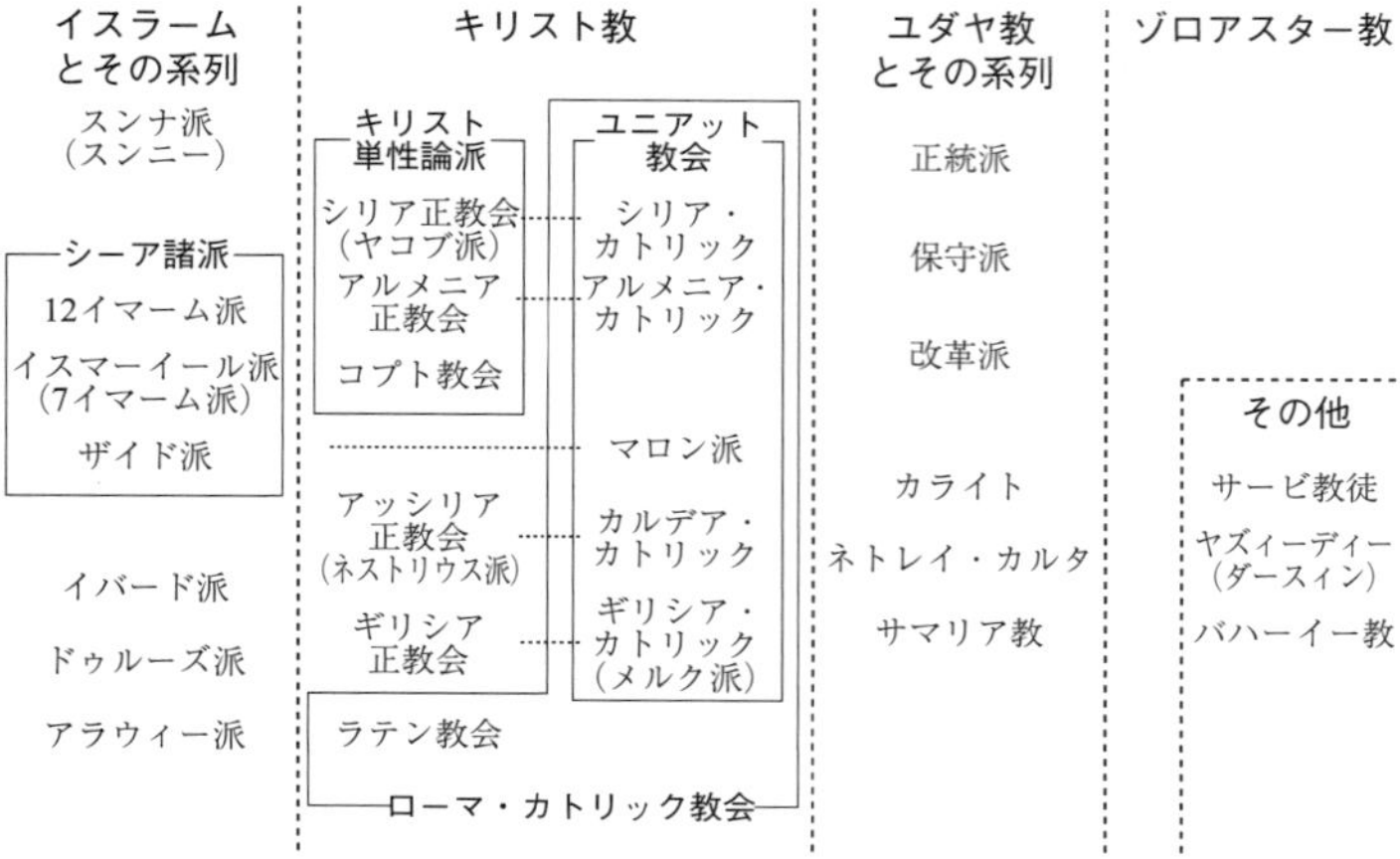

〔図２〕家族の可変的なかたち

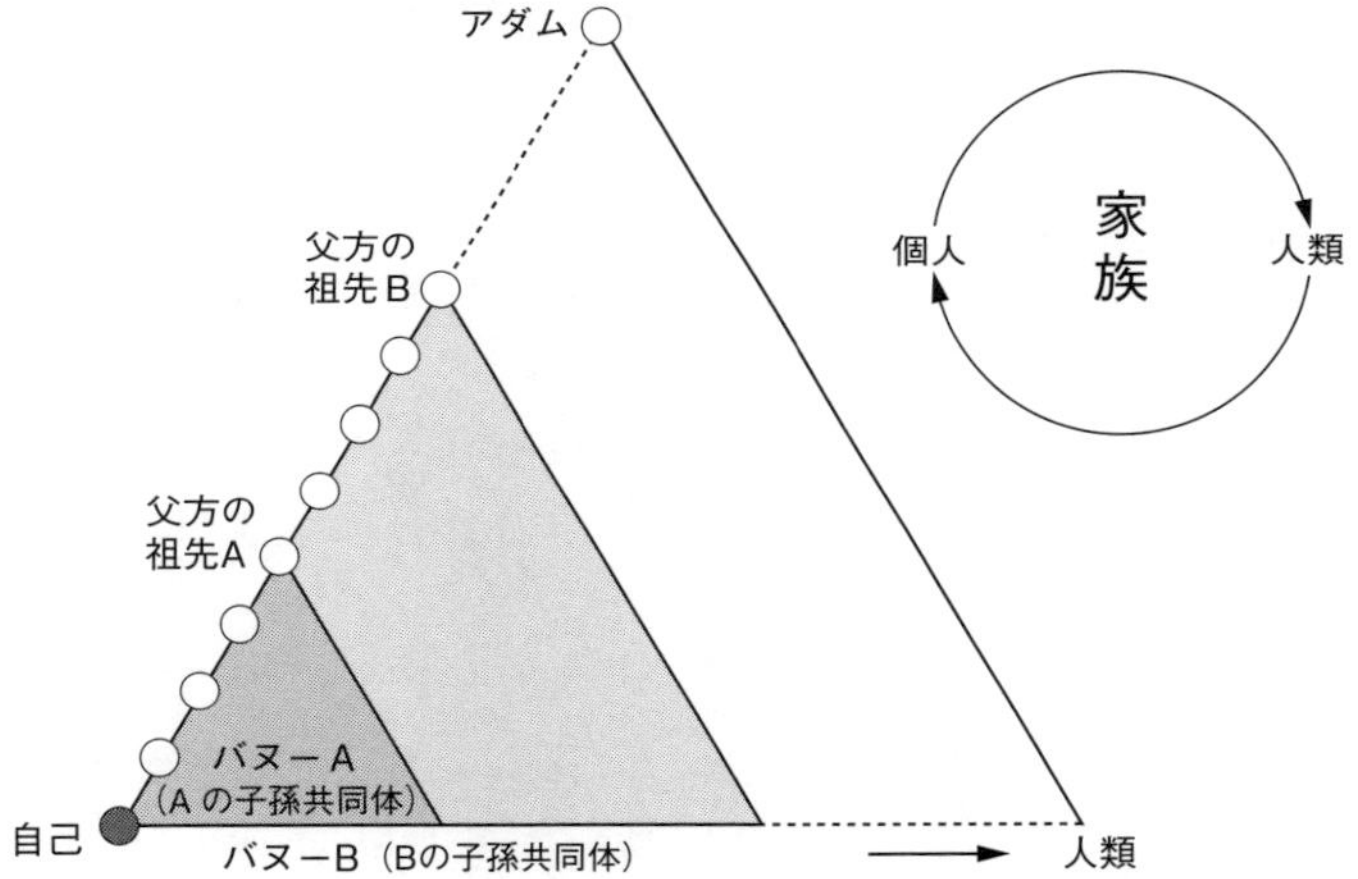

いう人たちが特定の枠のなかに収まり身動きできないようなかたちで、固定した自分というものを持っているかといえば、絶対にそうではない。その時々に自分というものを組み換えている。イスラームとユダヤ教とキリスト教とゾロアスター教が、全部ひとつで、啓示の書を受け取った人びと「啓典の民」として、ひとつの宗教集団だという自覚の仕方も持っています。われわれは、イスラームとキリスト教・ユダヤ教が喧嘩していると考えがちですが、そういうふうにして対立する場合もあるかもしれないけれども、状況のなかで彼らは自由自在に自分たちを組み換えて、いろいろな組み合わせのグループが作れるような仕組みになっているわけなのですね。

それから〔図２〕は、家族というものについての考え方です。身分証明書やパスポートでは本人の名前、お父さんの名前、おじいさんの名前というふうに、連ねて書かれている場合が多いのですが、それは何もイスラーム教徒の場合だけに限ったことではない。例えばイスラエルの宗教がそもそも、イサクはアブラハムの息子（ベン）、ヤコブはイサクの息子、だからヤコブ・ベン・イサク・ベン・アブラハムといった考え方をしている。ずっとこの父親の系列を連ねて考えて、自分の社会的位置を決めていくなかで、家族というもの、そしてわれわれが普通は部族として考える拡大家族ができてくるわけです。それで先祖のなかのAさんの子孫、この子孫共同体というのがA部族になるでしょうし、先祖のなかのBの子孫共同体がB部族ということになる。キリスト教でも、新約聖書の冒頭はイエスの系図ですが、キリストは「アブラハムの子、ダビデの子」とされている。つまり、イエスはアブラハム部族で、同時にダビデ部族なのです。だから、彼方に人類の祖アダムというのがいて、アダムの子孫たち＝バヌー・アーダムという集団、それが人類という一大家族だ、そういう自覚を持つこともできる。国が違っても、宗教や民族が違っても、みんなバヌー・アーダムだという認識を中東の人びとは持っているわけです。家族の伸縮で、いくつもの選択肢をたえず使い分けているわけです。

私は昔から「n地域」（図3）という考えを語ってきました。自分の所属する家族とか宗教とか、自分が所属している地域とか、こういうものは絶えずその状況のなかで、みんなそれぞれの責任で使い分け、組み換えて、そういうふうにして生きている。nにいろいろなものを代入していける。そういうふうにして自分というもののアイデンティティを考えるときに、自分の内側にさまざまな自分というもののネットワークを統合的に考え、組みあわせながら、特定状況のなかで特定の自分を選ぶ「政治」を生きている。自分の内側に「私」ネットワークをつくって、いろいろに異なる場・地域に生きる自分というものを、自分のなかで獲得しなおす、これがアイデンティティ複合というものです。

理屈でいろいろ言うよりも、旅行とか仕事とかいろいろなかたちで中東の社会で暮らせば、それこそ植民者として乗り込んでいくということでもないかぎり、自然にその土地に同化させられて、自己と他者という二分法の感覚なんて、フワフワっと溶けていってしまう。そういうような感覚は、わかってくださる方もいらっしゃるのではないかと思うのです。

〔図3〕n地域

P：階層的な差別システムを維持し、再生産する力

Q：多層的な差別を解消し、連帯を得ようとする**ナショナル**な動き

R：民族的編成に対する政治的、イデオロギー的な支配を守ろうと反応する**ナショナリズム**のくさび

P・R vs. Q

最近は日本でも、いろいろな自分があるという生き方はごく普通のことになってきたと思うのですね。昼間は会社に勤めているけれども、休日は地域でボランティア活動をしているとか、自分の家の車庫か何か使って近所の人に呼びかけフリーマーケットをやっているとか、暇ができたらエコ・ツアーで海外によく行くとか。私がアイデンティティ複合などということを言っていた一九六〇年代の日本社会は、そんなことは全然わかってもらえなかった感じでした。

そういうことが古来、身についていたような人たちがいるのが、中東ではないかと思うのです。自己と他者などという二項対立的な問題の立て方それ自体がおかしいというか、私のなかにいくらでも他者はありますよという、そういう世界だと思うのです。

確かに今、どうしようもなくヨーロッパ化してしまった人たちが国を治めていまして、湾岸などはある意味では活気があるような社会でありながら、サウジアラビアにしても、カタールにしても、首長国連邦の一つひとつの国にしても、オマーンしても、文字通り二分法的な考え方を働かせての政治というのをやっているわけです。やっぱりサウーディ（サウジアラビア人）というのはサウーディであり、サウーディと非サウーディは違う、というふうに。

ですから軒並み、アラブ諸国にとっては、パレスチナ人というのは一番革命的な要素なのです。考えてみたら自分たちの西洋的システムが、パレスチナ人たちによって瓦解するかもしれないということで、意地になって、西洋人を何重にも上回るような「他者」扱いを一生懸命にして、パレスチナ人をはじきだす。そういうところがあるのではないでしょうか。

だから、かなり厳しいせめぎあいは、それはしばらく続く。そういうことは避けられない。問題は、そこのところで生きている人たちにわれわれがどうこうしようということよりも、まず自分を振り返ったらどうでしょう。われわれはいったいどうなっているのだということを、私は問題にしたいわけです。

ともかくパレスチナ人が失ったものは、何だったのか。われわれが普通に考える意味での、国籍を失ったとか、市民権を失ったとか、あるいは国土を追われたとか、そんな次元のことだけではないのですね。つまりパレスチナ人が今、回復しようとしているものは何かということです。どこかの国籍が取れるようにしたらどうかとか、ウリ・デイヴィスのようにイスラエルという国がなくなってしまうということをなんとか回避しながら、パレスチナ人の権利回復の合理的な方式を議論する、というようなことではないわけです。

パレスチナ人にとって、帰還する権利、故郷に帰る・自分の家に戻るとは、たとえば、自分の家に植えていた、あのオリーブの植わっているあの場所に帰りたい、あるいは今の孫、ひ孫の段階になれば、おじいさん、ひいじいさん、ひいばあさんが植えた木のある家に帰る権利があるのだという、それを忘れないで言い続けるという、そういうことであるはずです。パレスチナ人がやがて実現しようとしていることは、われわれが普通に考えるように、イスラエルと並び立つパレスチナ国ができて、そこに帰るなどというようなことではないのではないか、と思うのですね。

六　中東の世界化・米国のアメリカ化・イスラエルのパレスチナ化

最後にもっと広がった話をして終わりにします。〔図4〕を見ていただきますと、手前に三つ巴で、ユーラシアと、地中海・アフリカと、インド洋という、歴史的な世界の三つのサークルがあって、その向こう側に海を隔ててアメリカ大陸というのがある。それが the Americas で、アメリカ合衆国というのは、この手前のほうの歴史的世界の植民地国家です。アメリカ合衆国とイスラエルと日本は、ひじょうに特徴的な人種主義・植民地主義・軍国主義という、この三つを兼ね備えている。手前の三つのサークルのあらゆる部分から、いろいろな人たちが the Americas に移っていったので、手前のほうの本来のグローバル地域である中東に類似したグローバル地域がもうひとつ実現

〔図4〕文明戦略地図

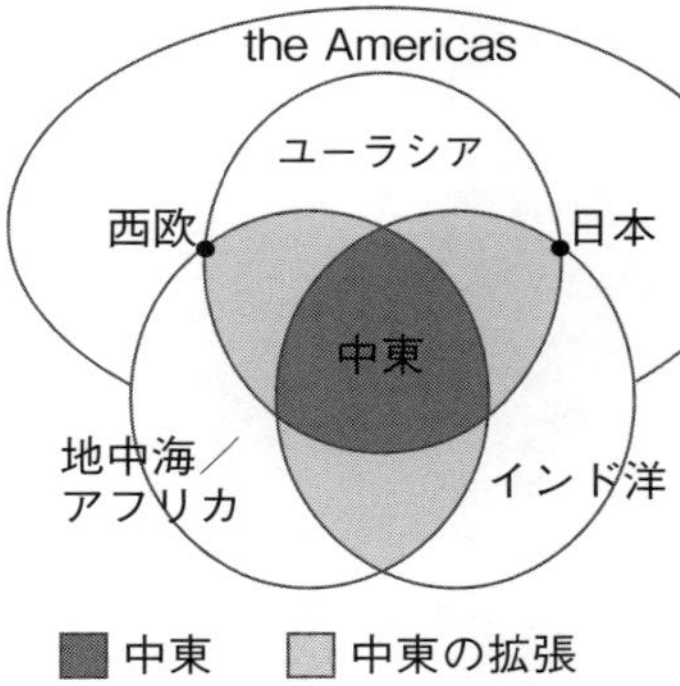

したのがアメリカ大陸です。そのなかにできてしまった、戦争国家の異物がアメリカ合衆国です。

思いおこしてみると、一九六〇年代の前半でしたが、エジプトのアレキサンドリアからレバノンのベイルートまで、船に乗ったのです。わざとデッキクラスで行ったところ、ともかく風が吹こうが、雨が降ろうが、逃れようがない甲板で、ガザ出身の担ぎ屋さんと知り合いになりました。平凡社から『石の叫びに耳を澄ます』（一九九二年）という題で出した本がありますが、それはカバーにも文章を入れたデザインになっていまして、そのカバーに載せた文章に書いた話です。彼は当時エジプト管理下のガザの人間という立場を使って、エジプト、レバノン、ヨーロッパと、いろいろなところに仕入れに行っては、また別のところに持って行ってそれを売るという、そういう多角的な商売をやっていたのです。

さきほどお話ししたように、パレスチナ三分割の一つのかけらであったガザ地帯というのは、六七年の戦争以前、エジプトが支配していたわけですが、彼は今風に言えばものすごい「グローバル」な生き方を、難民であることによって実現していたのです。そういう一人の人間というものを思いだしてみても、世界の中東化というのはパレスチナ難民によって、世間がグローバリゼーションなどということを言い出すよりはるか前に、実現されていた。

そうした難民の強さ。「スムード」とか、「サブル」とか言いまして、これはどちらもパレスチナ人の生き方について言うときによく出てくる言葉ですが、神様の性質をあらわす美称でもあります。「永遠なる存在であるところのお方」、それから「忍耐するお方」。イスラーム教徒は数珠をまさぐって、さかんに神様の九九の名前を唱えているわけですけれども、そういうなかに出てくる言葉と関係のある価値表現なのですね。彼らはそれを体現している、と思うのです。ですから何か異常に特殊な、あるいは克服すべきネガティィブな事柄としてだけ難民の問題を見るよりも、これから世界の人びとが、どういうものの考え方をしていかなければならないだろうかということのヒントとしても、見るべきではないのか。

世界はやがて中東化します。米国は、そこにグローバルなものが集まって文字どおりの「アメリカ化」をする。つまり偏頗な植民地主義なんていうものからちゃんと足を洗って、「アメリカ」の一部分としてよみがえらなければならない。そうなったときには米国なんて国は、もうないと思いますけれども。ともかくアメリカ合衆国は、すでにオバマ大統領が現れてきたこと自体も象徴するように、やがて「アメリカ化」して行かざるをえない。イスラエルのほうは、「パレスチナ化」していくことになると思います。ひじょうに問題なのは、日本の人種主義・軍国主義・植民地主義ですね。日本の植民地主義などと言うと、すぐ中国とか、朝鮮半島のことを考えられるかもしれませんが、日本国家は七世紀、イスラームが生まれたころと同じ時期に日本国家が生まれてきたとき以来、蝦夷征伐をやり、そしてさらに琉球征伐をやるという具合に、できた最初から日本国家は植民地主義の国家です。そういうことを考えてみると、では日本はどうなっていくのかというのが、ひじょうに問題です。

ともかくイスラエルという国はやがてパレスチナ化せざるを得ない。そこのところで私たちは、パレスチナ人がどこにいようと、彼らにちゃんと、全面的な市民としての権利を保証する、そういうことのためにわれわれは努力していくことが必要です。パレスチナ人自身が自分たちの目標、立場というものを投げ捨てるようなことにならないかぎり、その先にはもっと違う世界が見えてくるのではないか。

一九六〇年代から七〇年代の半ばぐらいまでパレスチナ人は、自分たちは難民ではないと、難民だという意識をいかに切り捨てるかということを一所懸命やっていたわけです。それが今、パレスチナ難民ということが自然な話になってしまってきている。いろいろ移り変わりがあるわけです。今、われわれにとって一番大事なのは、パレスチナ人の一人ひとりの身の振り方を心配するよりは、イスラエルという国家が持っている、人種主義・植民地主義・軍国主義を徹底的に批判する、われわれにできるかたちで批判していく、そのことがいわゆるパレスチナ難民問題に対する、われわれの一番大事な取り組むべき姿勢ではないかと思います。そして、その課題は、日本社会を変えることと切り離すことができないのです。

おわりに

本書は、ミーダーン〈パレスチナ・対話のための広場〉が主催した「連続セミナー・〈ナクバ六〇年〉を問う」における報告と質疑応答の内容を、書籍として通読しうるかたちにリライトしたものである。ミーダーンが編集に関わった本としては、本書は二冊目のものということになる。本セミナーおよび本書の意図については、「はじめに」を参照されたい。連続セミナーは六回にわたって行なわれ、それぞれの概要は以下の通りである。

【第一回】「パレスチナの民族浄化と国際法」(講師・臼杵陽、阿部浩己)二〇〇八年六月二一日

【第二回】「占領のノーマライゼーションと中東の分断」(講師・早尾貴紀、酒井啓子)二〇〇八年八月一六日

【第三回】「ヨルダン渓谷問題から日本のODA援助政策を問う」(講師・土井敏邦、平山健太郎、越田清和)二〇〇八年一〇月一八日

【第四回】「アラファート時代と自治政府―抵抗/権力の課題に向き合う」(講師・奈良本英佑、太田昌国)二〇〇八年一二月二〇日

【第五回】「ポスト・アパルトヘイトの経験とイスラエル／パレスチナ」（講師・峯陽一、鵜飼哲）二〇〇九年二月二八日

【第六回】「パレスチナ難民の法的地位と選択権―現実をふまえた展望を考える」（講師・錦田愛子、板垣雄三）二〇〇九年四月二五日

於：文京シビックセンター（第四回のみ、於：在日本韓国ＹＭＣＡ）

本書には、全六回のセミナーのうち第三回の内容以外の、五回分のセミナーの内容が収録されている。

第三回のセミナーの内容を収録しなかった理由は二つある。一つは、ヨルダン渓谷の現状を踏まえ日本の援助のあり方を考えるというこの回のテーマが、他の回でのテーマ以上に現在進行形のものだということだ。またヨルダン渓谷を主な対象とした日本の「平和と繁栄の回廊」構想（註12参照）そのものが大きく変更される可能性もあるなか、現段階で活字として収録してもあまり意味をなさないと判断した。ミーダーンとしては、今後ヨルダン渓谷問題に的を絞った活動のあり方も検討しており、この回のセミナーの内容は、今後の活動に生かしたいと考えている。こうした方向性については本書の企画が具体化する以前から、ミーダーン内部では可能性として浮上していた。

もう一つの理由としては、講師として名前の挙がっている土井敏邦さんが、セミナー開催の直前に急病で倒れられ、残念ながら欠席されたということである。土井さんは欠席を余儀なくされたことを非常に残念に思われ、病床から原稿を作成してくださり、「土井敏邦　パレスチナ記録の会」の活動

メンバーである東京外国語大学学生（当時）の鈴木啓之さんにその代読を委ねられた。鈴木さんは土井さんの用意された映像に合わせて原稿を読み上げる練習を何度もした上で、セミナーに臨んでくださった。しかしやはり土井さんご本人ではないために、当然のことながらセミナーのなかで出された質問に応じるということはできなかった。

本セミナーでは質疑応答を重視して一時間以上をそれにあてており、本書は質疑応答のなかで見出された問題についても、できる限りフォローするかたちでまとめられている。したがって仮に一つ目の理由を抜きにしても、土井さんの報告に対する質疑応答がなされないままの内容を収録したところで中途半端な内容になってしまうと判断した。主催者側の機転次第ではもっと別のかたちでのセミナー運営がありえたかもしれないが、全体としてはやむをえない事態であったと考えている。急な事態のなかで最大限にご協力くださった土井敏邦さん、鈴木啓之さん、ならびにこの回の講師として参加いただいた平山健太郎さん、越田清和さんには、ここであらためてお礼を申し上げたい。

ミーダーン〈パレスチナ・対話のための広場〉は、パレスチナ／イスラエルをはじめとする中東地域の出来事に関心をもつ人びとが問題意識を共有し、この地の人びととつながっていくことを目指して二〇〇六年九月から活動を開始した。すでにパレスチナに対する支援を広げてゆくことを目的としたNGO、NPO組織が日本のなかにいくつも存在するなか、敢えてこの会を発足させたのは、パレスチナ／イスラエルとの関わりを物質的な支援活動に限定させず、現在の日本社会のありようや世界における問題とリンクさせながら問題を見ていきたいという問題意識からであった。

ミーダーンの活動すべてをここで紹介するわけにはいかないが、今回の連続セミナーに加え、東京大学「共生のための国際哲学交流センター（UTCP）」との共催で、海外ゲストを招いた講演集会を計三回実施できたことは、とりわけ大きな収穫であった。その初回にあたるイラン・パペ講演集会「パレスチナ／イスラエル――民衆の共存に向けた歴史の見直しを」（二〇〇七年三月九日）については、ほかの二回の講演記録と合わせ、つげ書房新社より『イラン・パペ、パレスチナを語る――「民族浄化」から「橋渡しのナラティヴ」へ』として、ミーダーンの編訳書のかたちで刊行が実現している。そもそも今回の連続セミナーの第一回のテーマが、ナクバを民族浄化としてとらえたパペさんの問題提起の間口を広げ、それをできる限り生かして見ようという観点から生まれたばかりでなく、セミナー全体もパペさんの問題提起によって方向づけられている。ミーダーンが発足してわずか三年半ほどではあるが、このような活動の持続性のなかでこそ次の成果が生みだされていることが確かめられるのは嬉しい。

本書の刊行にあたり、関係者の皆さんに感謝を申し上げたい。

多忙ななかで参加を承諾してくださり、各回の講師となっていただいた皆さんには、十分な準備をした上このセミナーに臨んでいただいただけでなく、その内容を本書に収録することを快諾いただき、その後の原稿のチェックにも協力をいただいた。これまで経験されてきた講演や講義の内容とは異質の条件でのお願いをしたために、準備に多大な負担をおかけしたケースが多かったが、この機会を好意的に受け止めてくださったおかげで各回とも充実したセミナーとすることができた。

セミナーに参加された方々には、討議に直接参加いただいたほか、アンケートなどで会の運営や進行についても忌憚のない意見をいただいた。励ましのお言葉ばかりではなく、主催者の不手際について率直な意見もあり、学ぶところが多かった。この場を借りてお礼を申し上げたい。

また、セミナーを通じてさまざまな出会いや新たな関係づくりがあった。ほぼ毎回参加し、自発的に準備の協力を買って出てくれる人たちもおり、ごく少人数で運営する立場としては本当にありがたかった。そのなかの一人であった映像ジャーナリストの佐藤レオさんが二〇〇九年九月に急逝されたのは、つくづく残念なことである。佐藤レオさんの名前をここに記しておきたい。

ここで本書刊行に至るまでの作業経緯と分担を記しておく。まず各回のセミナー終了後、ミーダーン運営委員の市邨繁和が音声データを起こし、テキストを作成した。全六回のセミナー終了後、講師の方々から本書刊行についての了解を正式にいただき、田浪亜央江と早尾貴紀が原稿整理と再構成を行ない、必要に応じて註を作成した。著者校正を経たのち、今井泰子を中心にミーダーンのメンバーが最終校正を行なった。

右記のほか、本セミナーの会場運営から本書完成までのプロセスに関わったミーダーンの運営スタッフは、岡田剛士、斉藤一清、鈴木一郎、森広泰平、横山雄一である。

なお本書版元である現代企画室の編集長・太田昌国さんは第四回セミナーの講師でもある。太田さんにはミーダーンの立ち上げ集会など要所要所で発言をお願いしてきたが、半世紀近くにわたりラテンアメリカを中心とする第三世界の情勢に随伴してきた立場から、パレスチナへの関わりについていつもさまざまな示唆を与えていただいている。本書出版をご快諾いただいたお礼にとどまらず、日頃からの仕事に深い敬意を表したい。
また本書編集を直接担当された現代企画室編集部の小倉裕介さんには、さまざまな要望を聞いていただき、行きとどいた仕事をしていただいた。心から感謝を申し上げたい。

二〇一〇年四月一日

ミーダーン〈パレスチナ・対話のための広場〉

註

＊1　イラン・パペ　Ilan Pappe
一九五四年、イスラエル生まれ。エクセター大学（＝イギリス）歴史学部教授。第一次中東戦争の研究によってオックスフォード大学で博士号を取得後、イスラエル・ハイファ大学政治学科講師に就任。イスラエルの建国神話を覆すなどシオニズムを根底的に批判する研究や言論を重ねたため、学内および国内から強い反発を受けていたが、そのこともイギリス移住の一因となった。二〇〇七年に東京大学の招きで来日し講演を行なったほか、同大学とミーダーンが共催した市民集会において講演した。当時の全講演は、『イラン・パペ、パレスチナを語る――「民族浄化」から「橋渡しのナラティヴ」へ』（ミーダーン編訳、つげ書房新社、二〇〇八年）として刊行されている。

＊2　イガル・アロン　Yigal Allon
一九一八年―八〇年。イスラエル建国前の軍事組織パルマッハの最高司令官で、建国後は労働党幹部として、文部大臣や首相代行などの要職に就く。第三次中東戦争終結後、現在のヨルダン川西岸地区の土地接収と入植地建設のマスタープランである「アロン・プラン」を非公式に起草した。

＊3　ベニー・モリス　Benny Morris
一九四八年、イスラエル生まれ。ベングリオン大学教授（中東史）。イスラエル、英米などで育ち、エルサレム・ポスト紙の記者として働いたのちに、第一次中東戦争期のパレスチナ難民問題を専門とした歴史学者に転身した。当初はイスラエル側の責任を提示していたため、イラン・パペらと並んでポスト・シオニズムの潮流に位置する「新しい歴史家」の代表的人物と見られていたが、二〇〇〇年代に入ってからは、パレスチナ人の追放はイスラエル建国に不可欠であり、どの国家にも建国時につきものの暴力にすぎず特別なものではないとして、イスラエルの責任を否定する立場を鮮明にした。

＊4　ワーリド・ハーリディー　Walid Khalidi
一九二五年、エルサレムに生まれた歴史家。オックスフォード大学で学位を得たのち同大学のポストを得る

が、一九五六年のイギリスによるエジプト侵攻に抗議して辞任し、ベイルート・アメリカン大学に移籍。彼がベイルートとワシントンに設立したInstitute of Palestine Studiesは、パレスチナ研究の代表的拠点となっている。なお、ハーリディー家はエルサレムを代表する名望家であり、多数の学者を生みだしている。

＊5　修正主義（改訂派）シオニスト　Revisionist Zionist

ヘルツルからワイツマンやベングリオンにいたる「主流派」のシオニストが、欧米露などとの国際関係を重視しながら入植計画や軍事作戦を展開していたのに対して、その路線をより急進的なものに「修正／改訂」しようとする立場のシオニスト。ゼエヴ・ウラディーミル・ジャボチンスキーがその代表的存在として知られる。主流派のやり方では、パレスチナ人の追放が不十分であり、「エレツ・イスラエル」（歴史的なパレスチナの土地のユダヤ人からの呼称）全土をユダヤ人国家とすること（＝大イスラエル主義の実現）ができないという危惧から国際交渉を軽視し、パレスチナ人および英国委任統治政府に対して武力行使することを重視した。

＊6　聖者信仰

ムスリムの信仰の対象は唯一絶対のアッラーだが、実は民間信仰として聖者信仰が存在し、聖者廟を詣でる習慣がある。聖者廟に参詣する人びとは、墓や遺物に触れたり口づけをしたりし、クルアーンの読誦をおこなうほか、病気平癒などの現世利益を求めて願掛けをおこなう。聖者の定義は曖昧だが、バラカと呼ばれる神に由来する聖なる力に恵まれ、奇跡をおこなうと考えられている。聖人の代表は預言者ムハンマドで、そのほかムハンマドの子孫、偉大な学者や征服者、スーフィー（神秘家）など。パレスチナにおける重要な聖人は来歴不明のアル＝ハディル（緑の男）で、カナーンの地（古代パレスチナ）の豊穣を象徴する。ムスリムだけでなくパレスチナのキリスト教徒もこの民間信仰を共有することから、しばしばシオニズムへの対抗言説として言及されてきた。

＊7　アヴィ・シュライム　Avi Shlaim

一九四五年、イラクのバグダッド生まれのイラク系ユダヤ人。オックスフォード大学、国際政治学教授。イスラエル建国後に両親とともにイラクからイスラエルに移住、その後進学のためにイギリスに移住。イスラエル建国前後の時期の中東紛争の歴史を、国際的な政治力学の観点から分析している。一九八〇年代後半から注目されたポスト・シオニズム期の「新しい歴史家」の代表的な一人。

＊8　イラン・パペの民族浄化論

Ilan Pappe, *Ethnic Cleansing of Palestine*, Oneworld Publications, 2007（『パレスチナの民族浄化』）。本書の日本語訳は、法政大学出版局より刊行が予定されている（田浪亜央江・早尾貴紀訳）。なお、本書のエッセンスは、＊1で紹介した、『イラン・パペ、パレスチナを語る』の第一章で読むことができる。

＊9　国際刑事裁判所　International Criminal Court（ICC）

一九九八年の国際連合全権外交使節会議において採択された条約に基づき設置された、常設の国際司法機関。オランダのハーグにある。国連機関である国際司法裁判所（ICJ）が政府間の紛争を扱ってきたのに対し、個人（政府の指導者）の犯罪を裁くことに主眼が置かれている。当初、戦争犯罪・ジェノサイド・人道に対する罪・侵略の罪、という四つの犯罪が対象とされることになっていたが、侵略の罪については現在のところ未定義で、ICCの管轄外となっている。

＊10　モーゼス・ヘス　Moses Hess

一八一二年フランス統治下のボン（のちにプロイセン領）生まれのドイツ系ユダヤ人。初期社会主義思想の代表的人物。幼少期にはユダヤ教の宗教教育を受けたこともあったが、大学では哲学研究を志し、ヘーゲル左派の思想家として初期マルクスにも影響を与える著作をなすなど、概して世俗的な立場をとった。その後マルクスと合流して左派の『ライン新聞』を創刊し、ユダヤ人解放論争においては、ユダヤ人のドイツ市民への同化による解放を訴えた。一八四八年革命でマルクスらと決裂し、ナポレオン三世のクーデターにより政治活動から撤退、自然科学的な分野での執筆を開始。これが人種主義的ユダヤ人論およびユダヤ人国家論への転向につながった。

＊11　ドゥルーズの抵抗詩人

ここで触れているのは、サミーハ・アル＝カーシムのこと。アル＝カーシムは、一九三九年生まれの、ドゥルーズ派ムスリムのパレスチナ人詩人。イスラエル建国後も現在にいたるまで、イスラエル国内北部ガリラヤ地方に居住し、パレスチナ人の歴史、郷土愛、抵抗などをテーマとした詩作を続けている。同じくガリラヤ地方でともに詩作やジャーナリズム活動を展開したマフムード・ダルウィーシュとは幼なじみであり、五〇年代から六〇年代をとおして同志として共闘していた（ダルウィーシュは七〇年にイスラエルを離れ、パレスチナ自治政府発足後の九五年に西岸地区ラーマッラーに「帰還」した）。

＊12　「平和と繁栄の回廊」構想　"Corridor for Peace and Prosperity" project

二〇〇六年に小泉首相（当時）が中東を訪問した際、提案されたもので、西岸地区ヨルダン渓谷地帯に、「日本・イスラエル・パレスチナ・ヨルダン四者の協議体を立ち上げ、日本のＯＤＡを戦略的・機動的に活用」することで、パレスチナ／イスラエルの「平和と繁栄」を実現することを目的としている。構想初期には、農産業団地が計画の中心とされていたが、地元住民の意思やニーズ、実現可能性、占領状態の認識などの点から、構想に対する批判も多い。漏れ伝わる情報によると、計画はその後、中小企業支援や太陽光発電など、二転三転しており、大きな進展はない。なお、『オルタ』（アジア太平洋資料センター）二〇〇七年一二月号で、「パレスチナ「平和と繁栄の回廊」構想」が特集されている。

＊13　ガザ撤退

二〇〇〇年以降の第二次インティファーダによる混乱が続くなか、当時イスラエル首相であったシャロンが構想。西岸地区の分離壁建設とワンセットで「一方的撤退」を打ち出し、ガザ地区内部のユダヤ人入植地とイスラエル軍基地を撤去させるプランがその一部として含まれていた。西岸地区内部の主要入植地や農地・水源地帯などは壁によって事実上イスラエル領土と一体化させられ、逆にパレスチチ人の都市部は切り離されたが、他方でガザ地区の入植地の規模は小さく（全体で八千人程度）、資源的価値もなかったこともあり、入植地防衛のコストの観点から入植地と軍を撤退させることにした（とはいえ、ガザ地区を陸海空から封鎖しつづけるという意味で占領状態に変化はない）。〇四年に公式発表され、〇五年に実施。シャロン首相は当時右派リクード党の党首であったが、ガザ撤退は大イスラエル主義者など党内外の右派の人びとや入植者に同情する国民から批判を受け、むしろ労働党やピースナウなど中道派から強い支持を受けた。国論を二分する大論争は、その後シャロンによる新党カディマ結成も含めた政界再編を引き起こした。なお、ガザ地区を中心とする占領問題については、ミーダーン講演も含むサラ・ロイ『ホロコーストからガザへ――パレスチナの政治経済学』(岡真理、小田切拓、早尾貴紀編訳、青土社、二〇〇九年)が詳しい。

＊14 ピースナウ Peace Now
労働党支持者を中心とする中道・左派シオニストからなるイスラエルのNGOで、イスラエルとパレスチナの二国家による紛争解決を求める。一九七八年のエジプトのサダト大統領のイスラエル訪問の後、イスラエルの退役軍人らが当時のベギン首相に対し、エジプトとの和平推進を求める請願を提出したことが設立のきっかけとなった。八二年のレバノン侵攻に反対し、サブラ・シャティーラ両難民キャンプの虐殺の後、レバノン撤退を求める大規模なデモを組織したことにより、その後のイスラエルにおける平和運動の中心的存在になった。しかしその「平和」の理念はあくまでユダヤ人国家イスラエルにとっての安全保障の観点から、パレスチナやアラブ諸国との戦略的妥協を求める立場に依拠している。二〇〇六年のレバノン侵攻においては、停戦すればヒズブッラーを利することになるとの観点から反戦行動を行なわずに沈黙を決め込み、イスラエルの和平運動の凋落を象徴すると評されたが、ピースナウのこうした立場からすれば、むしろ当初からの一貫したスタンスをつらぬいたに過ぎないとも言える。

＊15 ファルフード farhud
一九四一年六月にバグダッドで起きたユダヤ人に対する襲撃事件で、ナチスのプロパガンダに影響を受けた若者らによって、およそ一六〇人から一八〇人のユダヤ人が殺害されたと言われる。一般的なシオニストの言説では、この事件をきっかけとしてイラクにおけるユダヤ人の同化が不可能なことが明らかとなり、シオニストの地下活動が活発になったとされる。しかしイラクのユダヤ人の間では一九三〇年代にイラクで組織的な活動を開始した共産主義運動の影響が非常に強く、ファルフード以降もイラク社会への同化を志向するユダヤ人共産主義者

の活動は活発であった。イラクから一二万人のイラク人が一九五〇年代初頭にイスラエルに移民することになったイラク国内外の要因については、複合的な視点からの一層の検証が必要であると思われる。ファルフード以降のイラクにおけるシオニズム運動とユダヤ人のイスラエル移民に関する議論については、**"Zionism, Communism and Emigration of the Iraqi Jews: A Brief Survey of an Ancient Community in Crisis,1941-1951"**（臼杵陽、日本中東学会年報9、一九九四年）が参考になる。

＊16　アブー・ジハード／アブー・イヤード　**Abu Jihad / Abu Iyad**

アブー・ジハード（一九三五―八八年）は本名ハリール・アル＝ワジール。パレスチナのラムラに生まれ、イスラエル建国によりガザに逃れる。一九五四年にガザでアラファートと知り合う。アブー・イヤード（一九三三―九一年）は本名サラーフ・ハラフ、パレスチナのヤーファ生まれ。両者とも、一九五〇年代にムスリム同胞団のメンバーとなったのち、一九五九年ごろクウェートで、アラファートらとともにファタハを結成する。アブー・ジハードはヨルダン、レバノンにおける軍事行動をアラファートとともにしたのち、被占領地でのファタハの拠点作りに精力を傾けるが、第一次インティファーダ勃発からほどなくしての八八年四月、チュニスでイスラエル特殊部隊により暗殺された。アブー・イヤードはアラファートに最も近い腹心であるとともに、パレスチナ武装ゲリラ「黒い九月」の中心的メンバーでもあったが、一九九一年、ファタハ主流派から分裂したアブー・ニダール派によって雇われた人物により、暗殺された。

＊17　パレスチナ国民憲章　**Palestine National Charter/ Palestine National Covenant**

一九六四年五月に開かれた、第一回パレスチナ国民会議（ＰＮＣ）が採択したもの。第三次中東戦争での敗北後ファタハなど解放運動諸組織の発言力が強化されたため、翌年七月のＰＮＣにおいて修正され、「武装闘争はパレスチナ解放のための唯一の道である（第九条）」など武装抵抗が前面に打ち出された。いわゆるイスラエル敵視条項とは、シオニズムを人種主義的であると規定してその根絶をパレスチナ解放の目的とし（第一五条）、一九四七年のパレスチナ分割およびイスラエル国家の樹立を完全に不法であるとするもの（第一九条）だが、全三三条の憲章のほとんどの条文が何らかのかたちでこの内容に関わる。一九九八年のクリントン大統領あての書簡においてアラファートは、六条から一〇条、一五条、一九条から二三条、三〇条の破棄、およびその他ほとんどの条項のうち、上記に関わる部分の破棄を約束することを余儀なくされた。

＊18　アルベール・メンミ　Albert Memmi
一九二〇年、フランス植民地下チュニジア生まれのユダヤ人作家・批評家。アラビア語を母語とし、フランス語教育を受ける。チュニジアの独立運動は支持していたが、ムスリムが支配的となる独立後の国家には居場所を見いだせずにフランスに移住した。五〇年代からの第三世界の独立解放運動が盛んになってきた五七年に刊行された『入植者と植民地人の肖像』は、フランツ・ファノンの著作とともに世界中で広く読まれ、日本語でも『植民地——その心理的風土』（渡辺淳訳、三一新書、一九五九年）として早くに翻訳された。その問題意識は、『脱植民地国家の現在』（原書二〇〇四年、日本語〇七年）まで一貫している。他方メンミは、自らユダヤ人として、ユダヤ人差別を分析した重要な著書を刊行しているが、その解決法としてのユダヤ人国家建国を支持している。パレスチナの地に建国されたことは「不幸な誤り」であったとしながら、ユダヤ人の独立解放は、民族国家によるしかないという立場であり、その点では明確にシオニストである。

＊19　シモーヌ・ヴェイユ　Simone Weil
一九〇九年フランス生まれのユダヤ系の哲学者。教員、工員、農夫などの労働経験を積みながら哲学形成を行ない、独自の倫理思想・宗教思想から真・善・美の探究を行なった。その後政治活動へと転身し、スペイン、アメリカ、ロンドンと移住しながら反独裁・反戦争の立場でレジスタンス運動に参加し、自らアナーキストと位置づけることもあった。半ば政治的ハンスト、半ば物質世界の拒否から絶食し、四三年に死去。『重力と恩寵』など、すべての著書は死後に出版された。

＊20　ナディン・ゴーディマ　Nadine Gordimer
一九二三年、南アフリカのヨハネスブルグ近郊で、ユダヤ人移民の子として生まれる。九歳で詩作を始め、一五歳で短編を発表。機械のような冷たさで観察し、鏡のよ

うに正確に描くと言われるように、一貫してリアリズムに徹しつつ、南アにおける人種差別の現実を描き続けている。ユダヤ人としての出自については作品のなかではとんど触れず、南ア社会のなかで差別する側としての白人の立場から、南ア社会の変革に白人がどのように関わりうるのかを真剣に問い続けた。代表作として、『ブルジョワ社会の終わりに』(福島富士夫訳、スリーエーネットワーク)、『バーガーの娘』(福島富士夫訳、みすず書房)、『戦士の抱擁』(土屋哲訳、晶文社)など。

＊21　村上春樹のエルサレム演説
イスラエルによるガザ軍事侵攻直後の二〇〇九年二月、作家の村上春樹にイスラエル最高の文学賞とされる「エルサレム賞」が授与されることが報道されると、「パレスチナの平和を考える会」による書簡の公開など、受賞キャンセルを求める声が相次いだ。しかし村上が授賞記念スピーチにおいて「どんなに壁が正しく、どんなに卵が間違っていても、私は卵の側に立つ」といった表現に集約されるイスラエル批判を行なうと、日本のマスコミは賛美一色となり、運動の側からも概ね肯定的な声が聞かれた。全体としてガザ侵攻と関連する議論に収斂され、東エルサレムを占領するイスラエルが、エルサレムを一方的に首都と宣言していることへの問題意識はほとんど見られなかったことは特徴的である。

＊22　「三国人」発言
二〇〇〇年四月九日に陸上自衛隊練馬駐屯地の創設記念式典での挨拶で、石原都知事は以下のような主旨の発言を行なった。「この九月三日に陸海空三軍を使って東京を防衛する、災害を防止する、災害を救急する大演習をしていただく。今日の東京を見ますと、不法入国した多くの三国人、外国人が非常に凶悪な犯罪を繰り返している。もはや東京における犯罪の形は過去と違ってきた。こういう状況をみても、大きな災害が起きたときには大きな騒擾事件すら想定される現況であります」。「第三国人」というのは、一九四五年の第二次世界大戦終戦直後の日本で、朝鮮半島・台湾の旧植民地出身者の法的地位が不確定だった時期に、「日本人」でもなく、連合国軍や中立国の「外国人」でもない、という意味において彼らに対して使われた呼称に由来する。しかしその言葉がまもなくマスメディアなどで流通するようになったときには、戦後経済の混乱期における闇市などの活動を揶揄

する文脈で使われ始めており、すでに「不法」や「横暴」といった形容詞がつけられることが多かった。石原は発言直後になされた批判に対して、たんに「外国人」の意味で用いたにすぎないと反論したが、年齢的にもこれまでのアジア差別の言動からも、こうした歴史的背景を知らなかったとは考えられず、むしろ石原の人種差別意識、とりわけ在日朝鮮人と中国人に対する差別意識が顕著に現れた発言と言える。なお同発言についての分析・批判としては、内海愛子・高橋哲哉・徐京植編『石原都知事「三国人」発言の何が問題なのか』（影書房、二〇〇〇年）を参照。

＊23　白豪主義　White Australia Policy
オーストラリアにおけるヨーロッパ系移民優先主義。一八五〇年代に大量に流入した中国人に対し、入国を制限するための政策をとったことに始まる。一九〇一年に連邦制になったオーストラリアは、「移住制限法」の施行により恣意的な言語試験を行ない非ヨーロッパ系移民の移住を困難にしたり、「帰化法」によって非ヨーロッパ系移民の市民権取得を困難にしたりすることによって、白豪主義を完成させていった。一九七二年の移民政策転換で制度としての白豪主義は終焉に向かったが、現在でもオーストラリア社会のなかに人種差別主義は根強く残っている。

＊24　デンバサ最後の墓
正式な日本語タイトルは『デンバサ最後の墓　アパルトヘイトの国南アフリカ』、原題は **"Last Grave at Dimbaza"**（六〇分・一六ミリカラーフィルム）。南アフリカのジャーナリストが非合法に撮影したフィルムをつなぎイギリスで制作したもので、アパルトヘイトの実態を告発した完成フィルムを国連が買い上げた。日本では反アパルトヘイト委員会が国連から支援を受け、日本語版を制作した。関係者によれば、この映画がソウェト蜂起（一九七六年）以前のものであること、また黒人の表情があまりにも暗く、白人の視点からの描き方をしたものであるという問題意識が生じたため、同委員会は『南アフリカ解放への道』（一六ミリ白黒フィルム、二〇分）を自主制作し、全国各地でこの二本の作品の出前上映を行なったという。

関連年表

パレスチナ／イスラエルの出来事	年	アラブ諸国／世界の出来事
	一八六二年	モーゼス・ヘス『ローマとエルサレム』刊行
パレスチナへのユダヤ人の集団的な入植活動開始（第一次アリヤー）	一八八二年	ロシアでポグロム（ユダヤ人迫害）が深刻化
	一八九六年	テオドール・ヘルツル『ユダヤ人国家』刊行
	一八九七年	バーゼルで第一回世界シオニスト会議
	一九〇一年	「ユダヤ民族基金」設立
第二次アリヤー開始	一九〇四年	
	一九一五年	「フサイン＝マクマホン書簡」で、イギリスがアラブ人国家を確約
	一九一六年	「サイクス＝ピコ秘密協定」で、イギリス・フランス・ロシアがオスマン帝国領の分割を密約
	一九一七年	パレスチナの地でのユダヤ人の民族的郷土建設に対し、イギリスが支持を示した「バルフォア宣言」発表
第三次アリヤー。イギリスによるパレスチナ委任統治決定	一九二〇年	サンレモ会議により英仏による中東の分割が画定。「フランス委任統治領シリア」成立

年		
一九二一年	イギリス委任統治領パレスチナのうち、ヨルダン川以東を「イギリス委任統治領トランスヨルダン」として分離	「イギリス委任統治領イラク」成立
一九二二年	国連がイギリスのパレスチナ委任統治を承認	
一九二四年	第三次アリヤー開始	
一九二六年		「フランス委任統治領シリア」より「フランス委任統治領レバノン」が分離
一九二七年		イラクで石油発見
一九二九年	第四次アリヤー開始	
一九三三年		ドイツでナチスが政権獲得
一九三六年	イギリス委任統治政府に対し、自治およびユダヤ人の入植禁止を求めるアラブ大反乱開始	イラク北部でアッシリア人の暴動鎮圧。スペイン内戦開始
一九三七年	ピール委員会報告がパレスチナ分割を提案	
一九三九年		第二次世界大戦開始
一九四一年		イラクのバグダッドでユダヤ人に対する襲撃事件（ファルフード）発生
一九四三年		レバノン共和国が独立
一九四五年		第二次世界大戦終結、国際連合発足
一九四六年		この年、トランスヨルダン王国、シリア共和国が独立
一九四七年	国連でパレスチナ分割案採択（決議一八一）	

五月、イギリスの委任統治終了。イスラエル国家の「独立」宣言。アラブ諸国軍がパレスチナに侵攻し、第一次中東戦争、開戦	一九四八年	南アフリカでアパルトヘイト政策を掲げた国民党政権が誕生。国連総会で世界人権宣言が採択
イスラエルとアラブ諸国との間で休戦協定	一九四九年	南アフリカで雑婚禁止法成立
イスラエルで「帰還法」および「不在者財産管理法」制定。ヨルダン、ヨルダン川西岸地区を併合	一九五〇年	南アフリカで人種間の性交渉と結婚を禁じる背徳法成立
イラクのユダヤ人一二万人のほとんどがイスラエルに移民	一九五一年	
	一九五二年	エジプトでナセルら自由将校団によるクーデター。翌年王制廃止（エジプト革命）
	一九五五年	第一回アジア・アフリカ会議（バンドン会議）
第二次中東戦争（シナイ戦争）。イスラエル国内のドゥルーズ男子の兵役義務が法制化	一九五六年	ハンガリー動乱
	一九五九年	キューバで革命政権が成立。南アフリカでバントゥースタン構想
	一九六〇年	アフリカ諸国一七ヵ国が独立（「アフリカの年」）。ＯＰＥＣ（石油輸出国機構）設立。南アフリカでアフリカ人デモ隊への無差別発砲事件（シャープビルの虐殺）
	一九六二年	アルジェリアが独立
ＰＬＯ（パレスチナ解放機構）設立、パレスチナ国民憲章起草	一九六四年	

一九六五年		アルジェリアでブーメディエンによるクーデター。ベトナムで北爆開始
一九六七年	第三次中東戦争でイスラエルが電撃的勝利を収め、シナイ半島・ガザ・ヨルダン川西岸地区・ゴラン高原を占領	
一九六八年	アル＝カラーマの戦い。パレスチナ国民憲章改正。ＰＦＬＰ（パレスチナ解放人民戦線）がイスラエル機をハイジャック	
一九七〇年		南アフリカでバントゥー自治促進法施行
一九七一年		ペルシャ湾岸地域のイギリス保護領からカタール、オマーン、アラブ首長国連邦、バハレーンが独立
一九七二年	イスラエルのリッダ空港で無差別銃撃事件	
一九七三年	第四次中東戦争	アラブ産油国の石油戦略が発動
一九七四年	アラファートの国連演説、国連がＰＬＯにオブザーヴァー資格を付与	
一九七五年	「シオニズムは人種主義の一形態である」との国連総会決議	ベトナム戦争終結
一九七六年	土地収用に反対する「土地の日」のデモで、イスラエルのアラブ人六人殺害	南アフリカでアフリカ系住民が蜂起（ソウェト蜂起、アパルトヘイト体制に亀裂
一九七七年	イスラエルで初の右派政権ベギン内閣成立	
一九七九年	イスラエル・エジプト和平条約締結	イラン革命。イラクでサダム・フセインが大統領就任。

一九八〇年　東エルサレムの併合および統合エルサレムの首都化を宣言　イラン・イラク戦争勃発

一九八二年
イスラエル、レバノンに侵攻。サブラ・シャティーラ両難民キャンプで虐殺

一九八四年　ユダヤ教超正統派のシャス党結成　南アフリカに対する国際的な経済制裁が強まる。日本で「日本南アフリカ友好議員連盟」成立

一九八五年　ソ連でゴルバチョフが書記長に就任、ペレストロイカ開始

一九八七年
第一次インティファーダ開始

一九八八年
ヨルダン、西岸地区に対する主権を放棄。パレスチナ独立宣言

一九八九年　ベルリンの壁崩壊。冷戦終結宣言

一九九〇年　イラクがクウェートを侵攻、湾岸危機
イスラエルでソ連からの移民が急増。PLOがパレスチナとのリンケージ論を唱えるフセインの支持を表明

一九九一年　湾岸戦争。ソ連邦崩壊
国連総会でシオニズムを人種差別主義だとする決議を撤回。中東和平マドリード国際会議

一九九三年
パレスチナ暫定自治に関する原則宣言（オスロ合意）

一九九四年　南アフリカのアパルトヘイト撤廃
パレスチナ暫定自治政府発足。イスラエル・ヨルダン和平条約締結

一九九五年
ラビン首相がイスラエル国内のユダヤ人によって暗殺

一九九六年
パレスチナ自治政府大統領選挙と評議会選挙。イスラエルでネタニヤフ政権成立

憲法にあたるパレスチナ基本法が成立	一九九七年	
キャンプデーヴィッド会談決裂。シャロン元国防相がムスリムの聖地ハラム・アッ＝シャリーフを訪問、第二次インティファーダ開始	二〇〇〇年	
	二〇〇一年	南アフリカのダーバンで反人種差別国際会議。「九・一一」事件。アフガニスタン攻撃
イスラエル、西岸に大規模侵攻。ジェニン難民キャンプの虐殺。西岸地区で分離壁建設着工	二〇〇二年	国際刑事裁判所設置
分離壁第一期工事（約二〇〇キロメートル）完成。国連総会が分離壁の建設中止を求める決議	二〇〇三年	イラク戦争
パレスチナのアラファート大統領死去	二〇〇四年	
イスラエル、ガザより一方的撤退	二〇〇五年	
イスラエル軍、レバノン南部およびガザに侵攻、空爆。パレスチナ総選挙でハマースが圧勝	二〇〇六年	
ハマースのガザ地区占拠を機に、イスラエルがガザ封鎖と経済制裁を強化	二〇〇七年	
イスラエルがガザに大規模侵攻	二〇〇八年	アメリカでバラク・オバマが大統領選で勝利
国連人権理事会、ガザ侵攻作戦中の戦争犯罪等に関する「ゴールドストーン報告」を公表	二〇〇九年	

峯　陽一（みねよういち）
アフリカ地域研究、開発経済学。同志社大学大学院グローバルスタディーズ研究科教授。著書に『南アフリカ――「虹の国」への歩み』（岩波新書、1996年）、『南アフリカを知るための60章』（編著、明石書店、2010年）、『アフリカから学ぶ』（共編著、有斐閣、近刊）など、訳書にスティーヴ・ビコ『俺は書きたいことを書く――黒人意識運動の思想』（共訳、現代企画室、1988年）など。

鵜飼　哲（うかいさとし）
フランス文学・思想。一橋大学大学院教授。著書に『抵抗への招待』（みすず書房、1997年）、『償いのアルケオロジー』（河出書房新社、1997年）、『応答する力――来るべき言葉たちへ』（青土社、2003年）、『主権のかなたで』（岩波書店、2008年）など、訳書にジャン・ジュネ『恋する虜――パレスチナへの旅』（共訳、人文書院、1993年）など。

錦田愛子（にしきだあいこ）
中東地域研究、政治学、人類学。東京外国語大学アジア・アフリカ言語文化研究所助教。著書に『ディアスポラのパレスチナ人――「故郷《ワタン》」とナショナル・アイデンティティ』（有信堂高文社、2010年）、論文に「人流――急増する難民・移民」（青木保他編『アジア新世紀8　構想：アジア新世紀へ』岩波書店、2003年）、「ヨルダンのパレスチナ人社会――ディアスポラの現状における帰属意識とナショナリズム」（『総研大文化科学研究』第3号、2007年）、「ヨルダン政府とイラク難民」（『文教大学国際学部紀要』第19巻2号、2009年）など。

板垣雄三（いたがきゆうぞう）
中東・イスラーム研究。東京大学名誉教授。著書に『アラブの解放』（編著、平凡社、1974年）、『歴史の現在と地域学』（岩波書店、1992年）、『石の叫びに耳を澄ます』（平凡社、1992年）、『イスラーム誤認』（岩波書店、2003年）など。

田浪亜央江（たなみあおえ）
パレスチナ政治文化研究。成蹊大学ほか非常勤講師。ミーダーン〈パレスチナ・対話のための広場〉メンバー。著書に『20世紀の政治思想と社会運動』（共著、社会評論社、1998年）、木戸衛一編著『対テロ戦争と現代世界』（共著、御茶ノ水書房、2006年）、『〈不在者〉たちのイスラエル――占領文化とパレスチナ』（インパクト出版会、2008年）など。

臼杵　陽（うすきあきら）
中東現代政治史。日本女子大学文学部教授。著書に『見えざるユダヤ人 ── イスラエルの〈東洋〉』（平凡社、1998 年）、『中東和平への道』（山川出版社、1999 年）、『原理主義』（岩波書店、1999 年）、『イスラムの近代を読みなおす』（毎日新聞社、2001 年）、『世界化するパレスチナ／イスラエル紛争』（岩波書店、2004 年）、『イスラエル』（岩波新書、2009 年）、『イスラームはなぜ敵とされたのか ── 憎悪の系譜学』（青土社、2009 年）など。

阿部浩己（あべこうき）
国際人権法。神奈川大学法科大学院教授。 著書に『人権の国際化』（現代人文社、1998 年）、『国際人権の地平』（現代人文社、2003 年）、『戦争の克服』（共著、集英社、2006 年）、『抗う思想／平和を創る力』（不磨書房、2008 年）など。

早尾貴紀（はやおたかのり）
社会思想史。東京経済大学ほか非常勤講師。著書に『ユダヤとイスラエルのあいだ ── 民族／国家のアポリア』（青土社、2008 年）、臼杵陽監修『ディアスポラから世界を読む ── 離散を架橋するために』（共編著、明石書店、2009 年）、訳書にジョナサン・ボヤーリン他『ディアスポラの力 ── ユダヤ文化の今日性をめぐる試論』（共訳、平凡社、2008 年）、サラ・ロイ『ホロコーストからガザへ ── パレスチナの政治経済学』（共編訳、青土社、2009 年）など。

酒井啓子（さかいけいこ）
イラク政治研究。東京外国語大学大学院教授。著書に『イラクとアメリカ』（岩波新書、2002 年）、『フセイン・イラク政権の支配構造』（岩波書店、2003 年）、『イラク ── 戦争と占領』（岩波新書、2004 年）、『イラクは食べる』（2008 年、岩波新書）、『イラクで私は泣いて笑う』（めこん、2009 年）など。

奈良本英佑（ならもとえいすけ）
毎日新聞記者、獨協大学非常勤講師などを経て、法政大学経済学部教授。著書に『君はパレスチナを知っているか ── パレスチナの 100 年』（ほるぷ出版、1991 年〔新版 1996 年〕）、『パレスチナの歴史』（明石書店、2005 年）、訳書に G. H. ジャンセン『シオニズム』（第三書館、1981 年）、イェホシャファト・ハルカビ『イスラエル・運命の刻』（第三書館、1990 年）など。

太田昌国（おおたまさくに）
南北問題・民族問題研究。現代企画室勤務。著書に『鏡としての異境』（記録社、1987 年）、『鏡のなかの帝国』（現代企画室、1991 年）、『〈異世界・同時代〉乱反射』（同、1996 年）、『「ペルー人質事件」解読のための 21 章』（同、1997 年）、『日本ナショナリズム解体新書』（同、2000 年）、『「拉致」異論』（太田出版、2003 年。現在は河出文庫）、『チェ・ゲバラ　プレイバック』（現代企画室、2009 年）など。

【編者紹介】
ミーダーン〈パレスチナ・対話のための広場〉
パレスチナをはじめとする中東地域の動きに注目し、さまざまな文化や歴史的背景をもちながら平和的で対等な共存を求めるこの地の人びととつながっていくことをめざして、2006年より活動。「ミーダーン」とはアラビア語の「広場」という意味で、対話を通じて生まれる可能性への期待を込めたもの。
URL: http://midan.exblog.jp/

〈鏡〉としてのパレスチナ
——ナクバから同時代を問う

発　行　2010年5月15日初版第1刷1500部
定　価　2400円＋税
編　者　ミーダーン〈パレスチナ・対話のための広場〉
装　丁　泉沢儒花（Bit Rabbit）
発行者　北川フラム
発行所　現代企画室
東京都渋谷区桜丘町15-8-204
Tel. 03-3461-5082 Fax. 03-3461-5083
e-mail: gendai@jca.apc.org
http://www.jca.apc.org/gendai/
印刷所　中央精版印刷株式会社

ISBN978-4-7738-1007-3 C0036 Y2400E